U0567126

中国式现代化与中华优秀传统文化

王杰　任松峰等　著

齐鲁书社
·济南·

图书在版编目（CIP）数据

中国式现代化与中华优秀传统文化 / 王杰,任松峰
等著. --济南：齐鲁书社, 2023.11
　　ISBN 978-7-5333-4760-4

　　Ⅰ.①中… Ⅱ.①王… ②任… Ⅲ.①现代化建设－
研究－中国②中华文化－研究 Ⅳ.①D61②K203

中国国家版本馆CIP数据核字(2023)第178228号

项目统筹　王　路
责任编辑　许允龙　裴继祥
封面设计　王　琦
版式设计　亓旭欣

中国式现代化与中华优秀传统文化
ZHONGGUOSHI XIANDAIHUA YU ZHONGHUA YOUXIU CHUANTONG WENHUA

王　杰　任松峰等　著

主管单位	山东出版传媒股份有限公司
出版发行	齐鲁书社
社　　址	济南市市中区舜耕路517号
邮　　编	250003
网　　址	www.qlss.com.cn
电子邮箱	qilupress@126.com
营销中心	（0531）82098521　82098519　82098517
印　　刷	山东临沂新华印刷物流集团有限责任公司
开　　本	720mm×1020mm　1/16
印　　张	17.25
插　　页	3
字　　数	215千
版　　次	2023年11月第1版
印　　次	2023年11月第1次印刷
标准书号	ISBN 978-7-5333-4760-4
定　　价	58.00元

目　录

导　言

现代化是人类社会发展的历史潮流，实现现代化是世界各国人民的共同追求。现代化始于西方国家，但现代化绝不是西方国家的"专利"，现代化更不等于西方化。习近平总书记指出，"世界上既不存在定于一尊的现代化模式，也不存在放之四海而皆准的现代化标准"①，"现代化不是单选题。历史条件的多样性，决定了各国选择发展道路的多样性"②。从世界范围内看，实现现代化主要有两种基本模式，即资本主义现代化和社会主义现代化。我国是社会主义国家，走中国式现代化之路是实现中华民族伟大复兴的必由之路。中国式现代化绝不是西方现代化的翻版，而是中国共产党领导的社会主义现代化，既有各国现代化的共同特征，更有基于自己国情的中国特色。

一、充分认识中国式现代化的重大意义

中国式现代化是中国共产党带领全国各族人民在长期探索和实践

---

① 习近平：《新发展阶段贯彻新发展理念必然要求构建新发展格局》，《人民日报》2022 年 9 月 1 日，第 1 版。

② 习近平：《共同开创中阿关系的美好未来——在阿拉伯国家联盟总部的演讲》，《人民日报》2016 年 1 月 22 日，第 3 版。

中取得的重大成果，不仅推动着中华民族伟大复兴中国梦的实现，而且也为世界和平发展贡献着中国智慧、中国方案。

中国式现代化开辟了实现中华民族伟大复兴的新道路。中国之所以会在近代落伍，成为西方列强竞相侵略的对象，一个根本的原因就在于封建统治者对世界现代化浪潮浑然不觉，错失了走向现代化的历史机遇。其间，虽然也有一批批有识之士提出过种种救国方案，试图"搭乘"西方现代化的快车，推动实现中华民族走向独立与富强，但这些"现代化"方案均以失败而告终，民族危机愈发深重。中国共产党成立后，团结带领中国人民历尽千辛万苦，成功开创了中国式现代化新道路，使中华民族饱经磨难后实现了浴火重生、凤凰涅槃。党的十八大以来，以习近平同志为核心的党中央统筹推进"五位一体"总体布局、协调推进"四个全面"战略布局，全面深化改革开放，全面贯彻新发展理念，全面构建新发展格局，积极推动经济高质量发展。今天，我们比历史上任何一个时期都更接近和更有能力实现中华民族伟大复兴，中华民族伟大复兴展现出了前所未有的光明前景。实践证明，中国式现代化走得通、走得对、走得稳、走得好。

中国式现代化拓展了发展中国家走向现代化的新路径。中国式现代化新道路摒弃了西方以资本为中心的现代化、两极分化的现代化、物质主义膨胀的现代化、对外扩张掠夺的现代化老路，拓展了发展中国家走向现代化的途径，为人类对更好社会制度的探索提供了中国方案。中国式现代化新道路的成功实践，充分证明实现现代化并没有一个固定的模式，只有适合自己的才是最好的。发展中国家要实现现代化的发展目标，不能削足适履，简单套用他国现代化的"模板"，否则就会水土不服；必须从实际出发，探索适合本国国情的现代化道路。与西方丛林竞争、零和博弈的现代化道路不同，中国式现代化走和平发展道路，合作共赢、和平发展是中国式现代化的根本要求，为广大发展中国家独立自主迈向现代化、探索现代化新道路，树立了典范，提供了全新选择。

中国式现代化创造了人类文明新形态。我们坚持和发展中国特色社会主义，推动物质文明、政治文明、精神文明、社会文明、生态文明协调发展，成功走出了中国式现代化新道路。中国式现代化蕴含的独特世界观、价值观、历史观、文明观、民主观、生态观等及其伟大实践，是对世界现代化理论和实践的重大创新，展现了不同于西方现代化模式的新图景，是一种全新的人类文明形态。这种人类文明新形态，是一种物质文明、政治文明、精神文明、社会文明、生态文明"五位一体"的文明新形态，是坚持解放生产力和发展生产力相统一、坚持以公有制为主体与多种所有制经济共同发展的文明新形态，是坚持中国共产党的领导、人民当家作主、依法治国有机统一的文明新形态，是坚持传统文明与现代文明相统一、民族精神与时代精神相结合的文明新形态，是坚持以人民为中心和人民至上的价值导向的文明新形态，是坚持人与自然和谐共生的文明新形态。

二、中国式现代化深深植根于中华优秀传统文化

党的二十大报告明确指出："中国式现代化，是中国共产党领导的社会主义现代化，既有各国现代化的共同特征，更有基于自

己国情的中国特色。"①

中国式现代化具有基于自己国情的中国特色，主要体现在以下五个方面：中国式现代化是人口规模巨大的现代化，意味着比现在所有发达国家人口总和还要多的中国人民将一同进入现代化行列，从而彻底改写现代化的世界版图。中国式现代化是全体人民共同富裕的现代化，意味着要推动发展成果更多更公平惠及全体人民，不断提高人民群众的获得感、幸福感、安全感。中国式现代化是物质文明和精神文明相协调的现代化，意味着不仅人民的物质生活水平不断提高，而且人民的精神文化生活也要日益丰富。中国式现代化是人与自然和谐共生的现代化，意味着既要创造更多物质财富和精神财富满足人民日益增长的美好生活需要，也要提供更多优质生态产品满足人民日益增长的优美生态环境需要。中国式现代化是走和平发展道路的现代化，意味着超越西方一些国家实现现代化的老路，在发展自身的同时造福世界，不断为世界和平与发展注入强大正能量。

中国式现代化具有鲜明的中国特色，根本在于中国式现代化深深植根于中华优秀传统文化。中华优秀传统文化中蕴含的天下为公、民惟邦本的政治传统，能够为实现人口规模巨大的现代化提供丰富治理经验；蕴含的为政以德、革故鼎新的精神追求，能够为实现全体人民共同富裕的现代化提供深刻思想支持；蕴含的自强不息、厚德载物的思想，能够为实现物质文明和精神文明相协调的现代化提供道义资源；蕴含的天人合一思想，能够为实现人与自然和谐共生的现代化提

---

① 习近平：《高举中国特色社会主义伟大旗帜　为全面建设社会主义现代化国家而团结奋斗——在中国共产党第二十次全国代表大会上的报告》，人民出版社 2022 年版，第 22 页。

供有益养分；蕴含的讲信修睦、亲仁善邻思想，能够为实现走和平发展道路的现代化提供文化保证。

三、筑牢中国式现代化的优秀传统文化之基

中华优秀传统文化蕴含的丰富思想观念、人文精神和道德规范，能够为中国式现代化提供丰厚的文化滋养、思想智慧和道德支撑。奋进新征程，推动实现中国式现代化必须大力传承弘扬中华优秀传统文化，积极汲取中华优秀传统文化中蕴含的思想智慧，努力推动中华优秀传统文化同当代社会相适应、同现代化进程相协调，实现中华优秀传统文化与中国式现代化同向同行、同频共振。

深入挖掘中华优秀传统文化思想精华，汇聚起实现中国式现代化的精神力量。习近平总书记指出："中华优秀传统文化中很多思想理念和道德规范，不论过去还是现在，都有其永不褪色的价值。"[①] 在实现中国式现代化的新征程中，必须坚持推动"两个结合"，深入实施中华优秀传统文化传承发展工程、中华文明探源工程等，大力加强历史文化遗产研究，不断丰富中华文化宝藏，努力构筑中华民族共有精神家园；用马克思主义激活中华优秀传统文化中富有生命力的优秀因子并赋予新的时代内涵；提炼好、展示好中华民族独特精神标识，坚定文化自信，推动中华文化复兴。

积极推动中华优秀传统文化"两创"，激扬迈向新征程的创新活力。以中华优秀传统文化滋养中国式现代化，关键在于对传统文化做到古为今用、推陈出新。习近平总书记指出："对传统文化中适合于

---

① 习近平：《习近平在文艺座谈会上的讲话》，《人民日报》2015年10月15日，第2版。

调理社会关系和鼓励人们向上向善的内容，我们要结合时代条件加以继承和发扬，赋予其新的涵义。"① 实现中国式现代化的新征程中，积极推动中华优秀传统文化创造性转化、创新性发展，更好发挥中华优秀传统文化育人化人、涵养社会主义核心价值观的积极作用；主动适应新技术变革，创新历史文化资源的活化机制，让中华古籍"活"起来、让文物文学"动"起来，提供多样化的文化内容供给，进一步丰富人们的精神生活。

积极推动不同文明间的交流互鉴，彰显中国式现代化的世界意义。习近平总书记指出："中华文化既是历史的、也是当代的，既是民族的、也是世界的。"② 要弘扬中华优秀传统文化，积极推动中华文化走出去，积极展示中华优秀传统文化中蕴含的全人类共同价值；努力塑造更加可信、可爱、可敬的中国形象，讲好中国故事，传播好中国声音，让世界更好地读懂中国、读懂中国共产党、读懂中国式现代化。

---

① 习近平：《习近平在纪念孔子诞辰 2565 周年国际学术研讨会暨国际儒学联合会第五届会员大会开幕会上的讲话》，《人民日报》2014 年 9 月 25 日，第 2 版。
② 习近平：《习近平在中国文联十大、中国作协九大开幕式上的讲话》，《人民日报》2016 年 12 月 1 日，第 2 版。

第一章

仁爱：中国式现代化的价值追求

仁爱是中华民族最核心的价值理念，在中国传统伦理思想体系中居于重要地位。它不仅奠定了整个中国文化的精神气质，也有效维护了封建政治统治；不仅对中国传统社会发展有重大影响，也对今天以中国式现代化推进中华民族伟大复兴有积极作用。中国传统仁爱思想内蕴丰富，从人与人的关系出发，扩展到人与社会、人与宇宙的关系，主张"亲亲""仁民""爱物"；中国传统仁爱思想既是中国式现代化的重要文化根基，也是推动实现中国式现代化的重要精神动力。

一、传统仁爱思想的内涵及其历史嬗变

在五千多年文明历史演进中，中华民族创造了灿烂辉煌的历史文化，也留下了璀璨夺目的仁爱精神。中国传统仁爱精神被中华儿女世代传承，不仅是中国人的立身处世之道，也是中华民族最深沉的精神追求，对中华文化和中国传统社会发展产生了重大影响。

（一）传统仁爱思想的基本内涵

"仁"字的出现，最早可以追溯到春秋晚期，但"仁"的观念却

由来已久。传说中的"三皇""五帝"都具有博大仁爱的胸怀，是"率天下以仁"的勤政爱民之贤王。在《尚书》《诗经》等典籍中，"仁"字出现多次。如《尚书·金縢》中有"予仁若考"，《尚书·仲虺之诰》中说"克宽克仁，彰信兆民"，《诗经·叔于田》中说"洵美且仁"，《诗经·卢令》中说"其人美且仁"。不难看出，"仁"字在这里表示的是一种美德，有"与人为善"之义。

许慎《说文解字》中说："仁，亲也，从人从二。"段玉裁《说文解字注》中又说："独则无耦，耦则相亲，故其字从人二。"大致可知，"仁"最初是指人与人之间的亲善关系。后来，"仁"的范围被进一步扩大。"仁，亲也"，这说明无论是人与人、人与社会，还是人与自然，彼此的关系一定要建立在亲爱的基础上。

孔子之前，人们关于"仁爱"观念的认识还是比较零散的。随着人本主义社会思潮的兴起与发展，孔子对"仁"的思想进行省察与反思，把"仁"从道德层面提升到哲学高度，并加以系统论证与阐述，逐渐形成了以"仁"为核心的哲学思想体系。在此基础上，孟子将"仁"概括为"仁者爱人"，赋予"仁"更为丰富的内容，并且将"仁"由道德领域扩及政治领域，提出了"仁政"思想，并最终形成了儒家的仁爱观。可以说，以儒家为主体的中国传统仁爱思想，其核心内容主要是围绕"亲亲、仁民、爱物"三个层面而展开。

1. 亲亲之仁：以孝悌为本

传统"仁爱"思想发端于人们身边最普通的血缘亲情。孔子在《礼记·祭义》中说："立爱自亲始。"在孔子看来，爱这种情感的培育，是从爱自己的亲人开始的。因此，传统"仁爱"思想的第一层含义就是"亲亲"。换言之，亲亲是仁爱的基础、仁爱的根本、仁爱的起点。

"爱亲"的核心是孝悌。《论语·学而》中说："君子务本，本立而道生。孝弟也者，其为仁之本与。"在儒家看来，孝悌是"仁"的根本。为什么说"孝悌"是"仁"的根本呢？从个人角度看，孝悌是安顿血缘亲情的重要方式。生活在家庭中的个人，体验到真挚温暖的亲亲之情。每个人都要在家庭血缘关系中认识自己的角色，承担责任与义务，履行规范与要求。孝敬父母、尊敬兄长是从天然的血缘、情感到自觉的责任、行为的转化和提升。从社会角度看，家庭是社会安定的重要保障。《论语·学而》中说："其为人也孝弟，而好犯上者，鲜矣；不好犯上，而好作乱者，未之有也。"孔子及其弟子深刻地洞察到孝悌对家庭成员的教化作用以及由此产生的社会效应，因而强调孝悌是仁的根本。

当然，儒家既充分肯定"亲亲之仁"的重要性，又强调对"亲亲之仁"的扩展和超越。"亲亲"是仁爱的基础，但不是仁爱的全部；孝悌是行仁的根本，却不是行仁的全部。可以说，"仁"始于亲亲，但并不终于亲亲。"仁爱"能成为普遍的道德原则和行为规范，方可为"大仁"。"心兼爱人谓之仁"，如果不能将亲亲之仁扩而充之，就不是真正的仁爱。

2. 仁民之仁：以他人为重

《论语·颜渊》中，孔子回答樊迟问仁时说"爱人"。《孟子·尽心上》中也讲"仁者无不爱"。在这里，无论是孔子还是孟子，都已经将"仁"从"亲亲之爱"扩展为普遍意义上的大爱，即"仁民"。《说苑·贵德》中说："大仁者恩及四海，小仁者止于妻子。"在刘向看来，"亲亲"是一种"小仁"，超越血缘而推展出的"大爱"才是一种"大仁"。可以说，"仁民之仁"已经突破了宗族血缘关系的藩篱，指向了更具普遍意义的人际关系，是人与人之间自觉互助、对等互尊之爱。从"仁民"的意义上看，仁爱从家庭伦理和规范扩展为普遍的社会伦理和规范。

在中华优秀传统文化中，与"仁民之仁"紧密相连的是"忠恕之道"。"忠恕"是传统仁爱思想实现的具体方法，其要义在于"推己及人"。何谓"忠恕"？朱熹《论语集注》中说："尽己之谓忠，推己之谓恕。"具体来说，"忠"就是"己欲立而立人，己欲达而达人"（《论语·雍也》）。一个人想要实现自己的愿望，同时还必须要尊重并创造条件，帮助他人实现其愿望。"恕"，就是"己所不欲，勿施于人"（《论语·卫灵公》）。凡是自己不愿意别人强加于自己的，也不要强加给别人。"忠"，强调的是一种换位思考原则，并不一定要求"己欲立"与"人欲立"的内容完全相同。"恕"强调的是要尊重对方，而不是单方面地表达自己的感受。"忠恕"是"仁民之仁"的一体两面，它充分承认了具体社会关系中人的差异性，强调换位思考、相互尊重的普遍原则和以他人为重的价值取向，以达到人与人的和谐相处，避免"己之所欲，施之于人"的尴尬。

"仁民之仁"在政治领域表现为实行"仁政"。在孟子看来，行仁政就是要保障人民的基本物质生活，摆脱死亡和苛政；同时，还要"谨庠序之教，申之以孝悌之义"（《孟子·梁惠王上》），教化民众、移风易俗，实现出入相友、守望相助。可以说，"仁民之仁"是以民为本、发政施仁、保民而王的王道之行，代表了国家的政治理念和价值取向。

3. *爱物之仁：以自然为伴*

"亲亲"是对亲人的爱，"仁民"是对大众的爱。那么，"爱物"

则是对天地万物之爱。儒家所表达的对天地万物之爱，其实是对生命之爱，对生生不息的宇宙之爱。仁爱不仅是成己、成人之学，亦是成物之学。"爱物之仁"要求人们把自然看作是与人类休戚相关的生命共同体，以自然为伴，充分地尊重自然和爱护自然。

儒家认为，天地自有其运行法则。《论语·阳货》中说："天何言哉？四时行焉，百物生焉，天何言哉？"人与自然密切相关，人本身也是自然的一部分，必须要树立和谐共存的价值观，顺应规律而为，敬畏自然、尊重自然。为此，《论语·述而》中提出"子钓而不纲，弋不射宿"的主张。《大戴礼记·曾子大孝》中认为："伐一木，杀一兽，不以其时，非孝也。"《孟子·梁惠王上》中说："不违农时，谷不可胜食也；数罟不入洿池，鱼鳖不可胜食也；斧斤以时入山林，材木不可胜用也。"人作为天地间最灵秀的存在，面对自然时拥有主体性和主动性选择。正是因为如此，所以人类更不可以肆无忌惮地伤害自然万物，相反应该承担起爱惜万物、珍视自然的责任。即使是为了获取基本的生存资料，也应该要取之有度、用之有节。人可以赞天地之化育，协助自然运行，但不可以干预或扰乱自然运行。掠夺自然，破坏祖先留下的美好家园，就是不孝；不给子孙后代留下良好的生态环境，就是不慈。不孝不慈，即为不仁。

总之，"爱物之仁"在道德层面上，要求人对自然承担起责任义务；在价值层面上，要求人以自然为伴、与自然共存共荣；在行为层面上，要求人们在生产生活实践中自觉顺应、尊重、保护自然。

4. 自爱之仁：以修养为要

亲亲、仁民、爱物是传统仁爱思想的基本内涵，构成了既相互区别又一以贯之的价值体系。其实，对"仁爱"的理解还有一个重要的维度，就是"自爱"。《荀子·子道》中说："知者自知，仁者自爱。"颜回主张"仁者自爱"，认为真正的仁者就是要具备自我意识，注重个人自我修养实践。

仁者自爱，首先强调修养的对象是"己"。可以说，在推己及人、成己成物的过程中，"己"是关键所在。"己"既是行仁的主体，又是修、克的对象。推己及人的前提就是正己、克己，修己才能安人，立己才能立人。"克己复礼为仁"，这里的"己"正是克治省察的对象。当然，"克己"不是封闭的，而是根据他人的回应来确定自省的方向。"为仁由己"的"己"是行仁之主体，代表了自我提升的愿望和意志。

其次，"克己""行仁"的目的是达到"民胞物与"的理想境界。张载认为，民众都是我的同胞，万物都是我的朋友。天下所有衰老多病、孤苦伶仃的人，都是我的兄弟姐妹，应该要像照顾自己的老人和孩子一样去照顾他们。张载还主张，用胸怀天下的视野去认识所有人、所有物与自己的紧密关系，自觉承担起自我的责任，做到仁爱他人与万物。所以，他明确提出了"为天地立心，为生民立命，为往圣继绝学，为万世开太平"的"横渠四句教"，体现的正是一个仁者所应该拥有的胸怀与担当。可以说，一个仁者所拥有的境界，应该蕴含着浓厚的家国情怀和强烈的责任担当，激励着志士仁人前仆后继、不惧牺牲。

（二）传统仁爱思想的发展嬗变

中国传统仁爱思想是中华民族在长期实践中形成的重要思想观念，不仅渗透到中国人的思维方式与日常生活之中，滋养了中华民族讲求宽厚包容、博施济众的民族性格；同时，在漫长的历史发展中，传统仁爱思想不断因时而化、与时偕行。

1. 先秦时期仁爱思想的形成

先秦时期是中国古代思想文化大发展的时期。由于社会动荡不安，儒、墨、道、法各家纷纷阐释自己的主张，以求天下统一。儒家重礼爱仁，墨家提倡兼爱非攻，道家倡导无治主义，中华仁爱思想体系基本形成。

（1）先秦儒家仁爱思想

"仁"是儒家思想的核心观念，也是一切美好德性的基础。《论语》中"仁"字前后出现达 109 次，说明孔子对"仁"的重视。当然，孔子认为，"仁"的核心思想就是爱人。《论语·颜渊》中说："樊迟问仁。子曰：'爱人。'"孔子第一次把"仁"同"爱人"联系起来，并且把"爱人"作为仁的根本要求。当然，孔子不仅提出了"仁"，而且还把"仁"与礼乐制度联系起来。《论语·八佾》中说："人而不仁如礼何？人而不仁如乐何？"在孔子看来，一个人如果没有仁爱之心，遵守礼仪有什么用？一个人如果没有仁爱之心，礼乐又有什么用？所以说，如果没有"仁爱"这一思想内核，礼乐制度将会失去其根本。正是孔子将"仁爱"思想注入礼乐文化制度之中，才使得西周以来的礼乐文化制度获得了新的生命力。在孔子的思想体系中，"仁"既是处理人际关系的基本准则，也是个人道德修养的最高境界。

那么，如何才能做到"仁"呢？孔子主张"克己复礼为仁"。他认为，约束自己并按照"礼"的要求去做就是"仁"。同时，他还提出了"为仁由己""我欲仁，斯仁至矣"的思想主张。如果说"克己复礼为仁"是一种"自觉"遵守的道德原则，那么"为仁由己"则是一种道德"自愿"原则，从而使"仁爱"充满了一种尊重道德主体自愿的思想光辉。《论语·雍也》中还说："夫仁者，己欲立而立人，己欲达而达人。能近取譬，可谓仁之方也已。"在孔子看来，仁者自己要想立足，就必须使别人也能立足；自己想遇事通达，也要使别人遇事通达。可以说，"己所不欲，勿施于人"和"己欲立而立人，己欲达而达人"是"仁"的两个方面，前者是从消极方面讲，仁者不应该怎么做；后者是从积极方面讲，仁者应该怎么做。"仁远乎哉？我欲仁，斯仁至矣。"（《论语·述而》）"仁"既是一种至高的道德境界，也是一种重要的实践理性，只要坚持不懈地努力，就可以接近并最终成为仁者。

孟子在孔子仁爱思想主张的基础上，提出了"亲亲、仁民、爱物"的思想和"仁政"主张，进一步拓宽了仁爱的对象范围。一方面，孟子从"仁爱"出发，建构了一套以"仁爱"道德感情为基础的人间秩序观。《孟子·尽心上》中说："亲亲而仁民，仁民而爱物。"在孟子看来，君子对于自身以外的"亲""民""物"保持着一种恰当的爱的情感秩序，即对"物"要珍惜，对与自己没有血缘关系的人，要以人的态度对他们，并给予同类的关爱；对自己的亲人，以亲切的、亲爱的情感对待他们。孟子所构设的这一"爱"的伦理秩序，体现的是"爱有差等"原则，也是儒家区别于其他学派而特有的爱的伦理秩序观，并在先秦与墨家、道家的争论中得以凸显出来。

另一方面，孟子以性善论为基础，提出了"仁政"的政治理想。《孟子·公孙丑上》中说："人皆有不忍人之心。先王有不忍人之心，斯有不忍人之政矣；以不忍人之心，行不忍人之政，治天下可运之掌上。"这种以"不忍人之心"而行的"不忍人之政"便是"仁政"。"仁政"是"不忍人之心"外化的结果。那么，如何才能实现"仁政"的政治目标呢？从根本上说，就是要做到"保民"、"养民"和

"教民"。所谓"保民"，就是要减轻刑罚和赋税。一方面，孟子对人民的苦难充满同情，在《孟子·公孙丑上》中说："民之憔悴于虐政，未有甚于此时者也。"另一方面，孟子坚决反对兼并战争，对连绵不断的战争，提出了"春秋无义战"之说。所谓"养民"，就是指要千方百计地满足人民的生活需要，最大限度地提高人民的生活水平。在孟子看来，只有人民生活富足了，才能从根本上解决生计问题，实现国家的安定和富强。为了实现"养民"的目的，孟子提出了"制民之产"的主张，认为统治者要得到人民的拥护，必须使其拥有固定的产业，过上富足的生活。否则，就会导致民心思乱，铤而走险，进而危及政治统治。所谓"教民"，就是对人民施行教化。孟子认为，让人民普遍懂得封建伦理道德礼义是实现社会稳定、国家安定的必要举措。所以，在孟子看来，只有把"教民"和"养民"结合起来，才能实现仁政。

（2）墨家和道家的仁爱思想

墨家的仁爱思想，集中表现为"兼爱"主张。基于当时的社会环境，墨子从"兴天下之利，除天下之害"目标出发，认为国与国相攻、家与家相篡、人与人相贼，君臣不惠忠，父子不慈孝，兄弟不和睦，天下就会大乱。反之，如果天下之人皆相爱，强不执弱，众不劫寡，富不侮贫，贵不敖贱，诈不欺愚，天下祸篡怨恨就不会发生。在墨子看来，"兼爱"是天下太平的根本，"兼相爱、交相利"是仁义的行为，是人性善的突出表现，是仁义之人治理天下的原则，是"兴天下之利，除天下之害"的基本路径。总之，"兼爱"思想体现了墨家人文精神的普世关怀。

道家的仁爱思想，主要表现为"慈爱"主张。老子推崇"慈爱"，并把其作为三宝之一。老子说："我有三宝，持而保之：一曰慈，二曰俭，三曰不敢为天下先。"老子所提倡的"慈爱"，是一种无私爱的"天地之仁"和"圣人之仁"。正如《道德经》中所说："天地不仁，以万物为刍狗；圣人不仁，以百姓为刍狗。"老子在这里所说的"不仁"，正是一种无私之爱。"天地不仁"，说的就是天地无偏私地慈爱宇宙中的万物；"圣人不仁"，说的是圣人无偏私地慈爱所有的百姓。可见，道家所讲之慈爱，如天地之慈爱万物一样，普施一切，无分彼此；道家之慈爱，不是私爱，也不是有差等之爱，而是普济世间的大爱。

总起来说，儒家的"仁爱"，主张从爱自己的亲人开始，然后推恩出去爱别人，以至于一切人；墨家的"兼爱"，是一种无条件的人与人之爱；道家的"慈爱"，是从"道"的本质中引申出来的，强调回归于"道"的无私之爱。尽管儒、墨、道三家所讲之"爱"，其立论根据和实现"爱"的方式有所不同，但都重视和强调"爱"。

2. 汉唐时期仁爱思想的发展

汉初黄老思想盛行一时，但并未阻滞汉代学者对仁爱思想的思考。贾谊在《过秦论》中深刻分析了秦朝灭亡的原因，认为根本在于秦始皇不施仁义，不行仁政。为此，贾谊向汉文帝进言："人主仁而境内和矣，故其士民莫弗亲也；人主义而境内理矣，故其士民莫弗顺也。"可以说，贾谊对"仁爱"思想的认识基本上保持了先秦儒家之特色，其"心兼爱人谓之仁，反仁为戾"的思想与孔子"仁者爱人"的思想基本一致。此外，贾谊还特别强调"仁爱"在礼制中的重要作用。他在《新书》中说："礼，圣王之于禽兽也；见其生，不忍见其死；闻其声，不尝其肉，隐弗忍也。故远庖厨，仁之至也。"又说："故仁人行其礼，则天下安而万理得矣。"可以说，在仁与礼的关系上，贾谊综合了孟子和荀子的思想，复归于孔子的思想倾向，把"仁"看作是礼的灵魂，把礼看作实现"仁爱"的制度保证。

汉儒董仲舒在《春秋繁露》一书中，对仁与义多有阐释，并提出了许多新论述。比如，《春秋繁露·仁义法》中说："以仁安人，以义正我，故仁之为言人也，义之为言我也，言名以别矣。仁之于人，义之与我者，不可不察也。""仁之法在爱人，不在爱我。义之法在正我，不在正人。我不自正，虽能正人，弗予为义。人不被其爱，虽厚自爱，不予为仁。"这表明，董仲舒要求所有人都应当以"仁"的态度对待他人，以"义"的规范约束自己，统治者更应如此。

董仲舒把"仁"神圣化，将其由血缘亲情上升为"天之心"。《春秋繁露·天地阴阳》中说："天志仁，其道也义。"《春秋繁露·俞序》也讲道："仁，天心，故次以天心。"在董仲舒看来，天之所以永不停歇地化生、养成天地万物，就是因为天有"仁"，"仁"即"天心"，"天"的意义和本质就是"仁"。换言之，在董仲舒看来，"仁"是"天"的最高道德准则，这种道德准则也是"天"的意志体现。

此外，董仲舒还把"仁"的范围从人扩展到天地万物。《春秋繁露·必仁且智》中说："何谓仁？仁者憯怛爱人，谨翕不争，好恶敦伦，无伤恶之心，无隐忌之志，无嫉妒之气，无感愁之欲，无险诐之事，无辟违之行。故其心舒，其志平，其气和，其欲节，其事易，其行道，故能平易和理而无争也。如此者谓之仁。"在董仲舒看来，爱人不仅要爱自己，更要爱他人；要仁爱普通民众、四方之夷乃至天地万物。作为君主，必须要效法天道，仁爱民众，因为能否做到仁爱百姓，关乎民心向背、社稷安危。君主如果失掉民心，作恶害民杀民，那就丧失了做天子的资格。他还提出"仁者所以爱人类也"的主张，要用仁爱厚待远方之人，把仁爱推得越远越好。可以说，"仁厚远"是董仲舒对先秦儒家仁爱的一种创造性阐释。董仲舒还主张"泛爱群生，不以喜怒赏罚"。也就是说，一个人只爱人还不足以称为仁，只有将爱的情感扩展到鸟兽昆虫等，才算做到了仁。可见，董仲舒对"仁"的阐释已经具有了博爱的性质，包含着可贵的生态文明意识。

唐代的韩愈从博爱角度对秦汉以来的儒家"仁爱"思想进行了重新阐述。在《原道》一文中，韩愈说"博爱之谓仁，行而宜之之谓义"。他一反孟子辟杨墨的说法，认为儒墨有相通之处。在《读墨子》一文中，韩愈提出"孔子泛爱亲仁，以博施济众为圣，不兼爱哉"，"儒墨同是尧舜，同非桀纣，同修身正心以治天下国家，奚不相悦如是哉"。此外，韩愈还将传统的"仁爱"思想进一步扩展为对夷狄禽兽之爱。他说："天者，日月星辰之主也。地者，草木山川之主也。人者，夷狄禽兽之主也。主而暴之，不得其为主之道矣。是故圣人一视而同仁，笃近而举远。"（《原人》）可以说，韩愈这一"仁爱"思想是对先秦原始儒家仁爱思想的合理引申，也是东汉以降重视以"生态"解释"仁爱"思想的一种合理发展。

3. 宋元明清时期仁爱思想的新发展

宋明时期，儒学在佛教与道教的长期争论和融合中，形成了新的流派——宋明理学。理学中关于"仁爱"的秩序问题，更加凸显了"仁爱"的广通性，出现了"仁者与天地万物为一体"的思想。

张载在《西铭》中写道："乾称父，坤称母，予兹藐焉，乃浑然中处。故天地之塞吾其体，天地之帅吾其性。民吾同胞，物吾与也。"
在张载看来，既然天地是父母，那么天地所生的百姓就是我的同胞兄
弟，天地所生的万物就是我的同伴。张载的"民胞物与"思想是对原
始儒家"仁爱"思想的一种创新发展。如果说，孟子所说的物、民、
亲三者还有一种远近、亲疏之别，那么宋儒所言之物、民、亲三者已
经融为一体了。可以说，张载的"仁爱"思想为我们构建起了一个新
的世界秩序，即以"仁爱"精神为基础，把天道—人性—社群—自然
万物融为一体的世界图景。

朱熹继承并发展了程颢以"生物之心"诠释"仁德"的新方
向。他说："天地以生物为心者也，而人物之生，又各得夫天地之心
以为心者也。故语心之德，虽其总摄贯通，无所不备，然一言以蔽
之，则曰仁而已矣。"（《仁说》）他还进一步阐发"仁道"在人心中
之妙，"盖仁之为道，乃天地生物之心，即物而在，情之未发而此体
已具，情之既发而其用不穷，诚能体而存之，则众善之源，百行之
本，莫不在是。此孔门之教所以必使学者汲汲于求仁也"（《仁
说》）。可以说，朱熹以"生物之心"释仁的思想，很大程度上是吸
取了《易传》"天地之大德曰生"和"生生之谓易"的哲学思想。

中国传统仁爱思想经周敦颐、张载、程颢等人阐发，逐渐形成了
"仁者与物同体"的新仁学。这一新仁爱思想被王阳明所继承。王阳
明认为"仁是造化生生不息之理"（《传习录》）。从本体论角度说，
"仁"具有的这种使人类万物生生不息的功能，既超越了现实生活层
面的各种相对性，具有至善的特征；又弥漫于天地之间，具有普遍性
的特征。从现实功用角度说，"仁"的爱人爱物思想具体表现为"父
子、兄弟之爱……自此而仁民，而爱物"（《传习录》），依然遵循着

儒家一以贯之的爱有差等、由亲及疏的行仁路径。

明清之际，顾炎武、黄宗羲、王夫之等一大批思想家，从不同角度对传统仁爱思想展开了论述。黄宗羲认为，"天地之生万物，仁也。帝王之养万民，仁也"（《孟子师说》），即为政者只有行仁政、行王道，以养民、保民、乐民为职责，才能实现长治久安。清代的龚自珍也同样表达了"仁心为质，施于有政"的仁政观点，主张尊重人的生命，珍惜人力、物力、财力。

（三）传统仁爱思想的历史贡献

在几千年的中国封建社会发展中，中国传统仁爱思想与封建宗法社会相契合，逐渐发展成为中华优秀传统文化的核心思想，对家庭、社会以及人与自然良善关系的维系具有重要的价值意义。

1. 传统仁爱思想强调自然亲情，增进了家庭和美

传统仁爱思想以"仁"为核心，以"爱人"为路径。"仁"所涉及的人与人之间的关系，最先是家庭关系，仁爱最初就是在家庭内部父母与子女的天然血缘关系中延伸出来的，离开了自然亲情，仁爱就如同无源之水。从历史上看，重视"仁爱"的自然情感，虽然局限于家庭范围，却发挥着联结个人、家庭和国家的重要作用。

一是督促个人不断修身立德，强调事亲当以守身为先。不可否认，父子之爱有其自然性，但后天的修养与持守工夫同样重要。《大学》中说"身不修不可以齐其家"。只有不断修身，不断推动个体人性的完满，自己才能意识到孝亲、敬亲、事亲的重要性，在家庭生活中才能以父母之忧为己忧，通过顺亲排解内心之忧。

二是增强个人对于家庭、家族的道德责任意识。个人处在家庭、家族之中，受到爱的滋养，当然也就有责任和义务为这个家庭作贡

献、为维护家庭和睦关系而努力。这是基于"爱"的自然情感的升华，它不仅是一种自然情感，而且也是一种理性自觉，是情与理的有机统一。比如，子女虽然有顺亲的道德义务，但是同样有谏亲的道德责任，不能盲目地无条件地顺亲，否则就会陷父母于不仁不义之中。

三是培养个人的家国情怀。中国传统社会是家国一体的，能在一家之内做到孝悌的人，就不容易以下犯上，这是孝悌不断内化为个体道德自觉的结果，人们会自觉地依礼而行，不会轻易做出"逾矩"之事；对于统治阶级而言，有益于国家治理、社会秩序的维护与稳定。

2. 传统仁爱思想主张仁者爱人，促进了社会和谐

"仁者，人也"，意在强调对人的终极关怀，"仁"本来就是在人我交往过程中形成的，它的出发点是"人"，即"爱人"，落脚点也是"人"，即"立人""达人"。"仁"的首要前提是承认他人与我同类，准确地说就是承认他人与我同样拥有个体自由意志和独立人格，否则就无法做到将心比心、感同身受，当然也就不会对他人产生任何情感。从仁爱的总体价值指向看，中国传统仁爱所面向的是一切人，强调的是对人的普遍关怀。

中国传统仁爱思想是古代人道主义的具体体现。尽管在现实生活中，囿于封建统治阶级的属性，传统仁爱思想不可能真正实现，但它对封建皇权有一定的制约作用，对实现社会的和谐与稳定有重要作用。秦朝之所以二世而亡，很重要的一个原因就是秦始皇"明仁义爱惠之不足用，而严刑重罚之可以治国"。当然，这也警示后人，假若完全抛弃仁爱，暴虐天下，终究会失去民心和天下。

3. 传统仁爱思想注重仁民爱物，推动了人与自然的和谐

"仁者无不爱。"虽然传统仁爱思想的核心是"爱人"，但仁爱同

样关照万物,包括牛羊等有生之物和草木山川瓦石等无生之物。万物之爱源于血缘之爱,是血缘之爱向外的推扩,虽然传统仁爱思想的"爱有差等"常被批驳,但也是合乎人之常情的。事实上,爱亲与爱物并不矛盾,只是存在关系亲疏而已。

注重仁民爱物,体现的是对宇宙万物的生命关切,这是不忍人之心的推扩;同时,还表现为对万物生养规律的遵循,在"天人合一"思想的指导下,人自觉地将爱施予万物,并自觉地约束自己的行为。可以说,尊重天地万物生养的自然规律,对于推动人与自然和谐相处具有重要意义。

4. 传统仁爱思想推崇仁爱和平,维系了中华民族的团结统一

中华民族是爱好和平的民族。在五千多年的文明传承中,中国传统仁爱思想备受推崇。以"民族亲善""天下归仁"为核心内容的传统仁爱思想,就如同"黏合剂"一样,成为我们民族团结、国家统一的重要文化渊源和思想土壤,使中华民族在漫长的历史发展中长期保持着一种和谐、融洽的局面;中华各民族相互交融、和衷共济,形成了团结和睦的大家庭,并在平等相待、互相尊重的基础上与世界其他各民族发展着友好合作关系。

(四) 传统仁爱思想的古代践行

在中华民族发展的历史长河中,留下来了璀璨的仁爱文化,仁人志士层出不穷,仁爱精神被华夏儿女世代传承、自觉践行;仁爱的种子撒满每一寸国土,仁爱的火焰温暖每一颗心。

1. 孝老爱亲

孝是中国古代社会的基本道德规范,也是一切高尚道德的内在根据。践行孝道是成就各种美德的重要起点,践行孝道的过程就是仁德

不断扩充发展，进而达到仁德之境界的过程。《论语·学而》中说："孝弟也者，其为仁之本与。"《中庸》中说："仁者人也，亲亲为大。"可以说，孝悌是仁爱的根本。一个人在家里行孝尽悌，就是仁德培养的开始，也是达仁的有效途径。孝是具体而微的道德情感要求，由事亲而达仁的过程是漫长且艰辛的。

行仁践孝，必须要"善事父母"。孔子认为，"今之孝者，是谓能养"（《论语·为政》），"能养"是孝最基本、最基础的表现。"能养"不仅是从饮食上供养父母，而且要"有事，弟子服其劳，有酒食，先生馔"（《论语·为政》）。也就是说，家有辛劳之事，应该代替父母去承担；物质享用上，应当让父母优先。在孔子看来，"爱护""守护""保护"父母是"能养"的应有之义，即使在父母物质生活有保障、身体健康的时候，关心和爱护父母也是子女应有的责任和义务。所以，这些都是做人的本分，是社会对人子的基本要求。

当然，一个人只是尽到自己作为人子的本分还是远远不够的，更为重要的是对父母的"敬"。"敬"是尊敬、敬爱，是发自内心的对于父母真诚无私的爱。如果出于功利目的，就不是"敬"。"孝"必须和"敬"紧紧结合在一起，才是真正意义上的"孝"。《孝经》将孝道概括为物质上的"养"和精神上的"敬""祭"三个方面，即从物质上赡养和悉心照料父母；从精神上体贴、关心父母，做到"爱""敬""忠""顺"；在重要的节日或者祖先的忌日祭祀先祖，以"报本反始""慎终追远""继志述事"。

"孝"是中华文化横向延伸的始发性观念和文化精神，广泛渗透于传统中国社会生活的方方面面，成为中国传统社会处理诸多人际关系的依据。曾国藩说："读尽天下书，无非一孝字。"经过代代相传，

"孝"已演化积淀成为中华民族独特的精神标识，成为浸入中国人骨子里的德性，深深根植于中国人的内心，潜移默化地影响着中国人的思想方式和行为方式。

行仁践孝，必须要重视家庭、亲情和家教。在人类历史长河中，中华民族谱写了很多伟大且有影响的亲情故事，有大爱的父母，也有孝敬的子孙。从舜孝感动天到子路负米，从董永卖身葬父到丁兰刻木事亲，从杨香扼虎救父到朱寿昌弃官寻母，一幅幅充满爱的亲情画面从古代走到现代。唐诗中有孟郊的《游子吟》"慈母手中线，游子身上衣。临行密密缝，意恐迟迟归。谁言寸草心，报得三春晖"，也有王维的《九月九日忆山东兄弟》"独在异乡为异客，每逢佳节倍思亲"，等等。这些音调谐美的诗句，都是思念父母、思念亲情的真实印证。可以说，家庭亲情是中华文明长久不衰的根脉，也是中华儿女绵延不绝的基石。当然，这些亲情故事，恰恰是来自仁爱所孕育出来的感恩之心。

2. 爱民恤民

仁者爱人的"仁爱"思想，在中国传统治国理政之中，集中表现为以爱民如子、视民如伤为主要内容的仁政主张与实践。要做到仁民，必须坚守心中有民的爱民情怀。

《管子·形势解》中说："人主能安其民，则事其主如事其父母。"意思是说，如果君主能够让人民过上安居乐业的生活，那么人民对待君主就如同侍奉父母一样；君主有了忧困，人民就会为他感到忧伤；君主有了危难，人民愿意为他拼命效力。反之，如果君主把人民看得如泥土、草芥一样低贱，甚至还随意践踏、欺凌，那么，君主有什么忧困，人民也不会为他分忧；君主有难处，人民也不会为其赴汤蹈火。反之，如果国君能够把人民视为与自己一体，那么国君有了困难，人民怎么会不为国君而效力、分忧？《左传》一书中就把"苦民""伤民""杀民"视为最大的政治之恶，把爱民视为最大的政治之善，爱民是仁义王道政治的具体体现；并提出了"国之兴也，视民如伤，是其福也；其亡也，以民为土芥，是其祸也"的为政箴言。可以说，正是因为中国古人有这种爱民如子的仁爱思想，因此在治国理政中采取了"礼主刑辅"的政策。

当然，中国历史上也有许多英明的思想家、政治家能够切实做到将仁民思想运用到治国理政实践中。比如，据《六韬》记载，周文王向姜太公请教治国之方时，姜太公回答说："善为国者，御民如父母之爱子，如兄之慈弟。见之饥寒，则为之哀；见之劳苦，则为之悲。"再比如，唐太宗贞观时期，经济繁荣，人民生活富裕，社会稳定。之所以能取得这么好的成就，自然是与当时统治者坚持"民贵君轻""民为水、君为舟""水能载舟，亦能覆舟"的思想分不开。君臣一心，皇帝体恤臣下，臣民忠心效力。唐太宗常说老百姓是立国之本。贞观二年（628），京畿地区发生蝗灾，唐太宗前去查看灾情时，顺手捉了一只蝗虫放进嘴里，咒骂道："老百姓靠庄稼养活生命，而你们却吃庄稼，我宁愿让你们吃我的内脏。"侍从见此劝说道："蝗虫是污秽之物，吃下去会生病的。"唐太宗却回答道："为了不让老百姓受苦，我不怕生病。"于是，他把蝗虫吞咽了下去。此后，蝗虫再没有造成大的灾害。贞观元年至三年，关中、关东地区发生水旱、蝗、霜之灾，唐太宗当即下诏"所在赈恤，无出今年租赋"。对那些生活极度困难的人，唐太宗下诏"出御府金帛为赎之，归其父母"。就这样，唐太宗用国库的钱，把那些被卖掉的孩子全部赎回来，还给了他们的父母，使那些破碎的家庭又重新得以团圆。贞观六年（632），唐太宗在审查复核案件时，看到死囚犯的案卷，觉得很可怜，就下了一道圣旨，先把他们全部放回家，并告知他们来年到京城一起问斩。贞观七年（633），被放回家的全国390名死囚犯，在既没有人带领又没有人监管的情况下，都按时从全国各地返回京城长安，于是唐太宗将这些死囚犯全部予以赦免。这从侧面反映了贞观年间的司法状况，也是唐太宗取信于天下，执法不私亲所换来的结果。

3. 爱国情怀

"仁"包括爱亲（孝敬父母）与爱国（忠于祖国）双重含义，爱国是仁爱思想的核心之一。孙中山就说，仁爱是"中国的好道德"，可升格至爱国之心，"爱国心重者，其国必强，反之则弱"。可以说，把这种"仁爱"上升为一种为民为国的大任，为完成这种大任，不惜杀身成仁、舍生取义，这是中国传统爱国主义的最高境界。正是这种思想品格为维护国家统一、民族团结，为维护中华文化的纯洁和中华民族的生生不息作出了巨大贡献。

中国历史上爱国人物层出不穷，苏武"留胡节不辱……渴饮雪、饥吞毡，牧羊北海边"，岳飞精忠报国，留下了"以身许国，何事不敢为"的千古绝唱，文天祥"人生自古谁无死，留取丹心照汗青"的大义感天动地；郑成功冒死收复台湾，捍卫了中国主权和领土的完整；林则徐虎门销烟，以无比的勇气和决心维护了中华民族的尊严……"天下兴亡，匹夫有责"，从古到今一直是中华民族保家卫国、守护河山、寸土不让的爱国主义实践的动力源泉。对于那些来犯的侵略者，中国人一直秉持着"明犯强汉者，虽远必诛"的坚定决心。

明朝倭寇大举侵犯台州，戚家军大破倭寇于浙江临海，九战九捷。戚继光曾赋诗曰："南北驱驰报主情，江花边月笑平生。一年三百六十日，多是横戈马上行。"毛泽东在得知毛岸英牺牲在朝鲜战场的消息后，强忍悲痛，写下："青山处处埋忠骨，何须马革裹尸还。"为捍卫国家安宁，纵使身死疆场，魂漂异乡，又有何妨——这就是中国人的爱国情怀。

二、中国式现代化对传统仁爱思想的赓续发展

中国式现代化是赓续了中华古老文明的现代化，中华优秀传统文化是中华民族的根与魂，也是中国式现代化发轫与实现的文化沃土、思想根基。从历史上看，中国式现代化深深植根于中华优秀传统文化，在其形成和发展过程中，不断汲取着中华优秀传统文化中的智慧和力量，彰显着鲜明的中国特色、中国风格、中国气派。

（一）中国式现代化继承了传统"仁民"思想

1. "人口规模巨大的现代化"彰显了传统"民惟邦本，本固邦宁"的民本思想

中华文明是世界上唯一自古延续至今、从未中断的文明。中华文明连续性特征的形成，是多方面共同作用的结果，其中之一就在于巨大的人口规模。据记载，春秋战国至公元前230年时，中原各诸侯国总人口约3000万。唐朝鼎盛时期，人口一度达到约7475万到8050万。康熙六十一年（1722），人口上升到一亿五千万。可以说，巨大的人口规模在很大程度上保证了中华文明强健雄厚的生命力。巨大的人口规模也呼唤着政治和文化上的大一统，因为只有一个强有力的中央政权、一套统一的价值观，才可能实现对广土众民的有效治理，实现九州共贯、六合同风、四海一家。巨大的人口规模还意味着不同民

族交融汇聚的多元一体格局，塑造了兼容并蓄、海纳百川的中华文明。由此可见，人口规模巨大与中华文明具有的连续性、统一性、包容性等鲜明特性有着密切关系。

人口是现代化建设最基本的支撑，人口规模巨大是中国式现代化的基础性特征。"人口规模巨大"既体现了中国式现代化的现实逻辑，也内在地规定了中国式现代化的本质属性。人口数量庞大、结构复杂，客观上表明中国整体迈进现代化所面临的形势任务极为艰巨与复杂，必须做好应对各种困难的准备。

马克思主义认为，人是社会实践的主体，也是现代化和人类文明的生产者、创造者和推动者。习近平总书记强调，"人民群众是历史发展和社会进步的主体力量""把人民对美好生活的向往作为我们的奋斗目标，依靠人民创造历史伟业"。其实，我国古代历来就有"重民""爱民""亲民""利民""恤民"的民本思想和优良传统。"民惟邦本，本固邦宁。"历代圣贤反复倡导，为政者必须将民众利益作为治国理政的根本出发点，将民心所向作为政权合法性的衡量标准。"政之所兴在顺民心，政之所废在逆民心""水能载舟，亦能覆舟"，民本思想源远流长，老百姓的利益得到保障，朝代就兴盛，反之就会衰败甚至被推翻，这是中华文明流传下来的一个朴素道理。

中国式现代化坚持以人民为中心，以满足人民日益增长的美好生活需要为根本目的，始终把人民作为全面建设社会主义现代化国家的创造主体、获得主体、共享主体。"现实的人"及其社会实践活动是社会历史存在和发展的前提，中国十四亿多人口构成了推进现代化最坚实的根基、最深厚的力量。所以"人口规模巨大"辩证地来看更是一种优势和潜力，是推进现代化进程的磅礴力量。在新征程上，如何将"人口规模巨大"这一潜在优势转化为现实动能，是中国共产党领导中国式现代化需要解决的重要问题。马克思主义群众观和群众路线为我们提供了重要的方法论指导。人民既是中国式现代化的实践主体，也是价值主体。在推进中国式现代化的进程中，必须坚持人民的主体地位，充分发挥人民的主体作用，充分体现人民的意志，保障人民的权益。具体来说，就是要坚持以人民为中心的发展思想，发挥"人口规模巨大"的优势，凝聚人民群众团结奋斗的磅礴之力，形成共建共享的良好氛围。

2. "全体人民共同富裕的现代化"体现着"治国之道，富民为始"的为政取向

实现全体人民共同富裕是中国式现代化的一项本质要求。习近平总书记指出："共同富裕是社会主义的本质要求，是中国式现代化的重要特征。我们说的共同富裕是全体人民共同富裕，是人民群众物质生活和精神生活都富裕，不是少数人的富裕，也不是整齐划一的平均主义。"① 共同富裕包含生产力和生产关系两个方面的特征。"富裕"体现社会生产力的发展水平，表现为社会财富数量多；"共同"体现社会生产关系的性质，反映财富分配的结果。

我国已经实现了人民生活从温饱不足到总体小康再到全面小康的历史跨越，创造了人类现代化历史上的奇迹。究其根本，就是在党的领导下走出了一条适合自己的实现全体人民共同富裕的现代化之路。实现全体人民共同富裕，必须坚持把做大"蛋糕"和分好"蛋糕"相统一，在夯实基础、合理分配中实现全体人民共同富裕的现代化；坚

---

① 《习近平著作选读》（第二卷），人民出版社 2023 年版，第 501 页。

持人人参与和人人享有相统一，在共同奋斗、共同分享中实现全体人民共同富裕的现代化；坚持统筹协调和循序渐进相统一，在总体共进、差别有序中实现全体人民共同富裕的现代化。

共同富裕自古以来就是我国人民的一个基本理想，实现全体人民共同富裕体现着中华优秀传统文化中的小康、大同社会的思想。《诗经》中有"民亦劳止，汔可小康"的诗句，反映了中国古代先贤对美好生活的向往和追求；《管子》中有"仓廪实则知礼节，衣食足则知荣辱"，阐释了物质发展与文明进步的辩证关系；《左传》有"民生在勤，勤则不匮"，强调了勤劳奋斗的重要性等。中国共产党是中华优秀传统文化的忠实传承者和弘扬者，继承和发展中华优秀传统文化中关于小康、和谐、大同等思想，始终把消除贫困、改善民生、逐步实现共同富裕作为矢志不渝的奋斗目标。

总起来说，全体人民共同富裕不仅是一个政治经济概念，而且是一个历史文化概念。"德惟善政，政在养民""凡治国之道，必先富民。民富则易治也，民贫则难治也"，深刻总结了富民与国家政权稳定的内在关系。"治国之道，富民为始"的施政理念与"全体人民共同富裕的现代化"相融相通，是中国式现代化区别于西方现代化的显著标志。

（二）中国式现代化继承了传统"爱物"思想

习近平总书记指出："我们要建设的现代化是人与自然和谐共生的现代化，既要创造更多物质财富和精神财富以满足人民日益增长的美好生活需要，也要提供更多优质生态产品以满足人民日益增长的优美生态环境需要。"① 中国式现代化是中国共产党领导的社会主义现代化，代表最广大人民群众的根本利益，着眼于中华民族和人类社会的永续发展，促进人与自然和谐共生。中国人多地少、生态脆弱、灾害频繁，绝不能走西方国家消耗资源、污染环境的老路，必须把生态文明建设放在突出位置，走人与自然和谐共生的现代化道路。在中国式现代化深入推进的今天，人类活动已经逼近资源环境承载力极限，生态环境问题日益突出，建设人与自然和谐共生的现代化是应对时代挑战的必然选择。

习近平总书记指出："中华民族向来尊重自然、热爱自然，绵延5000 多年的中华文明孕育着丰富的生态文化。"② 我国许多古代典籍都有关于人与自然关系的论述，强调把天地人统一起来，把自然生态同人类文明联系起来，按照自然规律活动，对自然资源取之有时、用之有度。可以说，人与自然和谐共生的现代化，从思想来源上看，植根于中华优秀传统生态文化，继承和发展了传统仁爱思想中的"天人合一""道法自然""民胞物与""取之有度"等哲理智慧。

人与自然和谐共生的现代化蕴含着传统"天人合一"的生态哲学。《周易》有云："夫大人者，与天地合其德。"《道德经》有云："人法地，地法天，天法道，道法自然。"《庄子》有云："天地与我并生，而万物与我为一。"典籍陈述了这样的天人关系——自然之道是人类生活尊重和模仿的对象，效法自然的"自强不息""厚德载物"是君子修养的方法。正因如此，尊重自然、敬畏自然是中华民族的悠久传统。

---

① 《习近平著作选读》（第二卷），人民出版社 2023 年版，第 40 页。
② 习近平：《在全国生态环境保护大会上的讲话》，《人民日报》2018 年 5 月 19 日，第 1 版。

人与自然和谐共生的现代化蕴含着"民胞物与"的生态伦理。儒家思想以"仁"为中心,强调普爱世间万物。孟子主张"亲亲而仁民,仁民而爱物",认为将爱施于万物是仁道的推而广之。董仲舒认为:"质于爱民,以下至于鸟兽昆虫莫不爱。不爱,奚足谓仁?"(《春秋繁露·仁义法》)张载进一步提出"民吾同胞,物吾与也",表达了天地万物一体的博爱精神,强调真正的君子能与天地合其德、使万物尽其性,成己成物、止于至善。

人与自然和谐共生的现代化蕴含着"取之有度"的生态智慧。与中华文明固有的生态哲学和生态伦理相适应,中国社会从先秦起便产生了保护生态环境的制度,强调对大自然"取之以时,用之有节"。《史记》记载,早在舜帝时期,就设立了环保部门"虞",负责山林川泽的保护。夏朝的《禹禁》是我国目前最早的一部森林保护法。《秦律》严禁在动物繁殖季节进行捕杀。这些都体现了取之以时、保护自然、实现可持续发展的生态智慧。

习近平总书记强调指出,自然是生命之母,人与自然是生命共同体。推动人与自然和谐共生,前提是要处理好人、自然、社会的关系。从历史唯物主义角度看,人作为自然的有机组成部分,"属于自然界和存在于自然界之中",同时又是具有主体性、能动性、创造性的类存在物,人的本质还在于其社会性,即通过社会实践活动实现人的自由全面发展和社会文明进步。所以,人、自然、社会是一种"三位一体"交互性重塑关系。"人与自然和谐共生"的现代化,在深刻把握"人—自然—社会"和谐关系的基础上,从人类文明永续发展的高度构建了一个和谐共生的文明新形态,找到了一把解决人与自然关系异化问题的"金钥匙",为人类实现现代化提供了全新方案,为人类文明发展贡献了宝贵智慧。新征程上坚持人与自然和谐共生，需要坚持节约优先、保护优先、自然恢复为主的方针，维护生态正义、倡导生态伦理，推进实现更高质量、更高水平、更加公平、更可持续的发展，满足人民日益增长的"美好生活需要"和"优美生态环境需要"，从而超越传统工业文明先污染后治理的发展模式，构建人与自然和谐共生的生命共同体。

（三）中国式现代化继承了传统"亲仁善邻"思想

中华民族是爱好和平的民族，中国人民是爱好和平的人民。中国共产党带领人民不懈探索，走出了一条中国式现代化道路。我国不走一些国家通过战争、殖民、掠夺等方式实现现代化的老路，那种损人利己、充满血腥罪恶的老路给广大发展中国家人民带来深重苦难。我们坚定站在历史正确的一边、站在人类文明进步的一边，高举和平、发展、合作、共赢旗帜，在坚定维护世界和平与发展中谋求自身发展，又以自身发展更好维护世界和平与发展。走和平发展道路不是外交辞令，不是权宜之计，也不是战略模糊，而是思想自信和实践自觉的有机统一，是中国共产党人坚定不移的战略抉择，也是对世界的庄严承诺，无论自身如何发展，中国永不称霸、永不扩张、永不谋求势力范围。

中国式现代化坚持走和平发展道路，源自中国共产党的属性和社会制度的必然要求。中国共产党是马克思主义政党，代表的是先进社会制度和执政理念，必然不同于资本主义政党。西方大国的崛起总是伴随着侵略扩张，社会主义中国对内追求公平正义、共同富裕、社会和谐，对外主持公道、捍卫公理、伸张正义。中国共产党是为中国人民谋幸福的党，也是为人类进步事业而奋斗的党，始终把为人类作出新的更大贡献作为自己的使命。和平发展是中国共产党和中国特色社会主义的必然选择。中国式现代化坚持走和平发展道路，源自对实现中国发展目标的客观认知。中国人民对近代以来战争带来的苦难有着刻骨铭心的记忆，对和平有着孜孜不倦的追求，十分珍惜和平安定的生活。实现中华民族伟大复兴奋斗目标的蓝图已经绘就，发展是第一要务，和平是必要条件。对外搞扩张、搞霸权，不符合中国利益，违背人民意愿。以发展促和平、以和平谋发展，始终是中国坚定不移的国家意志。中国式现代化坚持走和平发展道路，源自对世界大势的深刻把握。当今世界，世界多极化和经济全球化趋势深入发展，各国越来越成为"你中有我，我中有你"的命运共同体，和平、发展、合作、共赢是时代潮流。任何一个国家，无论大小强弱，互利共赢才能发展壮大，冲突对抗只能两败俱伤。求和平、谋发展、促合作已经成为世界各国人民的共同心愿，也是不可阻挡的历史潮流，在这种大势之下，只有和平发展道路得人心，走得通。

当然，中国式现代化坚持走和平发展道路，更是源自中华优秀传统文化的和平基因。中国传统仁爱思想中的"亲仁善邻""协和万邦"等天下观以及"以和为贵""好战必亡"等和平理念等，深深植根于中国人的精神气质之中，也充分体现在中国人的日常行为上。可以说，坚持走和平发展道路，是对几千年来中华民族热爱和平文化传统的继承和发扬。

"中国式现代化是走和平发展道路的现代化"蕴含着"和而不同"的哲学传统。"和"是中国文化的精神特质。《国语》中有"和实生物，同则不继"，孔子提出"君子和而不同"，孟子主张"夫物之不齐，物之情也"。可以说，古圣先贤深刻阐明了"和"与"同"的辩证关系，"和"不是泯灭差异，也不是绝对同一，而是在尊重差异基础上的求同存异，在承认多样性的前提下和谐共处。以和为贵、爱好和平，融入了中华民族的血脉中，刻进了中国人的基因里。

"中国式现代化是走和平发展道路的现代化"蕴含着"亲仁善邻"的交往之道。对"和"的推崇，产生了"亲仁善邻，国之宝也"的价值观念，体现为"讲信修睦""协和万邦""天下一家"的交往之道。中国的政治传统推崇"以德服人""近悦远来""远人不服，则修文德以来之"，不是以战争向外征服扩张，而是以文治教化提升文化影响力。

"中国式现代化是走和平发展道路的现代化"蕴含着"止戈为武"的和平理念。古人深深意识到战争的危害性，认为"兵者，不祥之器"，并推崇"化干戈为玉帛""不战而屈人之兵"。另外，古人还提出战争的目的在于"止戈"，《左传》中定义"夫武，禁暴、戢兵、保大、定功、安民、和众、丰财者也"。拥有武力恰恰是为了制止暴力，维护和平是最高目的。

这些"和"的文化基因深深融入中国的和平发展道路中，也呈现在人类命运共同体理念、共建"一带一路"倡议、全球发展倡议、全球安全倡议、全球文明倡议等一个个中国方案中，成为引领时代潮流和人类前进方向的鲜明旗帜。

总起来说，中国式现代化坚持走和平发展道路，是中国共产党从历史、现实、未来的客观判断中得出的正确结论。在五千多年的文明发展中，中华民族一直追求并传承着和平、和睦、和谐的坚定理念。热爱和平、追求和谐是中华文明一贯的文化品格，亲仁善邻、协和万邦构成了中华民族对外交往的文化底色。中国共产党始终以世界眼光关注人类前途命运，从人类发展大潮流、世界变化大格局、中国发展大历史正确认识和处理同外部世界的关系，既为中国人民谋幸福、为中华民族谋复兴，又为人类谋进步、为世界谋大同。中国式现代化突破了西方资本主义文明的局限，是对"文明优越论""文明冲突论""文明霸权论"等错误观点的有力回应，丰富了人类对文明发展的规律性认识，是对世界现代化理论和实践的重大创新。

三、用仁爱夯牢中国式现代化的道德基础

几千年来的仁爱思想世代传承，经久不息，在浩瀚的历史中，其教化、熏陶和引导着一代代中国人爱亲、爱民、爱国，有重要的社会价值。今天，在全面推进中国式现代化，实现中华民族伟大复兴的历史进程中，需要从中国传统仁爱思想中汲取文化养分，加以创造性转化和创新性发展，做到古为今用，为中国式现代化夯实道德基础。

（一）加强仁德修养，提升新时代公民道德素质

1. 社会转型中的公民道德困境

当前我国正处于社会转型时期，科学技术的发展一定程度上也带来了人与人、人与社会关系的紧张。有少部分人冷漠、自私、贪婪，人文精神匮乏，道德观念混乱。在家庭生活中，有的婚姻缔结被金钱、物质所惑，被地位、权势引诱，并非建立在真正的男女双方互相爱慕、情投意合、志同道合的基础上。有的父母不尽抚养之职，有的儿女不尽赡养老人的义务，"孝悌"伦理逐渐从他们的头脑中消逝，家庭无法达到和顺状态。在社会生活中，有少部分人只追求一己之利，完全不顾及他人，甚至造谣污蔑、损人利己，没有廉耻、不讲是非善恶，贪污腐化、精神空虚。

2. 传统仁爱思想与新时代公民道德建设的契合

中国传统仁爱思想蕴含的爱人爱物等朴素的集体主义倾向和爱人利人的奉献精神，契合了当前我国公民道德建设所坚持的集体主义原则，也正是开展公民道德建设的人文基础。具体体现在以下两方面。

第一，克己复礼为仁的思想与个人品德的契合之处。克己复礼的核心内涵在于个体要把握自己，能够随时随地把握调控好自己的各种情感欲望，保持心理状态的理性平和。这一理念对于个人品德建设有着重要的启发意义。当前伴随着生产力的极大发展，迷心逐物现象并不少见。加强个人品德建设，重点在于引导人们"克念作圣"（《尚书·多方》），加强自我约束，使自己能够清醒认识和克制伴随着物质欲望而来的各种不正确的思想言行。

第二，亲亲为仁的思想与家庭美德的契合之处。亲亲为仁的思想，旨在融个人修养于日常家庭生活之中，从小培养起个体坚毅的道德人格，形成集体主义精神、奉献精神。当前加强家庭美德建设，有必要借鉴亲亲为仁思想的内涵精神，将人格养成与日常生活联系起来，在日常生活的亲情感化中培养起人们美好的道德情感与向上向善的道德品质，养成个体的健全人格。

3. 汲取传统仁爱智慧，提升公民道德水平

中国传统仁爱思想孕育了中华民族的宝贵精神品格，培育了中国人民的崇高价值追求。新时代，提升公民道德水平，必须积极汲取传统仁爱思想智慧，将其融入现代公民理念意识中，使之成为现代公民道德理论与实践的重要文化资源。

一是要加强个人道德修养。孔子教育弟子，最终目标是培养君子型的理想人格。只有自身做好了，才能对亲人、他人、社会产生好的影

响。个人是社会的组成因子，离开了具体的人，那么和谐社会的建立就没有了主体和动力。高尚的人格和良好的品德是构建和谐社会的基础，而孔子的"仁爱"思想要求我们爱人爱社会，以礼从身，注重个人内心品德的培养。"为仁由己""吾日三省吾身""内省不疚"等，都要求我们要从自身出发，反思自己，同时还要学会自律，自我约束而不放纵，顾全大局，不存私欲，无私奉献等，尽管这些思想过于理想化，却是我们努力的方向。

二是要重视家风家教。家庭是文明的基点。"天下之本在家"，习近平总书记指出："无论时代如何变化，无论经济社会如何发展，对一个社会来说，家庭的生活依托都不可替代，家庭的社会功能都不可替代，家庭的文明作用都不可替代。"① 家庭是人生的第一所学校，父母是孩子的第一任老师。在现代社会中，虽然家庭教育基于成员之间的血缘亲情和平等关系，但传统儒家倡导的孝悌仍有其价值。尊老爱幼、男女平等、夫妻和睦、勤俭持家、邻里互助的家庭美德，就是孝悌的现代传承和转化。家教还包括对党和国家的热爱、对民族文化的认同、对是非善恶的明辨。在家庭中倡导践行传统"仁爱"思想，孝顺父母，敬爱亲人，使家庭成员在互尊互敬的氛围中相互影响、共同提高，使家庭成为国家发展、民族进步、社会和谐、个人成长的重要基点。

三是以家风涵养社会风气。亲亲之仁既重视家庭血缘关系，也注重对一家之爱的扩充和超越。在家尽孝、为国尽忠，涵育家国情怀，是传统家训的重要内容，是良好家风的精神内核，是中华民族的优良

① 《习近平谈治国理政》（第二卷），外文出版社 2017 年版，第 353 页。

传统。培育和践行社会主义核心价值观，要涵养良好家风，增强家庭成员的责任感和使命感，把爱家和爱国统一起来，把家庭之爱升华为社会国家之爱，超越小家、融入大家，升华小爱、凝结大爱，形成爱国爱家、相亲相爱、向上向善、共建共享的社会主义家庭新风尚。

总之，学习践行传统"仁爱"思想，孝顺父母，敬爱亲人，小家和谐了社会必然和谐；推己及人，以礼待人，爱护众人，人与人和谐了社会必然和谐；忠于祖国，不忘根本，为国奉献，民众有了强烈的爱国情怀，那么国家一定美好。

（二）用传统仁爱思想涵养社会主义核心价值观

党的十八大报告明确提出，倡导富强、民主、文明、和谐，自由、平等、公正、法治，爱国、敬业、诚信、友善。核心价值观是一个民族赖以维系的精神纽带，是一个国家共同的思想道德基础。社会主义核心价值观是当代中国精神的集中体现，凝结着全体人民共同的价值追求。培育和践行社会主义核心价值观是党的十八大提出的一项战略任务。

1. 培育和践行社会主义核心价值观意义重大

培育和践行社会主义核心价值观是坚持和发展中国特色社会主义的内在要求。中国特色社会主义是全面发展、全面进步的社会主义，既需要不断完善经济、政治、文化、社会和生态文明等各方面制度，也需要不断探索社会主义在精神和价值层面的本质规定性。培育和践行社会主义核心价值观，是中国特色社会主义的"铸魂工程"，从价值层面深入回答社会主义的本质特征，有利于更好回应人们的思想疑虑和时代困惑，进一步坚定人们跟党走、建设中国特色社会主义的信心和信念。

培育和践行社会主义核心价值观是凝聚社会共识、实现团结和谐的基本途径。核心价值观蕴含着人们对世界、人生、社会等一系列重大问题的价值共识，深刻影响着每个社会成员的思想观念、思维方式、行为规范，是人们思想上精神上的灵魂旗帜。历史和现实一再表明，只有建立共同的价值目标，一个国家和民族才会有赖以维系的精神纽带，才会有统一的意志和行动。培育和践行社会主义核心价值观，能够找到全体社会成员在价值认同上的最大公约数，有效引领整合纷繁复杂的社会思想意识，有效避免利益格局调整可能带来的思想对立和混乱，形成团结奋斗的强大精神力量。

培育和践行社会主义核心价值观是树立国家良好形象、提升国家文化软实力的迫切需要。当今世界，文化越来越成为综合国力竞争的重要因素、经济社会发展的重要支撑，文化软实力越来越成为争夺发展制高点、道义制高点的关键所在。而文化的力量，归根到底来自凝结其中的核心价值观的影响力和感召力；文化软实力的竞争，本质上是不同文化所代表的核心价值观的竞争。培育和践行社会主义核心价值观，有利于增进国际社会对中国的理解，扩大中华文化影响力，展示社会主义中国的良好形象。

2. 传统仁爱思想为社会主义核心价值观提供丰厚滋养

2014 年 2 月 24 日，习近平总书记在中共中央政治局第十三次集体学习时的讲话中指出："深入挖掘和阐发中华优秀传统文化讲仁爱、重民本、守诚信、崇正义、尚和合、求大同的时代价值，使中华优秀传统文化成为涵养社会主义核心价值观的重要源泉。"① 中国传统仁爱

---

① 《习近平谈治国理政》，外文出版社 2014 年版，第 164 页。

思想与社会主义核心价值观存在诸多契合之处，能够为社会主义核心价值观的培育提供思想滋养和现实启示。

一是传统仁爱思想的至善追求契合了社会主义核心价值观崇德向善的价值取向。习近平总书记指出："核心价值观，其实就是一种德，既是个人的德，也是一种大德，就是国家的德、社会的德。"① 国无德不兴，人无德不立。道德对一个国家、一个民族的发展有重要价值意义。从历史文化渊源来看，社会主义核心价值观体现了中华民族一如既往尊道贵德、崇德向善的价值追求，是对仁爱思想至善境界的时代继承。

二是传统仁爱思想的思维方式内蕴着社会主义核心价值观的逻辑。社会主义核心价值观的内涵十分丰富，"富强、民主、文明、和谐"是我国社会主义现代化国家的建设目标，也是从价值目标层面对社会主义核心价值观基本理念的凝练，在社会主义核心价值观中居于最高层次，对其他层次的价值理念具有统领作用。"自由、平等、公正、法治"是对美好社会的生动表述，也是从社会层面对社会主义核心价值观基本理念的凝练。"爱国、敬业、诚信、友善"是公民基本道德规范，是从个人行为层面对社会主义核心价值观基本理念的凝练。简言之，社会主义核心价值观从国家、社会和公民三个层面，回答了建设什么样的国家、什么样的社会和培育什么样的公民。仁爱思想内在蕴含的推己及人、由家及国的思维路径，为社会主义核心价值观个人层面、社会层面、国家层面的逻辑演进提供了丰厚的历史底蕴，也是增进人民价值认同的文化前提。

---

① 《习近平谈治国理政》，外文出版社 2014 年版，第 168 页。

三是传统仁爱思想的丰富内容厚植了社会主义核心价值观的底蕴。仁爱思想关于形而上层面人性平等、物我平等的思想，关于与人为善、导人向善的友善思想，分别是平等、友善价值观的重要思想资源。仁政理论中关于国富民强、国泰民安，民贵君轻、民本君末，浚哲文明、以文化人，协和万邦、物我和谐，德法并重、刑罚简明等思想，涵养了富强、民主、文明、和谐、法治等价值理念。

3. 汲取传统仁爱智慧，培养和践行社会主义核心价值观

培育和践行社会主义核心价值观是一项复杂的社会系统工程，必须与各方面工作有机融合、协调发展。积极汲取传统仁爱智慧，把培养担当民族复兴大任的时代新人作为重要职责，在落细落小落实上下功夫，努力使社会主义核心价值观像空气一样无所不在、无时不有。注重自我反省。

一方面，在人己关系中，自爱之仁强调己的作用。己既是价值选择的主体，也是反省提升的对象。反身而求、反躬自省，都是出于人自我完善的内在需要。克己复礼，一方面强调自我反省，另一方面强调遵守规范。培育和践行社会主义核心价值观，也要激发主体的价值追求，提高自我反省的热情，发掘价值主体的内在潜力，使社会主义核心价值观内化为精神追求，外化为实际行动。

另一方面，不离点滴日常。《论语》中，孔子告诫弟子仁爱，多从生活实例入手，从切近之处讲起。"行远自迩，登高自卑。"人的胸怀和境界，离不开人伦日用的化育和点滴日常的积累。社会主义核心价值观的培育和弘扬，需要注重生活化、日常化、细节化；社会主义核心价值观的落实和践行，要从我做起、从身边小事做起，与日常生活水乳交融。由易到难、由近及远，管好小事、守好小节，积小善为

大善，把社会主义核心价值观落实、落小、落细，做在日常、行在经常、化于平常。

（三）汲取传统仁政之道，提升治国理政水平

习近平总书记强调指出："历史是最好的老师。在漫长的历史进程中，中华民族创造了独树一帜的灿烂文化，积累了丰富的治国理政经验……治理国家和社会，今天遇到的很多事情都可以在历史上找到影子，历史上发生过的很多事情也都可以作为今天的镜鉴。"① 积极汲取中国古代治理方面的成功经验，能够为推进国家治理体系和治理能力现代化提供有益借鉴。

1. 要不断提升治国理政能力与水平

当前，我国正处于近代以来最好的发展时期，世界正经历百年未有之大变局，两者同步交织、相互激荡。习近平总书记在省部级主要领导干部学习贯彻党的十九届五中全会精神专题研讨班开班式上强调："各级领导干部特别是高级干部必须立足中华民族伟大复兴战略全局和世界百年未有之大变局，心怀'国之大者'，不断提高政治判断力、政治领悟力、政治执行力，不断提高把握新发展阶段、贯彻新发展理念、构建新发展格局的政治能力、战略眼光、专业水平，敢于担当、善于作为，把党中央决策部署贯彻落实好。"②

面对改革攻坚期、发展关键期和矛盾凸显期的"三期叠加"，新情况、新问题不断涌现，世情国情党情都发生了很大变化，挑战与机遇并存。为此，我们要深刻把握世界之变、时代之变、历史之变，胸

---

① 习近平：《在十八届中央政治局第十八次集体学习时的讲话》，《人民日报》2014年10月14日，第1版。

② 《习近平著作选读》（第二卷），人民出版社2023年版，第415页。

怀两个大局，着眼全局谋划，在危机中育先机、于变局中开新局；我们要克服"本领恐慌"，提高治国理政能力，逐步实现治理体系和治理能力的现代化；推动实现更高质量、更有效率、更加公平、更可持续、更为安全的发展；要妥善应对新形势下执政的考验、改革开放的考验、市场经济的考验、外部环境的考验，不断巩固执政地位，推进中国特色社会主义事业发展，向着中华民族伟大复兴的宏伟目标奋勇前进。

2. 我国古代国家治理中的"仁政"智慧

习近平总书记强调指出："我国古代主张民惟邦本、政得其民，礼法合治、德主刑辅，为政之要莫先于得人、治国先治吏，为政以德、正己修身，居安思危、改易更化，等等，这些都能给人们以重要启示。……中国的今天是从中国的昨天和前天发展而来的。要治理好今天的中国，需要对我国历史和传统文化有深入了解，也需要对我国古代治国理政的探索和智慧进行积极总结。"① 在漫长的历史发展过程中，中国古代积淀形成了有效的国家治理智慧。

（1）德主刑辅、以德化人的仁治主张

这一主张源自西周时期周公提出的"明德慎罚"的思想。所谓"明德"，就是提倡和崇尚德性；所谓"慎罚"，就是刑法适中、"罪止其身"，不滥杀无辜。此后，经过孔子、孟子、荀子、贾谊、董仲舒等人的注解与阐释、丰富与发展，形成了德主刑辅、以德化人的德治主张。

这一主张的核心意思有三层：一是德法共治、隆礼重法。荀子提

出，"明礼义以化之，起法正以治之，重刑罚以禁之，使天下皆出于治"。董仲舒说，"庆赏罚刑之不可不具也，如春夏秋冬不可不备也"。对于国家治理而言，道德和法律都不可或缺，为政者需要把德治与法治结合起来，发挥"法安天下，德润人心"的作用。二是德主刑辅、先礼后法。贾谊认为，"礼者禁于将然之前，而法者禁于已然之后"。《唐律疏议》载："德礼为政教之本，刑罚为政教之用。"在国家治理中，虽然道德和法律都不可或缺，但二者实行的先后和发挥的作用是有差别的。"不教而杀谓之虐"，必须先礼后法、先教后诛，德可以防患于未然，而刑只能惩办于犯罪之后。"不知耻者，无所不为"，道德和德治是治理之本和基础性要求，法律和法治是辅助之用和补充性要求。三是为政以德、以德化人。孔子说，"为政以德，譬如北辰，居其所而众星共之""道之以德，齐之以礼，有耻且格"。《管子》中说，"爱民无私曰德"。孟子说，"善教得民心"。为政者立德政、行德治、施德教，就会得到人民的拥护和支持，国家治理就会呈现成风化人、明德至善的良好局面。

（2）民贵君轻、政在养民的民本思想

这一思想发端于商周更替之际。周朝统治者从商朝覆灭中不仅认识到"天命靡常"，更是通过牧野之战等事件认识到人民的力量，提出"天视自我民视，天听自我民听"的思想。此后，民本思想逐渐形成并不断丰富和发展，"流贯中国五千年之政治"。

这一思想的核心意思有三层：一是在君与民的关系上，强调立君为民、民贵君轻。孟子提出，"民为贵，社稷次之，君为轻"。荀子认为，"天之生民，非为君也。天之立君，以为民也"。二是在国与民的关系上，强调民惟邦本、本固邦宁。《管子》中指出，"政之所兴，在顺民心；政之所废，在逆民心"。因此，人民是国家的根本，有了人民拥护，国家才能稳定。三是在政与民的关系上，强调德惟善政、政在养民。贾谊认为，为政者，要"以富乐民为功，以贫苦民为罪"。为政者最大的德行和功劳是实行善政，而善政之要在于让人民过上好日子，富裕而幸福。

3. 汲取古代"仁治"智慧，提升治理能力与水平

人作为高级群居动物，社会关系是不可避免的，人之所以区别于草木动物，无非一个情字，而这种情的构建与维持需要正确的价值观的引导。儒家的"仁义礼智信""恭宽信敏惠"等思想，作为超越历史与时代的价值观，植根于日常生活，可以在社会实践活动中践行并成为我们的基本遵循。"己所不欲，勿施于人"的忠恕之道，告诉我们应该学会换位思考、由己及人；"己欲立而立人，己欲达而达人"的博济之道，教育我们应该学会同舟共济、乐于助人；与人交往言而有信，遵守诚信之道，告诫我们时刻谨记待人以诚、恪守诚信。在现代化的进程中，各种社会矛盾不断涌现，不同的利益诉求让人与人之间的关系变得模糊复杂，人的心理、价值观、情感都在急剧发生变化。而在这一过程中，正确的价值引导极为重要，大力弘扬传统"仁爱"思想，提倡仁义、谨信、恭让，有利于整个社会形成平等友爱、和谐向上的良好风尚。

儒家"仁爱"思想强调统治者要利民、惠民、养民、富民、教民，认为社会贫富差距过大是引起社会动荡、国家颠覆的重要原因，提出了"有国有家者，不患寡而患不均，不患贫而患不安"，提倡平均主义的经济原则。当前，我国社会主义发展进入新时代，但仍然面临很多矛盾和问题。例如，城乡区域发展不协调，

东西部发展不平衡，社会贫富差距过大等，这些矛盾和问题都是影响社会安定的潜在因素。儒家提出"正、忠、信"等国家治理思想，对现代国家治理具有一定的借鉴意义。在推进国家治理体系治理能力现代化过程中，我们必须提倡以人为本的发展观和仁政善政的治理观，将传统仁治的治理观念运用到国家治理层面上来，从而为中国特色社会主义现代化建设提供有益的借鉴。

（四）汲取传统"爱物"思想，推动生态文明建设

生态环境是人类赖以生存和发展的基础，我国古代先哲基于"仁爱"思想，提出过极为丰富的生态文明思想，并且以其指导人们的实践，为后人留下了宝贵的精神遗产。

1. 生态文明建设是关乎中华民族永续发展的根本大计

生态兴则文明兴，生态衰则文明衰。生态环境变化，直接影响文明兴衰演替。改革开放以来，我们党日益重视生态环境保护，把节约资源和保护环境确立为基本国策，把可持续发展确立为国家战略，采取了一系列重大举措。同时，在经济快速发展过程中，传统的高投入、高消耗、高排放粗放型增长模式造成了大量生态环境问题，生态文明建设仍然是一个明显短板，资源环境约束趋紧、生态系统退化等问题越来越突出，特别是各类环境污染、生态破坏问题呈高发态势，成为国土之伤、民生之痛。我国环境承载能力已经达到或接近上限，独特的地理环境也加剧了地区间的不平衡。随着我国社会主要矛盾发生变化，人民群众对优美生态环境的需要成为这一矛盾的重要方面，民众热切期盼加快提高生态环境质量。我国经济已由高速增长阶段转向高质量发展阶段，加快推动绿色发展成为必然选择。

2. 传统仁爱思想中蕴含着丰富的生态智慧

在处理人与自然的关系问题上，儒家倡导人们要对自然万物心怀敬畏。孔子提出重生、惜生的生态伦理思想，他倡导"钓而不纲，弋不射宿"，表达自己对自然万物的珍惜、感恩。孟子认为"人之所以异于禽兽者"，不仅在于人有"恻隐之心"，而且还能"扩而充之"，从爱人到爱人类，进而拓展到爱自然万物。这种爱护自然万物的理念更是被儒家提升到了道德层面。儒家思想认为，一个道德品行端正的君子，应该具备仁民爱物的情操。正如《孟子·尽心上》中所说："君子之于物也，爱之而弗仁；于民也，仁之而弗亲。亲亲而仁民，仁民而爱物。"君子对于万物，爱惜它而又谈不上仁爱；对于百姓，心怀仁爱却又谈不上亲爱。对亲人心怀亲爱的同时仁爱百姓，仁爱百姓的同时能爱惜万物。

董仲舒继承了孔孟这种"仁民爱物"的思想，他将仁爱的范围进一步扩大了。董仲舒在《春秋繁露·仁义法》中提道："至于鸟兽昆虫莫不爱，不爱，奚足谓仁！"真正具备仁爱之心的君子，不仅对同类心怀善意，甚至对鸟兽等其他生物也存有仁心。后代的儒学家，整体上对自然万物存有深厚的生命关怀。北宋思想家张载在《正蒙·至当篇》中提出"安所遇而敦仁，故其爱有常心，有常心则物被常爱也"的道德理念，认为一个人能够随遇而安，保持心性的敦厚仁爱，必然能够将仁爱施与自然万物。北宋理学家、新儒学的开创者程颢认为，"仁者，以天地万物为一体"（《识仁篇》），他对自然万物一体之仁的洞见，不仅仅是单纯的美感趣味，更是对万物真切的生命关怀。明代大儒王阳明提出的"一体之仁"的理念，也是把自然万物视为人类应该仁爱对待的对象，主张"仁者以天地万物为一体，使有一物失所，便是吾仁有未尽处"（《传习录》）。

可见，儒家的仁爱好生理念不仅表达出对人的关怀、仁爱，更体现出对自然万物的爱护之心，这彰显出儒家仁爱好生的生命关怀以及悲天悯人的生态伦理观念。

3. 积极汲取传统仁爱思想精华，推动生态文明建设

确立休戚与共的生态观念。爱物之仁要求把人与自然视为休戚与共的命运共同体，将自然万物作为珍视关爱的对象，蕴含着人与自然共荣共损的生态价值观。今天，生态文明关系国家的科学治理、社会的持续发展、个人的生活幸福，是社会主义核心价值观的重要内容。历史和现实证明，发展生产力与保护生态环境并不矛盾。坚定不移推进生态文明建设，处理好眼前利益与长远利益、整体利益与局部利益之间的关系，才可能实现中华民族的永续发展。在现代工业文明背景下，古老的仁爱精神启示我们尊重自然、顺应自然、保护自然。

涵育共建共享的主体自觉。爱物之仁要求激发每个人爱护自然的主体性。在美丽中国建设中，同样也要涵育人人相关、人人参与的公民主体意识，不做局外人、旁观者。良好的生态环境建设不可能一蹴而就，也不会一劳永逸，需要长期坚持、不断投入，功在当代、利在千秋。每个公民要像爱护自己的眼睛一样爱护生态环境，共同建设天蓝、地绿、水净的美丽中国，正是仁爱这一传统美德的延续。这启示我们，在今天的世界，在中国高速发展的进程中，需要我们付出仁爱的，不仅有他人，还有自然。

提倡爱护自然的实际行动。儒家思想认为，人是自然的一部分，利用自然、改造自然的行为要有一定的限度。一粥一饭，当思来之不易；半丝半缕，恒念物力维艰。关注自然、爱护自然，要从一草一

木、一花一树做起。培育和践行社会主义核心价值观，要把美丽中国建设落实为实际行动，增强人民群众的节约意识、环保意识、生态意识，鼓励广大群众参与植树造林等志愿行动，做好垃圾分类等身边小事，践行绿色低碳生活方式、共建生态文明。

（五）弘扬仁爱精神，推动构建人类命运共同体

人类命运共同体理念是站在世界维度，以"仁爱天下"为情感伦理依归，以"先天下之忧而忧，后天下之乐而乐"为历史使命而提出的中国方案，彰显出中华民族高度的历史使命感与大国责任感。

1. 人类命运共同体是对"世界之问"的"中国之答"

任何理论都不是凭空产生的，而是一定时代的产物。一定程度上看，人类命运共同体思想是对现实的回应和关照，是面对国内外复杂多变形势而提出的重大战略思想和中国方案。习近平总书记指出："我们所处的是一个充满挑战的时代，也是一个充满希望的时代。"[①]进入新世纪以来，全球不稳定不确定因素日益凸显，世界局势呈现出百年未有之大变局。面对着"世界怎么了""人类向何处去"的时代之问，维护多边主义、加强沟通协作的呼声更加强烈。全球性挑战需要全球性应对，这是关乎人类前途命运、考验人类智慧的世界性重大命题。

坚持问题导向是马克思主义的鲜明特点。习近平总书记在庆祝中国共产党成立 100 周年大会上的重要讲话中强调，"中国始终是世界和平的建设者、全球发展的贡献者、国际秩序的维护者"[②]。在新时代

---

① 习近平：《在博鳌亚洲论坛 2021 年年会开幕式上的视频主旨演讲》，《人民日报》2021 年 4 月 21 日，第 2 版。

② 《习近平著作选读》，人民出版社 2023 年版，第 485 页。

的征程上，面对着考验人类智慧的纷繁复杂的全球性难题，中国共产党人始终扎根中华优秀传统文化，以马克思主义为引领，积极探索问题解决之道，最终提出了"构建人类命运共同体"这一凝聚中国智慧的方案。

2. 传统"仁爱"思想为"人类命运共同体"提供价值引领

人类命运共同体应该建构在全人类共同认可的道德基础和价值信念基石之上。毫无疑问，中国传统"仁爱"思想是人类命运共同体最靓丽的底色。

"仁爱之心"是构建人类命运共同体的伦理精神。仁爱理念始于春秋战国时期，"仁"从字面上拆分解释便是"人"与"二"，也就是人与人之间的关系，"仁"是如何处理人与人之间关系的重要伦理准则，其核心要义便是"爱人"，也就是人们之间的相互关爱和敬重。人们要做到"仁"不仅仅是简单地去爱别人，更要去敬爱万物，帮助天地万物蓬勃生长，从而达到"与天地参"。"仁"除了最基本的爱人之心，更应顺应着"生物之心"去对待万物。"仁爱之心"并不是追求个人主义和个人的生活方式，而是主动救助需要被救助的人，使民众都可以乐其生，遂其意。人类命运共同体理念正是体现了"仁爱之心"的深刻内涵。自我与他人、同族与他族、本国与他国是唇亡齿寒的共生关系，我们的生存与他人的生存都是一样的重要，共同的成长才是生存。以仁爱之心去接纳不同国度、不同种族的人，才是我们长久的生存之道。各国之间、各民族之间相辅相成，携手共建、共同发展。

讲仁爱的传统是人类命运共同体理论的人文根基。从经世致用的角度来说，仁爱讲的是利他而非私己的道理，是付出奉献、共同发展的道理。在处理民族与民族、国家与国家的关系问题上亦复如是。列子明确提出"强食靡角，胜者为制，是禽兽也"(《列子·说符》)的思想，认为弱肉强食是生物界的法则，不是人文世界的精神。从五千多年的中华历史来看，仁爱思想浸润下的中华民族主张不战、慎战、义战，主张扶危济困、以义制利，不会为了经济利益或者扩张领土主动侵略其他国家，也没有为了私欲主动发动过国际经济战争或军事战争，总是以开放包容、海纳百川的精神追求协和万邦的宇宙至善。正是中华民族自古以来的这种讲仁爱帮弱小、讲包容共发展、讲付出众乐乐的理念与实践，奠定了人类命运共同体理论关于国家与国家之间坚持对话协商、共建共享、合作共赢、交流互鉴等的思想基础。在处理人与自然关系问题上，仁爱思想以厚德载物为价值旨归，认为地球、人类、万物是并生并存、共生共存的，保护地球、珍惜万物也就是维持人类的持久发展。可以说，人类命运共同体理论正是建立在中华民族讲仁爱的人文底蕴基础之上的。

仁爱思想为构建人类命运共同体提供了道德基础。传统仁爱思想属于普遍的人心，"共进乎仁"就是人心所向。当然，独自一人"进乎仁"，不如与一乡之人、一国之人、天下之人共同"进乎仁"。"进乎仁"不仅仅是个人的生命理想境界，也是一乡之人、一国之人乃至天下人共同奋斗的梦想。可以说，这一人类梦想建基于仁爱这一道德精神、价值理性和文化依托之上。如果丧失了仁爱这一基石，人类的终极追求只是一个善而无证的乌托邦。人类命运共同体不是建立在欲望的满足和利益的追求上，而是奠基于一个全人类共有的人性基础和道德精神依托之上。唯其如此，"为万世开太平"，推动构建人类命运共同体，才具有一个牢固的道德理性根基。

第二章
民本：中国式现代化的政治基石

"以民为本"是新征程的重要路标，是中华民族的优良传统，是中国传统国家治理的基石。在中华优秀传统文化里，有很多关于"民本"思想的阐述和成语典故：水可载舟，亦可覆舟；政之所兴，在顺民心，政之所废，在逆民心；治理之道，莫要于安民，安民之道，在于察其疾苦。为官当领导的就应鞠躬尽瘁，死而后已，为官一任，造福一方；当官不为民作主，不如回家卖红薯。这些中华传统的民本观念，在推进马克思主义中国化时代化的进程中起到了积极的催化、融合作用。中国共产党就是人民的党，党的根本宗旨就是全心全意为人民服务。作为中华优秀传统文化的传承者和弘扬者，中国共产党自诞生之日便把"人民"二字镌刻在旗帜上、落实到行动中。进入中国特色社会主义新时代，习近平总书记反复强调以人民为中心的发展思想，在踏上实现第二个百年奋斗目标的新征程过程中，我们党继续坚持"以民为本"，从人民群众中汲取历史自信的力量源泉，充分发挥亿万人民的创造伟力，不断汇聚同心共圆中国梦的强大合力，并把"以民为本"细化到各个领域，为全面建设社会主义现代化国家、全面推进中华民族伟大复兴，更好地为人民创造更美好的生活，书写新的更大奇迹。

一、民本思想的历史演进及主要内容

民本思想是中国古代社会形成的政治思想形态之一，是一种植根于中国古代以农耕文明为基础的以人民为国之根基的政治理论学说。民本思想作为中国古代形成的政治学说，孕育和衍生出了中国传统政治文化的基本价值观，深刻影响了中国封建社会两千年的历史发展轨迹和思想变迁历程。民本思想既是儒家政治思想的基本特征之一，同时它又超出儒家思想，成为各家各派都普遍关注的重要问题。

（一）我国古代民本思想的萌芽

"民本"一词最早见于先秦《尚书》的"皇祖有训，民可近，不可下，民惟邦本，本固邦宁"（《尚书·五子之歌》）。上古时期的尧舜禹时代，我国就已经有了重民爱民的思想。史称黄帝为民操劳，垂范天下，顺应民意，深得人心；帝喾治理人民则知民之所急，仁义而宽严相济；帝尧时常想着天下百姓，尤其关心穷苦百姓，但凡百姓感到不满意，帝尧都以为是自己的责任。大禹和皋陶在讨论治国之道时即说："知人则哲，能官人，安民则惠，黎民怀之。"（《尚书·皋陶谟》）商王盘庚借鉴夏朝灭亡教训说："古我前后，罔不惟民之承保。"（《尚书·盘庚中》）周武王伐纣时说："天视自我民视，天听自我民听。"（《尚书·泰誓中》）把"天"与"民"放到同等重要的位置，力图在维护"天命"的基础上，同样加强"民事"，这种"神治"与"民治"结合起来的观点，构成了我国古代民本思想的雏形。

（二）我国古代民本思想的确立

如果说殷周时期对"民"的认识还停留在直观和经验的阶段，那么，到春秋战国时期，"民"的重要性问题再次引起了思想家们的关注和思考，重民成为社会上一种普遍的价值观。春秋战国时期，孔子、孟子、荀子等儒家学者，在剧烈的社会震荡中，看到"民"在列国争霸中的重要作用，意识到民心所向为"王天下"之根本，对民本思想又进行了更深入的探讨与阐述。

孔子认为："古之为政，爱人为大……弗爱不亲，弗敬不正。爱与敬，其政之本与！"（《礼记·哀公问》）强调"为政以德"。孔子虽没有直接提出"民本"两字，对民本思想之论述也没有形成完整的体系，但其相关论述却涵盖了重民、爱民、保民等内容。

《论语·为政》："为政以德，譬如北辰，居其所而众星共之。"

《论语·子路》："子曰：'小人哉，樊须也。上好礼，则民莫敢不敬；上好义，则民莫敢不服；上好信，则民莫敢不用情。夫如是，则四方之民襁负其子而至矣，焉用稼？'"

《论语·为政》："季康子问：'使民敬、忠以劝，如之何？'子曰：'临之以庄，则敬；孝慈，则忠；举善而教不能，则劝。'"

《论语·学而》："子曰：'道千乘之国，敬事而信，节用而爱人，使民以时。'"

《论语·为政》："道之以政，齐之以刑，民免而无耻；道之以德，齐之以礼，有耻且格。"

《论语·子路》："子曰：'以不教民战，是谓弃之。'"

孔子主张"为政以德"，把用道德来治理国家看作是最高尚的治国之道，其对德治的阐述富含丰富的民本思想。但是"言必称尧舜"

的孔子，虽身怀恢复三代之治的美好期望，并周游列国，试图说服各诸侯国，采用其主张，实行德治，然最终受到冷遇，未能践行。

战国时期，孟子在继承孔子思想基础上，加以阐发，提出了以民本思想为主要内容的仁政主张。与孔子相比，孟子民本思想涉及重民、乐民、富民、爱民、保民等各个方面，内容比较完全，体系相对完善。孟子认为"民为贵，社稷次之，君为轻"（《孟子·离娄上》），强调"民贵君轻"。战国时期的残酷现实，使孟子清楚地看到了人民在政权更迭与国家兴衰过程中的力量和重要作用，看到了民心向背对得失天下所具有的重要意义。他在系统总结殷周以来的政治经验教训、继承殷周以来"民惟邦本"思想的基础上，尤其是在继承孔子、子思、管仲等人民本思想的基础上，对君民关系进行了重新定位和诠释，高标民本主义大旗，第一次从理论的高度对殷周以来的民本思想进行了系统的提升和总结，系统而完备地创立了民本政治学说，提出了著名的"民贵君轻"的民本理论。如果说"重民轻神"是神民关系问题上的突破，"民贵君轻"则是君民关系问题上的突破，预示着春秋战国时期政治价值观由神民关系向君民关系的转化，同时也标志着在这一转化演变过程中，重民始终成为一条主线。孟子政治思想理论最辉煌的成就之一就是其民本主义理论的提出与阐释，达到了中国早期民本思想发展的最高峰，对中国封建社会的形成和发展产生了深远的影响。

继孟子之后，荀子也进一步阐述了"民本"思想的价值及意义。荀子认为人民犹如江河之水，君主犹如行水之船。水面平静，船行驶得就稳当，水面不平静，船就有可能颠簸翻倒。他认为："天之生民，非为君也；天之立君，以为民也。"（《荀子·大略》）强调"恩惠于民"。荀子认为百姓是国家的主体，君主的职责在于为百姓服务，这一思想与孟子民贵君轻论几无二致。与孔、孟不同的是，荀子吸收了法家的思想，主张用礼法约束百姓。他认为只有政令、法令适时，百姓才能被有效统一起来，有仁德的人才会被任用，社会才能平稳。另外，荀子还提出以富养民，认为追求物质财富是百姓的本性，统治者要顺乎这一民情，制定利民富国的政策，他说："利而不利也，爱而不用也者，取天下矣。利而后利之，爱而后用之者，保社稷也。不利而利之，不爱而用之者，危国家也。"（《荀子·富国》）荀子尊君是为民，崇礼是为民，富国也是为民。荀子立君为民的立场，虽然尊君重法，却与法家有着根本的不同，"法家倾向于以君为政治之主体，荀子则不废民贵之义。盖荀子尊君之主要理由，为君主有重要之职务。以今语释之，荀子思想中之君主，乃一高贵威严之公仆，而非广土众民之所有人。若一旦不能尽其天职，则尊严丧失，可废可诛"①。

孔孟荀等儒家先贤，在总结早期民本思想的基础上，又对"民本"做了一系列阐述，初步确立了儒家民本的思想体系，奠定了中国古代民本思想的理论基础。

（三）我国古代民本思想的进一步发展

两汉隋唐时期，中国古代的民本思想又得到不断演进发展。这一时期对民本思想之阐述，比较有代表的是西汉时期的董仲舒、唐代的唐太宗李世民及魏徵等人。

西汉时期，董仲舒出于维护西汉中央集权统治之需要，在以天人感应为基础的神学目的论思想体系下，在继承先秦儒家民本思想的主

---

① 萧公权：《中国政治思想史》，新星出版社 2005 年版，第 74 页。

体框架和基本思路的基础上，对儒家民本思想进行了更深入、系统的阐述，提出了"天立王以为民""务德而不务刑"等诸多安民、乐民、为民、重民思想，并以灾异说等天人谴告理论约束君主贼害百姓，使儒家民本思想更加系统化、哲理化。董仲舒对先秦儒家民本思想的继承，突出体现在他以"仁"为首，以仁德理论来阐述民本思想。董仲舒认为天道以"仁"为内涵，人又受命于天，那么人就应该效法天道，据天道施仁政，而施仁政最重要的体现就是爱民重民。他说："国之所以为国者，德也。君之所以为君者，威也。故德不可共，威不可分。"（《春秋繁露·保位》）强调统治者要实施仁义，收服民心，以巩固天下。该论述与先秦儒家民本思想一脉相承。

董仲舒还通过肯定先秦儒家的"春秋无义战""汤武放伐说"等观点，坚信"有道伐无道，此天理也"，倡导爱民重民。他说："且天之生民，非为王也，而天立王以为民也。故其德足以安乐民者，天予之；其恶足以贼害民者，天夺之。……故夏无道而殷伐之，殷无道而周伐之，周无道而秦伐之，秦无道而汉伐之。有道伐无道，此天理也，所从来久矣。……君也者，掌令者也，令行而禁止也。今桀纣令天下而不行，禁天下而不止，安在其能臣天下也！果不能臣天下，何谓汤武弑？"（《春秋繁露·尧舜不擅移、汤武不专杀》）董仲舒上述表述，实际上是对孟子崇尚王道贬抑霸道的肯定。他认为杀伐征战残贼百姓，是"害民之大者"，他将政权安危上系于天，天命之所归即为民心之所向，而君主须施仁政，得人心，这与孟子"天与之，人与之"（《孟子·万章上》）的表达是相同的。董仲舒与孟子一样，看到了当时社会的贫富差别，看到了由此而产生的社会矛盾。董仲舒重提汤武受命，且将三代递嬗归结为"有道伐无道"的"天理"。一方面为抑制君主的贼民行为提供了理论依据；另一方面体现了他对先秦儒家庶人议政以及民本传统某种程度上的继承和坚持。

两汉是中国古代儒学发展的一个兴盛时期，在这一时期内，不仅儒家民本思想得到大量阐发，而且受儒家思想影响，也涌现出诸多爱民、重民、安民、恤民的官员。如卫飒（约前 10—60），字子产，西汉末年河内郡修武（今河南修武）人。卫飒幼时，聪慧好学，弱冠之年，便以学问闻名于世。东汉建立后，朝廷任命其为侍御史、襄城县令。任职期间，他勤政为民，轻薄赋，政绩显著，被提升为桂阳太守。当时，桂阳属于偏远地区，百姓住在深山，靠近溪水，沿袭过去的风俗，不交田租。离郡远的地方，有的将近千里。官吏往来办事，总是调发百姓驾船接送，称之为"传役"。每一位官吏外出，徭役摊派到好几家，百姓为其所苦。卫飒于是凿通五百多里的山道，修驿站，设邮馆。这样减少了劳役。卫飒善于处理民事，体恤民情。他做官好比治理自己家一样，他所施行的政策，无一不合乎事理。其任职十年，郡治太平。

魏晋南北朝时期，我国古代民本思想深受佛教和道教的影响。佛教强调众生平等和慈悲为怀，关注人民的痛苦和苦难，佛教的这种思想倾向与民本思想的关注人民福祉和平等的价值观相契合，对民本思想的发展产生了深深的影响。道家注重个体的修养和内省，关注个体的自由和自主性，主张"无为而治"，强调自然的法则和人性的本真。这种思想倾向与民本思想的关注点相契合，认为国家的统治者应该尊重人民的权益和福祉，遵循自然的规律来实现社会的和谐。这些思想在社会动荡、政治权力剧烈更迭的魏晋南北朝时期虽然没有被推行，但在中国历史上产生了深远的影响。

唐初著名的政治家魏徵亲身经历了隋唐之际的政权更替，体会到了人民的伟大力量，他深刻吸取隋朝灭亡的历史教训，提醒唐太宗"水能载舟，亦能覆舟"。唐太宗李世民登基后，曾围绕如何治国的问题让大臣们各抒己见。当时有人提出应该施行严刑峻法，有人认为应该仁义刑罚并施，而时为谏议大夫的魏徵极力主张让百姓多休养生息，不要滥用劳力。他将隋初和唐初的国势加以对比，说隋初的仓廪、户口、甲兵都比唐初又多又强，但是隋朝却仗着自己国势强大发动战争而导致灭亡，唐朝此时的实力不及隋朝建国之时，要让百姓安定下来，从而使天下安定下来。唐太宗深以为然，遂采纳了他"抚民以静"的方针。在魏徵的辅佐下，唐太宗轻徭薄赋，推行均田制和租庸调制，与民休息，使百姓的生产积极性大幅提高。在爱民方面，唐太宗以身作则，上至皇子下至官员，但凡有伤害百姓利益的，他知道后都会严惩不贷。唐太宗励精图治，体恤百姓，以宽仁治天下，对百姓施宽仁之政策，经过数年的艰苦努力，人民安居乐业，社会一片繁荣，出现了太平盛世的局面。

隋唐时期，统治者看到了人民在改朝换代过程中的巨大威力，如魏徵总结梁、陈、北齐、北周、隋这五代的盛衰兴亡，指出隋朝的覆灭和秦很类似，都是因为残民以逞、与民为敌所致。唐初统治者深刻认识到治国施政、治国兴邦要以民为本，尤其是在大的动乱之后，一定要与民休息，主张以民为本，从理论和实践的结合上发展了中国古代民本思想。

（四）我国古代民本思想的进一步完善

两宋时期，民本思想逐渐内化于心，并在实践上更加深化。作为中国文化史、思想史及经学史发展的重要时期，儒家民本思想得到了宋儒的崇尚。宋儒在继承先贤的民本思想基础上，对民本思想进行了大量的阐述，使民本思想更加系统化、哲理化。而在具体实践上，北宋进步政治家王安石提出："夫天之所爱育者民也，民之所系仰者君也。圣人上承天之意，下为民之主，其要在安利之。"（《临川集·风俗》）其变法主张"省劳费，去重敛，宽农民"，通过打击官僚豪强等大地主的利益，抑制土地兼并等措施来践行其保民、富民的民本思想。王安石变法将民本思想贯彻到政治和经济改革中，提出了一系列以保护人民权益为核心的政策，以促进社会的公平和稳定；司马光则强调人民是国家的基础，所以统治者必须爱民，提出："夫天子所以统治万国，讨其不服，抚其微弱，行其号令，壹其法度，敦明信义，以兼爱兆民者也。"（《资治通鉴·后周纪五》）在宋代，"民本"思想已经内化为治理好国家的良策。

著名的理学家张载提出："天无心，心都在人之心……故曰天曰帝者，皆民之情然也。"（《经学理窟·诗书》）强调天道是通过人民来实现的。理学家程颢、程颐在总结之前历代王朝兴衰成败的基础上，提出"为政之道，以顺民心为本，以厚民生为本"（《二程集·代吕公著应诏上神宗皇帝书》）的主张，认为要挽救北宋的衰败局面，必须顺民心、厚民生、养民力。理学集大成者朱熹继承并发展了二程的"民本"思想，他为孟子"民为贵，社稷次之，君为轻"这句话作注曰："社，土神。稷，谷神。建国则立坛壝以祀之。盖国以民为本，社稷亦为民而立，而君之尊又系于二者之存亡，故其轻重如此。"（《孟子集注·尽心章句下》）表明了自己的民本立场。在对君主个人的要求上，二程认为，一个合格的君主要"君志先定"，他们说："君志定而天下之治成矣。所谓定志者，一心诚意，择善而固执之也。"（《二程集·上殿劄子》)朱熹继承了二程的主张并进一步深化，提出"正吾此心而为天下万事之本"的主张。朱熹认为君主提高自己的修养，才能去私心，行公心，才能更好地自觉地以民为本。

心学创始人陆九渊在政治上也崇尚民本思想，他站在百姓的立场来衡定政治的得失。陆九渊与董仲舒一样，借助于"天"来阐述民本思想，以增强其理论的说服力和可实施性，他希望借助天的权威来鞭策君主行王道之政。陆九渊不仅借助于"天"来阐述其民本思想，提出"人君代天理物"的理念，警告统治者不要恣意妄为，要顺应民心，而且也秉承先秦儒家的德政传统，支持汤武革命说，强调"行仁政者，所以养民"。

南宋时期"东南三贤"之一的吕祖谦，在继承孟子民本思想的主体框架和基本思路的基础上，又对儒家民本思想进行了更深入、系统的阐述，使儒家民本思想更加系统化、哲理化。尽管吕祖谦的民本思想是出于维护封建统治的需要，但他拉近了儒家思想与现实的距离。南宋时期，统治者横征暴敛，苛捐杂税名目繁多，导致百姓"垣墙颓仆，庐舍倾摧，资用散失，生计萧然"（《东莱集·为张严州作乞免丁钱奏状》）。吕祖谦继承了孟子爱民思想，认为"轻徭薄赋"关系国之安危，强调要"取民有制"。他说："小人之情惟利是嗜，既衣其帛，何恤乎不蚕之名？既食其粟，何恤乎不农之名？……天下之所以有侥幸而得帛者，以蚕妇阴为之织也，天下之所以有侥幸而得粟者，以农夫阴为之耕也。如使天下尽厌耕织、焚其机、斧其耒，则虽有巧术，何从而取帛？虽有改计，何从而得粟？皆将冻于冬而馁于途矣。"（《东莱集·子鱼谏宋公围曹》)认为要使天下免于"冻于冬而馁于途"之厄运，就要"何恤乎不蚕之名"，"何恤乎不农之名"，对百姓"恤其劳"，使他们甘于"力穑"。对实施"轻徭薄赋"之具体举措，吕祖谦提出："荒政十有二……一曰散利，二曰薄征，此两者荒政之始，散利是发公财之已藏者，薄征是减民租之未输者。已藏者既散之，未输者又薄之，荒政之大纲既举矣。"（《东莱集·门人集录周礼说》）吕祖谦虽没有像孟子一样，就税负比重做出具体阐述，但"散利""薄征"两项举措，则是与孟子"轻徭薄赋"举措之主旨是一致的。吕祖谦曾说："当官处事，常思有以及人。如科率之行，既不能免，便就其间，求所以使民省力，不使重为民害，其益多矣。"（《官箴》）尽管作为南宋朝廷之官员，吕祖谦对民本的论述，无不着眼于维护南宋政权之统治，但作为一位思想家，他却始终站在百姓的立场来衡定政治的得失，并将其贯通于他的整个政治思想之中。

南宋名臣范成大不仅在诗词方面颇有建树，而且还把"民本"思想贯彻到实践中，政绩卓越。宋孝宗淳熙元年，范成大被任命为四川制置使兼知成都府。他到蜀地后，看到蜀民承担沉重的赋税，决定免去百姓一些负担。酒税是南宋时期以对金作战作为由头而征收的杂税，当时蜀地百姓承担了繁重的酒税。范成大上书宋廷，希望能够逐年废除蜀地的酒税，得到朝廷批准。蜀地施行的科籴政策也是百姓的沉重负担。科籴本意在于百姓将手中物资上缴给官府，官府付钱给百姓，百姓和官府之间形成一种约定性契约。然而在实践过程中，官府经常压低价格，强行征收百姓手中的物资，而官仓中的物资又被豪族巧取豪夺，百姓苦不堪言。范成大了解情况后，向朝廷报告，永久性废除了科籴政策。范成大执政为民，得到了蜀人的爱戴。他离开蜀地后，"蜀民思卿如慈亲"。

历经明清两代，我国古代的民本思想又得以不断发展。元朝时期中国的社会治理体系严重背离了民本方针，元朝末年爆发了红巾军农民大起义，原为红巾军领袖之一的朱元璋于1368年建立了明朝，中国再一次统一。鉴于元朝灭亡的教训，明初统治者把重民生、施德政作为治国思想的核心，在这种思想的指导下，明初统治者整顿吏治、轻徭薄赋，使明前期的生产力有了明显提高。而自明英宗正统朝以后，朝政不清、宦官专权、军备废弛、民生疾苦，社会矛盾尖锐，明朝终于在农民大起义的浪潮中走下历史舞台。激烈的社会动荡使明、清之际的思想家、政治家深刻反思了君主专制政治，并对我国古代民本思想进行了深入的思考和探索。

明代中期著名的思想家、政治家王阳明的思想对中国历史产生了深远的影响，尤其是他的民本思想在中国思想史上具有重要地位。王阳明认为朱子学注重对外在客观事物的认知，而忽视了内心的直觉和良知的作用，他主张通过直觉和内心的反省来实现人性的修养和道德的提高，提出了"致良知"和"心即理"的观点，强调实践和直觉的重要性。王阳明认为每个人都具有内在的良知，通过内心的直觉来发现并实现自己的道德行为。他的这种思想反映在其民本思想中，具体体现在他认为政治和社会的根本在于人心的改变，要实现社会的和谐与稳定，首先需要改造人心，通过道德教育和个人修养，使人们具备正确的道德观念和行为准则。因此他主张君主应当关注人民的疾苦，听取民意，了解民情，制定符合人民需求的政策，并以身作则，以仁政来治国，以道德为准则来处理政治事务；知识分子应当关注社会现实问题，关注人民的生活状况，通过实际行动来改善人民的生活，而普通人应该发挥良知，通过内心的直觉来判断是非善恶，以此指导自己的行为，并积极参与社会事务。王阳明倡导"知行合一"的重要性，认为只有将知识转化为实际行动，才能真正体现道德的实践价值。在民本思想中，这种知行合一的理念对君主的治国方式有着重要影响。君主需要将自己的思想和观念付诸实际行动中，真正关注人民的需求并采取行动来改善民生。

受传统民本思想的熏陶，明代也涌现出大量勤政爱民的官员。例如，马驯（1421—1496），明正统十年（1445）进士。累官户部郎中、布政使、都察院右都御史，巡抚湖广，封政议大夫。成化十七年（1481），马驯任都察院右都御史，巡抚湖广。恰逢关中受灾，大批饥民流亡湖广，他立即赈济和平粜，多方安抚，无数饥民得救。湖南、湖北受灾，他又亲往各地视察，按灾情轻重减免田赋，百姓得以度荒。马驯从政三十五载，勤政爱民，政绩卓著，多次受到朝廷赏赐与嘉奖。

清初思想家秉承了先贤的德政传统，并根据社会现实提出了一系列民本实践理论，与以往不同的是，他们主张"天下为公"，对人民、君主与天下国家的关系作了重新阐释，最大限度地否定了秦汉以来"家天下"的政治传统。

王夫之与黄宗羲、顾炎武被称为清初三大家。王夫之提出"以天下论者，必循天下之公，天下……非一姓之私也"（《读通鉴论·叙论一》）。认为天意即民意，历经千年而不会改变的只有人民，他们才是天。如果执政者治理国家不能合乎民心，那就是有违于天，必须将之革除，人民才能获得安定，天下才能安稳。王夫之深刻体会到明末政治腐败导致明朝覆灭的惨痛教训。明末各级政府向地方摊派赋税，并以官员是否完成征收赋税的数额来考核官员是否尽职，从而导致本已穷苦的百姓雪上加霜，而地方官却不顾百姓死活，只顾完成自己的征收数量，最终导致农民起义爆发，明朝被推翻。他主张对官员采取严厉的政策，不能任由其欺压百姓；要对百姓采取宽松的政策，使其安心生产；尤其要惩办大的贪官污吏，他们是朝廷的脸面，如果不惩罚他们，贪赃枉法的行为就会越来越多，政治就会越来越混乱。

王夫之认为君主的首要任务就是要关心人民，体察民情，要平均土地，根据农民的收入合理征税，提出："善取民者，视民之丰，勿视国之急。民之所丰，国虽弗急，取也；虽国之急，民之弗丰，勿取也。"（《诗广传·论大东》）王夫之还提出："诚使减赋而轻之，节役而逸之，禁长吏之淫刑，惩猾胥里蠹之恫喝，则贫富代谢之不常，而无苦于有田之民，则兼并者无可乘以恣其无厌之欲，人可有田而田自均矣。"（《诗广传·宋论》）王夫之主张平均土地，以解决社会不平等和农民贫困问题，这无疑说出了广大农民的最迫切需求。

明末清初以黄宗羲、唐甄为代表的思想家提出了"新民本"的进步思想，将传统民本思想"重民—尊君"模式发展为"重民—限君"的政治思想模式。[①]

黄宗羲把三代以上与三代以下做了对比，认为三代以上之法是真正为人民的利益而设立的，而三代以下所设立的法是为了帝王的利益而立的，所以，为人民而立的法才是真正的法。三代之法尊贵不在朝廷，卑贱不在草莽，是平等主义的表现，而后世之法，要旨是为了帝王囊尽天下权力，不愿意向下层人民分权，事事自私，自己占据着天下的大利，而把天下不利的事情给予人民，最开始的时候还觉得不好意思，时间长了，就会觉得理所当然，把天下看成是自己的产业，这

---

① 参见谢贵安《试论明末清初"新民本"思想》，载《江汉论坛》2003 年第 10 期。

种自私自利的人怎么能真正为民做事呢？

黄宗羲在《明夷待访录·原君》中讲道："后之为人君者不然，以为天下利害之权皆出于我，我以天下之利尽归于己，以天下之害尽归于人，亦无不可。使天下之人不敢自私，不敢自利，以我之大私为天下之公，始而惭焉，久而安焉。视天下为莫大之产业，传之子孙，受享无穷……此无他，古者以天下为主，君为客，凡君之所毕世而经营者，为天下也。今也以君为主，天下为客，凡天下之无地而得安宁者，为君也。是以其未得之也，屠毒天下之肝脑，离散天下之子女，以博我一人之产业，曾不惨然，曰：'我固为子孙创业也。'其既得之也，敲剥天下之骨髓，离散天下之子女。以奉我一人之淫乐，视为当然，曰：'此我产业之花息也。'然则为天下之大害者，君而已矣。"

黄宗羲推崇三代以上的制度并不是要复古，而是借儒家所崇尚、向往的三代制度充当武器，来批判后世弊端丛生的封建君主专制。黄宗羲认为出仕做官，是为了天下百姓，而不是为了君主，是为了天下苍生，而不是为了哪一个家族。黄宗羲继承并发展了古代的民本思想，他认为传统的敬民、爱民都是在不危害君主专制的前提下提倡的，封建政权的获得和巩固，都是通过离散天下子女，剥削天下膏髓获得的，而真正的爱民，就要肯定百姓是国家的主体，君主才是天下的佃客佣工。黄宗羲进一步认为，天下是太平还是混乱，不在于哪一姓君主的兴盛或是衰败，而在于老百姓是否离乱忧愁，是否安居乐业。既然百姓是天下的主体，那么百姓觉得幸福，生活安乐，就是治；百姓生活在水深火热之中，就是乱。黄宗羲对封建君主专制的批判，对民本思想的论述以及对未来社会的构想，在近代中国产生过很大影响。其《明夷待访录》在戊戌维新运动及辛亥革命时期，都被广泛散布，是"宣传民主主义的工具"①。

顾炎武认为，人民是一个国家的元气，安国就要安民，国家的治理应该以人民的福祉为出发点，只有让人民安居乐业，满足他们的基本需求，国家才能实现安定和繁荣。他主张"以天下之权寄天下之人"，这是他民本思想的重要内容之一。在具体实践上，他提出："今之君人者，尽四海之内为我郡县犹不足也，人人而疑之，事事而制之，科条文簿日多于一日……不知有司之官，凛凛焉救过之不给，以得代为幸，而无肯为其民兴一日之利者，民乌得而不穷，国乌得而不弱。"（《亭林文集·郡县论一》）主张扩大地方治理权限，强化士绅阶层在社会治理中的作用。他认为君主把所有权力集中于一身，但其自身才能和精力都有限，不可能穷尽治理天下的职责，这样就容易造成官员腐败，从而导致人民贫穷，只有分权于天下，天下才能更好地被治理。以人民为中心是顾炎武民本思想的重要组成部分，不仅是他对国家治理和官员行为规范的建言，更是他个人道德和行为准则的反映，始终关注人民利益是他一生追求的目标。

我国古代民本思想的政治内涵集中体现在对政权来源和合法性、国家治理和社会秩序、人民权利以及社会稳定和和谐发展的理念上的关注。它强调政权应以人民为中心，君主应以德治和仁爱来治理国家，从而实现国家的繁荣和人民的幸福，这一思想在中国历史上产生了深远的影响，也为中国近现代的政治发展提供了重要的参考和启示。

---

① 梁启超：《中国近三百年学术史》，江西教育出版社 2017 年版，第 46 页。

二、中国式现代化对民本思想的传承发展

·作为一个拥有悠久历史和深厚文化传统的国家，中国在现代化进程中探索并发展出了一条独特的中国式现代化道路，既保持了传统的价值观念，又积极吸收了国际先进经验。从1840年以来的近两个世纪里，中国先后经历了内忧外患、战乱动荡等各种磨难，这些挑战对中国的现代化进程产生了深远的影响，也促使传统的民本思想在这个时期有了较大的发展。

（一）清末民初对传统民本思想的继承与发展

清朝末期，中国社会呈现出了严重的内状外患。国家政权的衰败、西方列强的侵略以及社会经济的困境，使得人民的痛苦日益加深。在这个背景下，一些知识分子开始反思传统的封建制度，并试图探索新的政治道路。近代以来，中国学生纷纷赴外留学，接触到了西方的文化和思想。他们回国后积极传播新思想，发起了一系列启蒙运动，如自由主义、平等主义、科学主义等。此外，李鸿章、左宗棠、张之洞等清廷官员及郑观应、马建忠、薛福成等传统知识分子也积极推崇西方科学、思想及制度等，倡导变法以开新局面。

晚清时期的洋务运动是一场旨在借鉴西方科学技术和制度的变革运动，其核心理念之一是"中学为体，西学为用"。洋务运动使得知识分子开始接触到新的思想观念，开启了对于现代化的思考。这一时期，在知识分子中涌现出了一批积极推动现代化和关注民生的改革者，他们开始反思社会的不公正和贫富差距，主张改善人民的生活状况，提出一些关于教育、医疗、社会保障等方面的改革措施。伴随着

洋务运动的深入，西方民主政治和思想文化影响的扩大，资产阶级早期改良派王韬、郑观应、马建忠、薛福成、陈炽等认识到中国要摆脱困境就要在政治上实行改革，彻底废除封建专制制度，学习西方的先进制度，这样才能富国强兵、抵御外侮。郑观应主张改革传统政府体制，推行君主立宪制，以实现民主和平等的政治秩序，他提出："泰西各国，咸设议院，每有举措，询谋佥同。民以为不便者，不必行，民以为不可者，不得强，朝野上下，同德同心，此所以交际邻封，有我薄人，无人薄我。"（《盛世危言·议院》）马建忠的《富民说》，薛福成的《西洋诸国导民生财说》《西洋诸国为民理财说》，陈炽的《庸书》《续富国策》等著作，强调发展资本主义工商业，希望以"民本"为基行"民主"之制，提倡农商并重。然而洋务运动主要由官僚和贵族领导，缺乏普通人的参与和主体地位。因此，运动的重点更多地放在了国家的发展和强盛上，而不是关注人民权益和民主参与。其次，由于受到保守势力和既得利益者的阻碍，许多改革措施无法充分实施。洋务运动虽然以失败告终，却为中国的现代化进程开启了大门，引进了西方的思想和科学技术，为民本思想的进一步发展奠定了重要基础。

1895年，甲午战败，帝国主义列强掀起瓜分中国的狂潮，民族危机空前加深，中国人民救亡图存的热情也空前高涨。甲午战争的失败，标志着洋务运动的彻底破产，洋务运动的失败导致了更加激进的变革思潮的兴起，其中最具代表性的就是戊戌变法，其代表人物有康有为、梁启超、谭嗣同等。与早期资产阶级改良派提出的学习西方政治制度相比，他们引进了进化论、民权论、契约学说、自由平等等思想，旨在推进政治体制改革，建立宪政制度，并加强国家的军事和经济实力，实现中国现代化和民主化的进程。这一时期引进的思想和学说更加接近近代西方民主的内核，传统的民本思想在这一时期得到了更好的表达和推动。

梁启超指出："国也者，积民而成，国之有民，犹身之有四肢五脏筋脉血轮也。"（《新民说》）谭嗣同在《仁学》中认为"因有民而后有君，君末也，民本也……君也者，为民办事者也"，直接提出了"民本君末"论。康有为更是直接提出"三权"论，主张三权分立，其他诸如关于人民权益和民主政治，呼吁在中国推行现代化的政治、教育和社会制度，强调人民的自由、平等等主张在这一时期也被广泛提出。这一时期，以康、梁为代表的维新派"深知中国文化传统和中国人的政治思维习惯……试图在中国传统文化中寻求思想资源和理论上的依托，与西方民主思想形同质异的民本思想也就很自然地被他们当作可以利用的工具而搬了出来……民本思想在此时既是他们认同西方议会、民权的亲和性的资源，也是他们探求西方宪政文化真义的障碍"①。戊戌变法的政治纲领中，在继承传统的思想方法和价值准则的基础上，有关民主、宪政、平等和法治的思想都体现了对传统民本思想积极主动的调整和改变。例如，戊戌变法提出了君主立宪的主张，即通过制定宪法，限制君主的权力，确立民主制度。这一政治纲领强调国家政权的合法性源于人民的授权。在保障人民的权益和自由方面，有明确规定公民的言论自由、新闻自由、集会结社自由等措施，旨在确保人民能够行使基本的公民权利，参与政治决策，对社会事务进行监督，实现人民的利益；在解决社会问题方面，纲领提出了一系

①　胡波：《民本思想在近代中国的演变及其特点》，《现代哲学》2005 年第 4 期。

列社会改革措施，其中包括废除租佃制度、改善农民状况、推行劳动保护、开展基础设施建设等，旨在减少社会不平等，改善人民的生活条件，实现社会的公正与和谐。然而，作为晚清时期的一次重要政治改革运动，戊戌变法所倡导的民主理念并没有超出传统民本"重民"更"重君"的思维模式，他们主张依靠君主"爱民"来解决问题，所以提出实行君主立宪，而反对"共和民主"，妄图伸"民权"之势，达到"固君"的目的。戊戌变法最终以失败告终，但变法运动批判了清朝封建统治的弊端，变法者提出了实行宪政、设立议会的方案，试图建立新的政治体制。他们强调政府应当通过选举和代表制度，使人民能够参与政治决策和监督政府的行为。这为中国以后的革命运动和现代化进程奠定了基础。

辛亥革命的爆发标志着中国政治格局的重大变革。辛亥革命推翻了清朝统治，建立了中华民国，民主、平等、科学等思想开始在中国社会中传播开来。一些知识分子和政治活动家积极投身于革命运动，并致力于推动中国社会向更加民主和进步的方向发展。其中，孙中山提出的"三民主义"，成为辛亥革命的指导思想，对后来的中国历史产生了深远的影响。1905 年 11 月，孙中山为《民报》作《发刊词》时，把同盟会的革命宗旨"驱除鞑虏，恢复中华，建立民国，平均地权"概括为"民族""民权""民生"三大主义，孙中山将这三者看作是不可分割的整体。他认为，只有民族独立才能保障民主政治的实施，只有民主政治才能实现人民的幸福生活。三者相互依存，相互促进。

民族独立是孙中山三民主义的第一个核心要素。孙中山的民族主义继承了中国历史上的民族主义传统，吸取了西方资产阶级争取民族独立与自由的民族主义思想。他深刻认识到中国长期受到列强侵略和不平等条约的压迫，主张实现中国的独立和国家的强盛。他强调，国家独立是中国人民的根本利益，也是实现与其他民族和谐发展的基础。他说："若人心日醒，发奋为雄，大举革命，一起而倒此残腐将死之满清政府，则列国方欲敬我之不暇，尚何有窥伺瓜分之事哉？"[①]认为清政府腐败无能，甘做西方的走狗，只要推翻清政府，建立一个新的政权，实现中国人民的自由和平等，西方列强就会和中国平等相待。

辛亥革命推翻清朝后，孙中山于 1912 年就任中华民国临时大总统。但孙中山的民族主义没有看清帝国主义的侵略本质，没有明确提出反对西方资本主义列强的口号和纲领，使得其凡是涉及反帝问题时，往往采取回避态度，从而严重影响了革命的进程和结局。

民权主义是孙中山三民主义的第二个核心要素。孙中山倡导的民权主义主要来自西方资产阶级的"平等"和"民治"观念。孙中山深知中国长期受到封建专制制度的束缚，政府腐败且缺乏民主参与。他主张实现政治制度的民主化，主张通过建立民主政府来保障人民的权利和自由。他主张通过选举来产生政府，让人民直接参与国家事务的决策。他强调平等权利，主张消除封建等级制度，实现人民的平等。此外，他主张依法治国，通过建立健全的法律体系来规范政府和社会的行为。

为了推动民主政治的实现，孙中山积极倡导政治教育和公民参与。他主张普及教育，提高人民的素质和能力，使人民有能力行使公

[①]　孙中山：《驳保皇报书》，载《孙中山全集》第一卷，中华书局 1981 年版，第234 页。

民权利和履行公民责任。他呼吁人民参与政治活动，关心国家的发展和社会的进步。他还设立了政治团体和组织，如同盟会和国民党，以推动民主政治的实现。孙中山说："我们推倒满洲政府，从驱除满人那一面说是民族革命，从颠覆君主政体那一面说是政治革命，并不是把来分作两次去做。讲到那政治革命的结果，是建立民主立宪政体。"[①] 他把民族革命和政治革命结合起来，主张在中国建立一个新兴的资产阶级政权。但同民族主义一样，民权主义旨在推翻旧政府，矛头直指皇族，而对地主阶级抱有不切实际的幻想，这就混淆了阶级界限，也使地主阶级混入革命阵营，为他们窃取革命果实埋下了伏笔。

民生主义是孙中山三民主义的第三个核心要素。孙中山认为，政治的目的是实现人民的福祉，政府的责任是保障人民的权益和福利。孙中山主张改善人民的生活状况，解决社会问题和民生困难。他关注妇女权益、劳工权益和农民权益等民生问题，呼吁消除社会不平等和贫困现象。他提倡改革土地制度，保障农民的土地权益和收入，提高农民的生活水平。具体来说就是"平均地权"，"其现有之地价，仍属原主所有；其革命后社会改良进步之增价，则归于国家，为国民所共享"[②]，他把这种主张称为"社会革命"，并说："中国行了社会革命之后，私人永远不用纳税，但收地租一项，已成地球上最富的国。"[③] 他主张推动工业和经济发展，为人民提供更多的就业机会和社会福

---

① 孙中山：《在东京〈民报〉创刊周年庆祝大会的演说》，载《孙中山全集》第一卷，第325页。

② 孙中山：《中国同盟会革命方略》，载《孙中山全集》第一卷，第297页。

③ 孙中山：《在东京〈民报〉创刊周年庆祝大会的演说》，载《孙中山全集》第一卷，第329页。

利。为了实现人民福祉，孙中山强调社会改革和社会正义的重要性。他主张社会平等和公正，反对剥削和压迫，倡导建立一个公平和谐的社会。

孙中山的三民主义是中国近代历史中一种重要的思想体系。辛亥革命后，中国面临着政治、经济和社会的混乱，国内外势力的干涉和冲突不断。在这样的背景下，实现三民主义的理想面临着巨大的挑战和阻力。孙中山提倡的三民主义是一种相对抽象的理论框架，缺乏具体的操作指导和细节规划。虽然他提出了民族独立、民权政治和民生主义等目标，涉及政治制度改革、经济结构调整、社会价值观念的转变等多个方面，但具体实践这些目标的方法和路径往往存在着解释和执行的不确定性。这些改革和转型需要面对既得利益集团的阻力，需要克服社会结构的惯性和不稳定因素。在辛亥革命后的混乱时期，不同的政治派别和势力都希望通过掌握政权来实现自己的目标和利益。这导致出现了政治斗争和权力争夺的局面，使得三民主义在实践中受到了局限和曲解。

辛亥革命唤醒了中国人民对自由、平等和民主的追求。尽管革命本身没有实现所有的目标，但它激发了中国人民在接下来的历史进程中探索适合中国国情的政治体制和发展路径。辛亥革命开启了中国近代政治变革的序幕，为后来的革命和改革奠定了基础。辛亥革命追求民主、自由和平等的理念和精神渗透到了中国人民的心中，为后来的社会运动和政治变革提供了思想支持和行动动力，为中国的政治发展和社会进步铺平了道路，为后来的探索和努力提供了重要的基础。

（二）新文化运动对中国传统民本思想进行了创新和改革

新文化运动是在 20 世纪初期兴起的一场重要的思想解放运动。西方的启蒙思想、科学知识和民主理念对中国知识分子产生了强烈的冲击和吸引，激发了他们对中国传统社会和文化进行批判和反思，并提出了一些新的思想和价值观念。"从近百年中国启蒙思想运动来看，五四新文化运动所引起的'思想界空前之大变动'（孙中山），主要并不在于已经批倒了各种旧礼教和旧道德，而在于破除对自由探索的各种桎梏，形成一个各种新思潮百家争鸣的局面。"①

新文化运动对传统民本思想进行了深刻的批判和否定。运动的倡导者们指责封建社会的不合理性和腐朽性，质疑君主制度和封建等级制度对个体自由的压制。他们主张废除封建等级制度，呼吁建立以民主、平等和科学为基础的现代社会。

传统民本思想强调君主与臣民之间的关系，认为君主至上，封建等级制度是社会稳定的基础，重视君主的仁政和人民的忠诚，注重家庭伦理和社会秩序，提倡孝悌忠信等传统美德。同时，传统民本思想重视儒家的传统道德观念，强调忠诚、孝顺、礼义等传统美德，传统民本思想中的民族观念也与之紧密相连，强调国家的利益与民族的荣誉。

新文化运动批评了封建社会中的等级制度和权威主义，主张摒弃封建思想，建立一种平等和自由的社会秩序；运动参与者呼吁实现民主政治，通过普选、言论自由和公平竞争来保障人民的权利，并倡导平等的法律待遇和社会机会；主张人民享有言论、出版、结社、信仰等自由权利，同时也关注人民的物质生活，提出要解决社会问题，改善教育、医疗和劳动条件等，以提升人民的生活水平和幸福感。运动

---

① 罗荣渠主编：《从"西化"到现代化——五四以来有关中国的文化趋向和发展道路论争文选》，黄山书社 2008 年版，"代序"第 8 页。

参与者主张政府应当承担起维护人民权益、促进社会公平正义的责任，同时鼓励人民积极参与社会事务，发挥个人和群体的力量，共同建设国家和社会。

辛亥革命之后，延续两千多年的封建思想依然根深蒂固地束缚着中国人的思维，军阀政客也时刻密谋建立新的封建君主国家或专制统治。封建礼教思想仍然是国民精神的主体，民主共和无法有效地突破社会桎梏，成为普遍的社会思想潮流，甚至在资产阶级的代表人物中依然有着很大一部分的残存。① 而新文化运动在文化领域对辛亥革命进行了更深入的补课，为西方各种思想的传入扫清了障碍，民主政治的建立成为不可抗拒的潮流，尤其是文学革命后白话文的推广、新出版物的涌现，为马克思主义在中国的传播提供了条件。

陈独秀在《法兰西人与近世文明》一文中说，近代文明三大显著特征是人权说、生物进化论、社会主义②，第一次世界大战后巴黎和会中国外交的失败，使得中国先进知识分子对西方资产阶级民主主义产生怀疑，而十月革命的成功使中国先进知识分子看到民族解放的新希望，马克思主义思想在中国迅速传播开来。马克思主义思想传入中国，成为中国民本思想发展的重要推动力。马克思主义的阶级分析揭示了社会的不平等现象，批判了剥削阶级对劳动人民的剥削。这种批判促使中国知识分子重新审视传统文化和社会观念的合理性，并反思中国社会的发展方向。马克思主义认为社会的变革应该通过阶级斗争和革命来实现，这就为那些希望推翻旧秩序、实现社会变革的知识分子提供了理论依据。马克思主义的核心概念如阶级斗争、生产力与生

---

① 李侃等：《中国近代史》（第四版），中华书局 1994 年版，第 462 页。
② 陈独秀：《独秀文存》，首都经济贸易大学出版社 2018 年版，第 7 页。

产关系、矛盾对立统一等，深深地影响了中国人民的思想和行动，激发了他们对社会公平和民主的追求。

（三）中国共产党对传统民本思想的超越

中国共产党的成立标志着马克思主义思想在中国的传播和实践的生根结果，为中国民本思想的发展带来了新的动力。马克思主义认为，人是社会的根本力量和价值的创造者，批判了资本主义社会中人的异化和剥削，呼吁实现人的全面发展和自由。这种人本思想深刻地影响了中国共产党人，使他们认识到人民的利益和幸福是革命的最终目标，推动了中国共产党人在实践中关注人民群众的权益和福祉。中国共产党自诞生之日起，就一直将人民的利益放在首位，关注人民的权益和福祉。

早期的共产党人认为人民群众是社会变革的主体和动力，而中国社会存在着严重的阶级剥削和压迫，工人、农民和其他劳动人民的权益被剥夺，因此，党成立的初衷就是要为工人和农民争取权益，使他们成为国家的主人。在党成立早期，中国共产党将工人、农民和其他劳动群众作为革命的主力军和最广泛的群众基础，提出了"为人民服务"的宗旨。在中国共产党的领导下，党坚持依靠广大农民和工人群众，以农村包围城市的策略推动革命进程，取得了新民主主义革命的胜利，建立了中华人民共和国，人民成为国家的主人。毛泽东同志在领导中国革命到社会主义建设的过程中，一直强调人民是创造历史的动力，他指出"人民，只有人民，才是创造世界历史的动力"[1]，并提出了"为人民服务"这个概念。在 1954 年，全心

---

[1] 毛泽东：《论联合政府》，载《毛泽东选集》（第三卷），人民出版社 1991 年版，第 1031 页。

全意为人民服务被写进新中国的第一部宪法，成为我们党沿用至今的根本政治准则。

中国共产党在实践中不断深化以人为本的思想。党根据国内外形势的变化，根据人民的需求和愿望，调整和发展自己的理论和实践。党的十一届三中全会后，中国共产党领导全国人民进行改革开放，推行社会主义市场经济，注重发展经济，提高人民的生活水平。这一时期，中国共产党更加注重人民群众的需求，注重保障人民的权益，积极推动改革发展，为人民创造更好的生活条件。

在中国特色社会主义现代化建设的实践中，中国共产党始终坚持"从群众中来，到群众中去"的群众路线，强调以人民的利益为出发点和落脚点是推动改革开放的根本原则。邓小平指出："群众是我们力量的源泉，群众路线和群众观点是我们的传家宝。党的组织、党员和党的干部，必须同群众打成一片，绝对不能同群众相对立。如果哪个党组织严重脱离群众而不能坚决改正，那就丧失了力量的源泉，就一定要失败，就会被人民抛弃。"[1] 邓小平同志继承和发展了马克思主义、毛泽东思想，进一步提出："中国人民今天所需要的民主，只能是社会主义民主或称人民民主，而不是资产阶级的个人主义的民主。"[2]

改革开放初期，邓小平提出让一部分人先富，先富带动后富，最终实现共同富裕。邓小平指出："社会主义时期的主要任务是发展生产力，使社会物质财富不断增长，人民生活一天天好起来……致富不

---

[1] 邓小平：《贯彻调整方针，保证安定团结》，载《邓小平文选》（第二卷），人民出版社 1994 年版，第 368 页。

[2] 《学习〈邓小平论民主法制建设〉讲话》，法律出版社 1995 年版，第 51 页。

是罪过……社会主义财富属于人民，社会主义的致富是全民共同致富。"①

在改革开放中，以邓小平为核心的党中央坚持人民主体地位，依靠群众、相信群众，充分调动群众的积极性，使改革开放初期的经济建设取得了成功。邓小平总结说："我们改革开放的成功，不是靠本本，而是靠实践，靠实事求是。农村搞家庭联产承包，这个发明权是农民的。农村改革中的好多东西，都是基层创造出来，我们把它拿来加工提高作为全国的指导。"② 邓小平同志强调把人民的利益放在首位，注重人的全面发展和幸福感。他认为经济发展的最终目标是提高人民的生活水平和满足人民的物质和精神需求。

邓小平提出了一系列重要的政策和改革举措。他倡导建立社会主义市场经济体制，通过市场机制来调节资源配置，激发人民的创造力和活力。他还推行了农村改革和城市改革。在农村方面，他提倡家庭承包经营，鼓励农民发展农村经济，激发农民的积极性和创造力。这一政策改变了过去集体经济主导的农村经济形态，使农民能够享受到更多的劳动成果。在城市方面，邓小平鼓励城市居民自主创业和发展非公有制经济。他认为，城市居民应该有更多的自主权和发展机会，通过个体经营和私营企业的发展，可以激发城市居民的创造力和活力，推动城市经济的繁荣发展。

邓小平的人本思想对中国的改革开放产生了重大的推动作用。通

---

① 邓小平：《答美国记者迈克·华莱士问》，载《邓小平文选》（第三卷），人民出版社 1993 年版，第 171~172 页。

② 邓小平：《在武昌、深圳、珠海、上海等地的谈话要点》，载《邓小平文选》（第三卷），第 382 页。

过将人民的利益和幸福放在首位，鼓励人们追求个人价值实现和自我发展，同时也注重社会公平和稳定，推动了中国社会的进步和和谐发展。

江泽民在毛泽东思想、邓小平理论的基础上，进一步提出了"三个代表"重要思想，党的十六大把"三个代表"重要思想与马列主义、毛泽东思想、邓小平理论一道确立为党必须长期坚持的指导思想。

中国共产党始终要代表中国先进生产力的发展要求，体现了党的性质的基本属性，即党的根本目标是推动社会生产力的发展。在当今时代，科技进步和经济全球化深刻改变着社会生产力的发展形式，因此党要紧密联系人民群众，不断调整和完善自身的工作方式和方法，保持与时俱进，推动中国特色社会主义事业不断前进；"三个代表"重要思想指出党始终代表中国先进文化的前进方向，体现了党的宗旨的深刻内涵，即党要引领社会前进，推动社会主义文化的繁荣和发展；"三个代表"重要思想强调党要始终代表中国最广大人民的根本利益，体现了党的群众观点和人民立场，即党的一切工作都是为了人民群众的利益。党的根本任务是为人民服务，维护人民的根本利益，促进社会公平正义。党要关注人民群众的生活需求，解决人民群众的实际困难，改善人民群众的生活水平，要倾听人民群众的呼声，密切联系人民群众，充分发挥人民群众的主体作用，保持党同人民群众的血肉联系。

《中国共产党章程》写道："十三届四中全会以来，以江泽民同志为主要代表的中国共产党人，在建设中国特色社会主义的实践中，加深了对什么是社会主义、怎样建设社会主义和建设什么样的党、怎样建设党的认识，积累了治党治国新的宝贵经验，形成了'三个代表'重要思想。'三个代表'重要思想是对马克思列宁主义、毛泽东思想、邓小平理论的继承和发展，反映了当代世界和中国的发展变化对党和国家工作的新要求，是加强和改进党的建设、推进我国社会主义自我完善和发展的强大理论武器，是中国共产党集体智慧的结晶，是党必须长期坚持的指导思想。始终做到'三个代表'，是我们党的立党之本、执政之基、力量之源。"

党的十六大以来，以胡锦涛同志为总书记的党中央明确提出了坚持以人为本，树立全面、协调、可持续发展的科学发展观，并强调以人为本是科学发展观的核心，把以人为本提高到战略指导思想的高度。

以人为本的科学发展观强调人的全面发展。这一观点认为人的发展是发展的根本目的，经济发展应当服务于人民群众的幸福和全面发展。它主张实现经济发展、社会进步和生态环境保护的有机统一，使人民在经济、政治、文化、社会和生态环境等各个方面都能够得到全面发展，同时，它强调社会的公平性和包容性，致力于减少贫困、消除社会不公，推动社会的公平和正义。

科学发展观将人民群众的利益和需求置于发展的核心地位，强调发展的目的是增进人民群众的福祉，追求全体人民的共同富裕。在实践中，科学发展观主张实现经济发展、社会进步和生态环境保护的有机统一，使人民在经济、政治、文化、社会和生态环境等各个方面都能够得到全面发展，它要求以改善人民生活质量为中心，推动经济增长与社会公平、社会公正相统一，关注基本民生需求，解决人民群众的紧迫问题；它强调人的全面发展是发展的本质要求，这其中包括物质文明和精神文明两个方面，中国在发展过程中，不仅要关注经济的增长和物质生活的改善，还要关注教育、文化、健康等方面的发展，提高人民的素质和幸福感；科学发展观强调可持续发展，它强调要在经济发展的同时，保护生态环境，实现经济、社会和环境的协调发展。科学发展观要求在资源利用、环境保护和生态建设等方面谋求可持续发展，以保障当前和未来世代的生存和发展权益。

近现代中国民本思想的演进经历了从借鉴西方制度到探索适合中国国情的道路的过程。在中国社会的变革和政治发展中，传统民本思想始终是一个重要的动力和指导原则，"民本思想所蕴涵的重民利民爱民和为民谋利的道德精神，在长时期的思想宣传和政治实践中，已经内化为中国人的伦理道德观念和价值规范，直接或间接地左右着传统中国人的政治行为和思维方式"[①]。尽管中国的民本思想在不同的历史时期有着不同的表现形式，但其核心价值观和追求社会公平、民主和人权的理念始终贯穿其中，为中国的发展和进步提供了重要的思想支撑。中国共产党成立以来，在长期的实践中逐渐形成了独有的群众观点和群众路线，由此构成了以人民为中心的发展思想的实践逻辑。这一发展思想强调党与人民群众的紧密联系，将人民群众的利益和需求置于核心位置，依靠人民群众推动社会的进步与发展，为中国特色社会主义事业的发展提供了重要的指导和动力。

三、践行以人民为中心的发展思想，全面推进中国式现代化

中国共产党是一个以人民为中心的政党，以全心全意为人民服务

---

① 胡波：《民本思想在近代中国的演变及其特点》，《现代哲学》2005年第4期。

为宗旨。进入中国特色社会主义新时代，坚持以人民为中心的发展思想，并将其贯穿于治国理政之中。党的十八大后，提出"人民对美好生活的向往，就是我们的奋斗目标"，进一步回答了新时代治国理政的最根本问题，就是要弄清楚依靠谁、为了谁、我是谁。践行以人民为中心的发展思想就是要执政为民，关注民生，权为民所用，利为民所谋，以人民为中心的发展思想是新发展理念的灵魂，贯穿整个新发展理念的始终，新发展理念是实践以人民为中心的发展思想的正确路径。

（一）以人民为中心的发展思想对传统民本思想的创新性发展

中国古代先哲们提出的民本思想，其根本目的是巩固统治阶级的政权，人民的利益是不可能得到实质性保护的，而中国共产党是马克思主义指导下的政党，是带领广大劳苦大众翻身得解放的政党，是为绝大多数人谋幸福的政党，是全心全意为人民服务的政党，它立足于中国的实际国情，扎根于中华优秀传统文化的沃土，在百年奋斗的历程中创造了一个又一个的辉煌成就。

中国共产党成立之初，在一大的党纲里就要求"把工农劳动者和士兵组织起来"；党的二大文件中正式提出了重视群众工作的问题；党的"九月来信"即《中共中央给红军第四军前委的指示信》中，首次提出"群众路线"概念；1945年，"群众路线"写入党的七大党章；现在的《中国共产党章程》规定"党在自己的工作中实行群众路线，一切为了群众，一切依靠群众，从群众中来，到群众中去，把党的正确主张变为群众的自觉行动"。

进入新时代，习近平总书记坚持以人民为中心的发展思想。他说"时代是出卷人，我们是答卷人，人民是阅卷人""人民有信心，国家才有未来，国家才有力量"。党的二十大报告中，他对"江山就是人民，人民就是江山"作了系统阐述。对"人民"二字之深度理解，所思所讲所行能直抵人心、激发共鸣，这都源于习近平总书记对人民之情有独钟和对中华优秀传统文化中民本观念的深刻理解。

1966 年，习近平总书记尚为初一学生，当他听到《县委书记的榜样——焦裕禄》这篇通讯时，倍感震撼。1990 年，已任福州市委书记的习近平同志，读了《人民日报》的头版文章《人民呼唤焦裕禄》后，当即填写《念奴娇·追思焦裕禄》一词，"百姓谁不爱好官？……两袖清风来去。为官一任，造福一方，遂了平生意"。在焦裕禄去世 50 年后，习近平总书记亲自到兰考县调研指导党的群众路线教育实践活动。

"习近平同志任浙江省委书记期间，为《浙江日报》'之江新语'栏目撰写了 200 多篇短论，2007 年，浙江日报社以《之江新语》为书名将其结集出版。开卷有益，系统研读《之江新语》系列短论，特别是书中《心无百姓莫为'官'》《珍惜在位时》和《不求'官'有多大，但求无愧于民》等文章，就像是父母对孩子的谆谆教导，语重心长。"① 总书记的系列文章，无不蕴含着丰富的以人民为中心的发展思想。

习近平总书记始终坚持"以人民为中心"，无论是在陕北之梁家河，还是在河北之正定，无论是东南沿海之福建、浙江、上海，还是在首都北京，都留下了"为官一任，造福一方"的深深足迹。"心无百姓莫为官"始终是习近平总书记的执着追求，始终是习近平总书

---

① 王杰：《心无百姓莫为"官"》，微信公众号"长安街读书会"2021 年 11 月 1 日。

记"全心全意为人民服务的真实写照。

以人民为中心的发展思想对传统民本思想在概念、价值观、实践和时代转化等方面都进行了拓展和更新，为构建富强民主文明和谐美丽的社会主义现代化强国提供了重要的思想指导和实践路径。以人民为中心的发展思想将人民的利益放在首位，注重人民的需求和福祉。在构建富强的社会主义现代化国家的过程中，必须以人民的实际需求为导向，通过提供优质的教育、医疗、就业等公共服务，满足人民对物质生活和财富增长的追求。同时，注重人的全面发展，使每个人都能够分享经济增长的成果，实现人的全面发展和幸福感的提升。

（二）以人民为中心的发展思想继承和丰富了马克思主义理论

马克思、恩格斯在《共产党宣言》里鲜明地指出"过去的一切运动都是少数人的或者为少数人谋利益的运动。无产阶级的运动是绝大多数人的、为绝大多数人谋利益的独立的运动"。以人民为中心的人民立场，是马克思主义政党的根本政治立场，是马克思主义基本原理同中华优秀传统文化相结合的结晶。以人民为中心的发展思想是新时代下中国共产党在社会主义建设和国家治理的实践中总结出来的，是实现人的自由全面发展理论在当代的理论表达。以习近平同志为核心的党中央高度重视人民的利益和幸福，强调以人民为中心是党的根本立场，是社会主义建设的本质要求，坚持发展为了人民、发展依靠人民、发展成果由人民共享的理念，使人民的利益始终处于优先地位。

以人民为中心的发展思想继承和发展了马克思的群众观。马克思认为，历史是由人民群众通过阶级斗争和社会运动来推动和塑造的。群众的觉醒和行动能够推动社会的进步和变革，改变社会的现状，决定历史的发展方向。群众具有创造性，是历史进步的动力，人民群众在实践中不断创造新的社会关系和生产方式，推动社会的发展和进步。

以习近平同志为核心的党中央立足于马克思主义群众史观基本原理，立足于中国特色社会主义伟大实践的现实基础，最终形成了系统的以人民为中心的发展思想，创造性地发展了马克思主义群众史观，开辟了当代马克思主义群众史观中国化的新境界。

习近平总书记在不同的场合反复强调"老百姓是我们的衣食父母"，"在人民面前，我们永远是小学生，必须自觉拜人民为师""人民是我们党的工作的最高裁决者和最终评判者"。

百姓心中有杆秤，那秤砣是民心。中国老百姓，绝大多数都是善良、朴实、憨厚的，但这种质朴憨厚不代表懦弱、愚昧、不明理，容易被欺骗，其实他们对身边之事清清楚楚。我们的领导干部如果不能摆正位置，放下架子，拜群众为师，向群众学习，就无法做到紧密联系群众，就无法急群众之所急，办群众之所需，就无法做到全心全意为人民服务，就得不到人民群众的支持与拥护。

以人民为中心的发展思想继承和发展了马克思的人民观。"人民观是马克思主义产生的最初基因，是马克思主义的首要观点，是马克思主义理论体系最根本的价值观。中国共产党自成立之日起就将为人民谋利益作为自己的根本价值追求，在革命、建设、改革开放的不同历史阶段发展并实践着马克思主义人民观，丰富了人民的内涵，致力于人民主体性的实现，坚持全心全意为人民服务，坚持群众路线。"[①]

---

① 李玉贵、赵俊华：《马克思主义人民观的中国化发展》，载国家行政学院政治学教研部编：《全国行政学院系统政治学教研协作联席会年会论文集（2016）》，国家行政学院出版社 2017 年版，第 108 页。

十九届六中全会通过的党的第三个历史决议指出"中国共产党自一九二一年成立以来，始终把为中国人民谋幸福、为中华民族谋复兴作为自己的初心使命，始终坚持共产主义理想和社会主义信念，团结带领全国各族人民为争取民族独立、人民解放和实现国家富强、人民幸福而不懈奋斗，已经走过一百年光辉历程"。党的百年奋斗中，始终为人民谋利益，把人民作为一切奋斗的根基；在新征程中，我们更要以人民为中心，不断丰富人民的物质生活和精神世界，实现人的全面发展和共同富裕。新时代下我们党"始终与人民心心相印、与人民同甘共苦、与人民团结奋斗"，始终践行着全心全意为人民服务的宗旨，始终在继承、发展"民本"这一中华优秀传统美德。

在推进马克思主义中国化时代化的过程中，我们要正确认识民主与以民为本，需要把握好三个关系。

一是动机与效果的关系。被列宁誉为中国 11 世纪最伟大的改革家的王安石主持了熙宁变法，改革的动机是国强民富，但结果却南辕北辙，不但深深地伤害了老百姓的感情，增加了老百姓的负担，招致老百姓怨声载道，民心改革变成了伤心改革，原来的支持者如司马光、苏东坡等人也坚决反对王安石改革。王安石变法在客观上帮了腐败的忙，最终导致改革彻底失败。做任何一件事，仅仅从动机出发是不够的，一定要把动机和效果结合起来考察；一项改革措施究竟是好还是坏，不能只看动机，一定要看效果。

二是民本与民主的关系。民主与民本虽然都强调国家的基础是"民"，但在本质内涵上及价值目标上是截然不同的。在本质内涵上，民主是一个政治概念，它所表征的是一种政治诉求，而民本则是一个道德概念，它所表达的是一种道德诉求；在价值目标上，民主是通过对政府权力的制约，防止社会政治权力被少数人所滥用，从而达到保护大多数人利益的目的；而民本的出发点则是解决国家政权的稳定和长治久安问题。

三是口号与落实的关系。无论多么美好的理想目标，无论多么缜密的行动计划，如果不通过行动落实，结果永远等于零。在为民问题上，不能只"听其言而信其行"，而是要"听其言而观其行"，不是看他怎么说，而是要看他怎么做，具体是怎么做的、怎么落实的，是否切切实实为老百姓做了实事，要知行合一。

（三）践行以人民为中心的发展思想，要发挥敢于斗争、善于斗争的精神，不断夯实党的群众基础

百代兴盛依清正，千秋基业仗民心。官僚主义和形式主义都是官本位思想意识之体现。官本位文化在中国有着悠久的历史，在这种文化中，唯上不唯下是官员们普遍的行为准则。官本位思想与中国共产党人所追求的全心全意为人民服务的宗旨是根本对立的，作为中国工人阶级、中国人民和中华民族的先锋队，作为中国特色社会主义事业的领导核心，中国共产党自成立之日起，就把全心全意为人民服务作为自己的根本宗旨和行为准则，对官本位思想进行强有力之破除。然而，传统文化之糟粕具有很强的历史惯性，直到今日，一些领导干部仍受其影响，认为自己身份高贵，高人一等，在工作中，在生活中，处处摆官架子，高高在上，不屑于接触群众，毫不关心群众的衣食冷暖。这种思想和行为与我们党密切联系群众的要求相去甚远，影响了党在人民群众中的形象。

2013年，习近平总书记在山东菏泽调研的讲话中，引用了清代河南内乡县衙的一副对联："得一官不荣，失一官不辱，勿道一官无用，地方全靠一官；穿百姓之衣，吃百姓之饭，莫以百姓可欺，自己也是百姓。"意思是地方官不要忘记自己的来历，要以百姓为父母，绝不可欺压百姓；要把自己的升降荣辱看得淡一些，为了百姓的利益，即使丢了官职，也没什么耻辱；要有责任心，为地方造福。总书记语重心长地对参加考察的领导干部说"封建时代官吏尚有这样的认识，今天我们共产党人应该比这个境界高得多"。

人民，在习近平总书记心中具有至高无上的地位。对各级党员干部来讲，习近平总书记的讲话既是勉励也是告诫。"事虽小只要利民就大，权虽轻只要为民就重"，党员干部要毫不动摇地贯彻党的群众路线，要牢固树立以人民为中心的发展思想，密切同人民群众的联系，切实做到蹲下去、深进去，与群众同呼吸、共命运、心连心，认真倾听群众呼声，反映群众诉求，真正体察百姓之难，了解百姓之苦。惟有把党的群众路线根植于内心、根植于灵魂、落脚于行动，才能真正达到"本固邦宁"，才能守好人民的心，守好人民的红色江山代代相传。

（四）推动"五位一体"建设，实现人民群众对美好生活的向往

政治上更加巩固人民当家作主的地位。我国的国体是工人阶级领导的、以工农联盟为基础的人民民主专政，国家的一切权力属于人民。党的领导、人民当家作主和依法治国是中国特色社会主义政治文明的三大支点和三大特征。

党的十八大以来，我们坚持人民至上，不断探索发扬全过程人民民主，进一步健全人民当家作主制度体系，丰富社会主义民主实践内涵。以人民为中心的发展思想强调人民的主体地位和参与性。在新时代中国特色社会主义国家的建设中，必须确保人民的民主权利得到充分保障，积极推进人民的广泛参与和民主决策。通过建立健全的民主制度和法治体系，加强公民的参与意识和能力培养，推动人民直接参与政治、经济和社会事务的决策和管理，实现国家治理的民主化和法治化。党的十八大以来，进一步健全了人民当家作主制度体系，依法实行民主选举、民主协商、民主决策、民主管理、民主监督，坚持人民至上，丰富了社会主义民主实践内涵，充分发挥好和保护好人民群众的积极性、主动性、创造性。

经济上让广大人民群众过上更好生活。党的十八大以来，我们打赢了人类历史上规模最大的脱贫攻坚战，实现了中华民族的千年小康梦，胜利实现了我们党的百年奋斗目标，兑现了对人民的承诺。从新中国成立以来，中国共产党就在反贫困的道路上不断推进。2012 年，当历史的接力棒传递到习近平总书记的手中时，中国还有 9899 万贫困人口。以习近平同志为核心的党中央庄严承诺，2020 年我国现行标准下农村贫困人口实现脱贫、贫困县全部摘帽、解决区域性整体贫困，这就意味着，在中华大地上，每分钟就要解决 20 多名群众的贫困问题。

党的十八大以来，习近平总书记把脱贫攻坚放在了治国理政的突出位置，习近平总书记以"决不让一个少数民族、一个地区掉队"的担当，亲自考察、亲自部署、亲自督战，与全国人民一起向贫困发起总攻。十九大更是进一步把精准脱贫作为决胜全面建成小康社会必须打好的三大攻坚战之一。2020 年是脱贫攻坚的决战决胜之年，虽然困难和问题依然存在，还有 52 个贫困县未摘帽、2707 个贫困村未出列，但是全国人民紧紧团结在以习近平同志为核心的党中央周围，以十足的干劲，准备最后的冲刺，可是突如其来的疫情，给本就艰巨的脱贫攻坚任务又带来了新的严峻挑战。党中央迅速做出决策，决不能让疫情阻挡人民迈向幸福的脚步。2020 年 3 月 6 日，习近平总书记召开决战决胜脱贫攻坚座谈会，对如何克服疫情带来的不利影响，确保完成决战决胜脱贫攻坚任务，做出一系列极具针对性的重要部署，为全党全国人民克服疫情影响、打赢脱贫攻坚战坚定了必胜信心，提供了科学指南。2021 年 2 月 1 日，习近平总书记在同党外人士共迎新春时指出，2020 年是新中国历史上极不平凡的一年。面对严峻复杂的形势任务、前所未有的风险挑战，中共中央团结带领全党全国各族人民齐心协力、迎难而上，统筹疫情防控和经济社会发展，统筹深化改革开放和应对外部压力，统筹抓好"六稳"工作和落实"六保"任务，决胜全面建成小康社会、决战脱贫攻坚。经过艰苦努力，疫情防控取得重大战略成果，经济增长率先实现由负转正，脱贫攻坚任务如期完成，"十三五"圆满收官，"十四五"全面擘画，全面建成小康社会取得伟大历史性成就。

民生稳，人心就稳，社会就稳。从加强对中小微企业、个体工商户的政策支持，到为困难群体代缴基本养老、医疗保险费，坚决守住不发生规模性返贫底线；从允许受疫情影响严重的个人住房、消费贷款等延期还本付息，到调整养老金发放标准，惠及 1.3 亿多退休人员；从深化东西部劳务协作，到落实、落细就业优先战略和积极就业政策……党中央的项项举措，都是实实在在地帮人民解难题，为了人民过上更安康的生活。

文化上让老百姓享受更好的精神生活，使我们成为文化丰富、信仰坚定、内心强大的伟大民族。十八大以来，习近平总书记在一系列重要讲话中，对如何弘扬中华优秀传统文化，培育和践行社会主义核

心价值观，传承中华传统美德进行过多次非常精彩精辟的论述，如
"要加强对中华优秀传统文化的挖掘和阐发""培育和弘扬社会主义核
心价值观必须立足中华优秀传统文化……抛弃传统、丢掉根本，就等
于割断了自己的精神命脉""中华传统美德是中华文化精髓，蕴含着
丰富的思想道德资源"等。习近平总书记关于中华优秀传统文化的一
系列论述，表明中华民族的伟大复兴、中华民族共有精神家园的建
构、中国社会主义先进文化的建设、中华文化软实力的提升、中华传
统美德的培育、中国人精神信仰的重建、中国社会新秩序的重建、中
国梦的实现，离不开中华优秀传统文化。中华优秀传统文化是民族之
根、民族之魂，是精神支柱，我们今天所从事的一切伟大事业，都离
不开中华优秀传统文化，否则，我们所从事的一切，将变成空中楼
阁、无源之水、无本之木。

习近平总书记关于中华优秀传统文化的一系列讲话，在全社会掀
起了弘扬中华优秀传统文化的热潮，使人民群众从历史文化中滋养了
身心、引领了人民群众深入践行社会主义核心价值观，用正确的价值
观凝聚人心、汇聚民力，不断深化爱国主义、集体主义、社会主义教
育，培养担当民族复兴大任的新时代接班人。

为人民建设更加和谐、平等、自由的社会体系，让人民享受到更
加充实的幸福感、安全感。党的十八大以来，习近平总书记指导推动
公民道德建设，大力弘扬中华传统美德，高度重视家庭家教家风建
设，推动全社会明大德、守公德、严私德，不断提高人民的道德水
准、文明素养和全社会的文明程度，城乡精神文明建设融合发展取得
了显著成效。大力弘扬劳动精神、奋斗精神、奉献精神、创造精神、
勤俭节约精神，推动全社会见贤思齐、崇尚英雄、争做先锋。全社会

在幼有所育、学有所教、劳有所得、病有所医、老有所养、住有所居、弱有所扶上持续用力，截至 2022 年人均预期寿命增长到七十八点二岁；居民人均可支配收入从一万六千五百元增加到三万五千一百元；城镇新增就业年平均一千三百万人以上；建成世界上规模最大的教育体系、社会保障体系、医疗卫生体系，教育普及水平实现历史性跨越，基本养老保险覆盖十亿四千万人，基本医疗保险参保率稳定在百分之九十五，在全社会取得了更有保障、更可持续的共同富裕新成效。《礼记》中"老有所终，壮有所用，幼有所长，矜寡孤独废疾者，皆有所养"之大同理想，在今日业已实现。

　　不断推动生态文明建设，让人民呼吸到新鲜的空气，吃得到绿色生态的食品，享受到蓝蓝的天、清清的水、绿绿的山。党的十八大以来，以习近平同志为核心的党中央高度重视生态文明建设。2013 年习近平主席在哈萨克斯坦纳扎尔巴耶夫大学发表演讲并回答学生提问时说："我们既要绿水青山，也要金山银山。宁要绿水青山，不要金山银山，而且绿水青山就是金山银山。"此后，习近平总书记多次在公开场合论及生态文明建设和生态环境保护问题，并提出了一系列新思想、新要求、新目标和新部署。党的十九大报告将环境问题之解决纳入党的战略发展目标，提出"为把我国建设成为富强民主文明和谐美丽的社会主义现代化强国而奋斗"。《中国共产党章程》总纲中又明确写入"中国共产党领导人民建设社会主义生态文明。树立尊重自然、顺应自然、保护自然的生态文明理念，增强绿水青山就是金山银山的意识"。在习近平生态文明思想引领下，绿水青山就是金山银山的理念深入人心，全国上下对土壤、水资源、空气的保护力度不断加大，为中华民族的子孙后代留下良好的生存环境。立足当代，放眼千秋，这是最大最深沉的民本观。

（五）坚持人民至上，全面推进中国式现代化

党的二十大报告中为我们描绘的中国式现代化，就是人民至上的现代化，就是实现中国人民全面发展的现代化。党的二十大报告指出，中国式现代化是人口规模巨大的现代化、全体人民共同富裕的现代化、物质文明和精神文明相协调的现代化、人与自然和谐共生的现代化、走和平发展道路的现代化；中国式现代化的本质要求是坚持中国共产党的领导、坚持中国特色社会主义，实现高质量发展，发展全过程人民民主，丰富人民精神世界，实现全体人民共同富裕，促进人与自然和谐共生，推动构建人类命运共同体，创造人类文明新形态。

展望中国式现代化，将更加健全人民当家作主的制度体系，推进全过程人民民主落地生根。全过程人民民主是贯彻人民至上理念和继承发展民惟邦本传统观念最好的实践途径。全过程人民民主，人民既充分享有民主选举权利，又充分享有民主协商、民主决策、民主管理、民主监督权利；既参与国家事务管理，又参与经济文化事业和社会事务管理；既参与国家发展顶层设计的意见建议征询，又参与地方公共事务治理；既通过党委、人大、政府、政协、监察机关、司法机关等渠道表达意愿，又通过人民团体、企事业单位、基层群众性自治组织、社会组织以及其他组织等渠道表达诉求。全过程人民民主是最真实的民主，真正做到了人民当家作主；全过程人民民主是最管用的民主，能够切实解决人民需要解决的问题，能够把党的主张、国家意志、人民意愿紧密融合在一起，能够有利于集中力量办大事。因此，全过程人民民主是新时代中国特色社会主义的伟大创造，彻底地实现了中国人民真正当家作主。

展望中国式现代化，我们党将引导和带领人民把历史进程中积累的强大能量充分爆发出来，立足中国式现代化宏伟大业，胸怀构建人类命运共同体的美好愿景，不断焕发出前所未有的历史主动精神、历史创造精神，必将信心百倍地走向新时代中国发展的新征程。

第三章

诚信：中国式现代化的美德规范

诚信是人类的普遍道德要求，也是中华民族的传统美德，对中国人立身处世、治国理政有重要的规范和奠基作用。中国式现代化是实现中华民族伟大复兴的必由之路，具有鲜明的中华优秀传统文化底色。中国传统诚信思想与中国式现代化所蕴含的价值追求高度契合。在以中国式现代化推进中华民族伟大复兴新征程中，进一步激活中国传统诚信美德，为实现中国式现代化提供道德支撑。

一、中国传统诚信思想概述

讲诚信是中华民族的传统美德，人们历来重视诚信。《管子·乘马》中说："非诚贾不得食于贾，非诚工不得食于工，非诚农不得食于农，非信士不得立于朝。"在管子看来，无论士、农、工、商都必须要讲诚信，否则根本无法在社会上立足。《左传·僖公十五年》中说"信，国之宝也，民之所庇也"，认为诚信是国家的根基，是庇护民众生存的根本。那么，何谓诚信？它经过了怎样的历史嬗变？其重要价值意义如何？

（一）中国传统诚信思想的基本内涵

"诚"字最早出现于《尚书·太甲下》中："神无常享，享于克诚。"在这里，"诚"有敬拜鬼神的笃敬之义。《说文解字》中对"诚"字解释道："诚，信也。从言，成声。"《增韵·清韵》中则释为："诚，无伪也，真也，实也。"大致可知，"诚"早期是指祭祀过程中专心一致、纯正虔诚的态度，后来逐渐引申为"如实的""真心的""确实可靠"等意思，强调要尊重事实、真诚待人，既不自欺也不欺人。

"信"也是中国传统伦理的重要范畴，最早见于金文中山王鼎铸"余知其忠韵（信）也"中。那么，何谓"信"呢？《说文解字》中说："信，诚也。从人，从言。会意。"《大学》中说："所谓诚其意者，毋自欺也。"朱熹解释说："诚者何？不自欺，不妄之谓也。"王船山认为："诚也者，实也，实有之固有之也。"由此可知，"信"就是诚信、诚实无欺、信守诺言的意思。

《白虎通义·性情》中说："信者，诚也，专一不移也。"可以说，"诚"与"信"很多时候是互释、共通的，二者紧密相联、互为条件。一方面，"诚"是"信"的前提和内在保障；另一方面，"信"是"诚"的保证和实现路径。"信"以"诚"为基础，无"诚"则无"信"；同样，"诚"以"信"为外在表现，没有"信"则"诚"无法在"人道"中展现。"诚"是"信"的内在自觉，"信"是"诚"的外在展现。

当然，"诚"与"信"的涵义又各有侧重、有所区别。正所谓"诚于中，形于外"。如果说"诚"注重的是行为者的主观态度，其实现主要依赖于行为者的德性修养；那么，"信"更像是相关行为者之间达成的一种无声"契约"，需要信守承诺并积极践履诺言。内诚于心，方能外信于人。"诚"为神，"信"为形，实践中需要形神兼备、诚信合一。

将"诚"与"信"连起来使用，最早见于《管子·枢言》："先王贵诚信。诚信者，天下之结也。"在管子看来，诚信是结交天下的根本。《管子·立政》中说"好恶形于心，百姓化于下；罚未行而民畏恐，赏未加而民劝勉，诚信之所期也"，这里的"诚信"被视为一个普遍性的原则。《礼记·祭统》中又说："身致其诚信，诚信之谓尽，尽之谓敬，敬尽然后可以事神明，此祭之道也。"当然，这里所言之"诚信"带有一定的宗教色彩。后来，"诚信"逐渐发展成为一种具有普遍意义的社会伦理规范。

（二）中国传统诚信思想的发展嬗变

中国传统诚信思想在原始社会后期就开始萌芽。《尚书·尧典》中说："允恭克让，光被四表，格于上下。"这里所说的"允"就带有"诚信"之义，赞扬帝尧诚信恭谨，爱才让贤，德行光照四方。此外，《尚书·皋陶谟》中有"行有九德""九德咸事""俊乂在官"等记述，都把"信"视为"九德"之一。可以说，上古时代虽然没有出现关于讲诚信的成文道德规范，但生产生活秩序很大程度上是依赖"信"规范维持的。

自晚商起，"信"作为一种成文的规范，开始从经验型向理论型转变，并逐渐发展成为社会的一种潜意识形态。《尚书·汤誓》中记有商汤在讨伐纣王前夕说"尔无不信，朕不食言"，承诺百姓如果和他一同讨伐纣，答应过的事情一定会兑现。可见，此时"诚信"已经是为政者治国理政的重要依恃。《周易·乾卦·文言传》中也说"修辞立其诚，所以居业也"，认为君子说话、立论都应该诚实不欺、真诚无妄，才能建功立业。此外，《左传》中也有"信，战之器也""礼以行之，信以守之，仁以厉之"等话语，屡出君臣之口。这说明，此时"诚信"观念已经摆脱了纯粹的宗教色彩，具有日用人伦的道德意义；同时，其在政治、外交、军事层面的重要价值也得到充分的挖掘和运用。但总体而言，"诚信"观念还是隐约的、零碎的，而不是明晰的、系统的。

战国时期，诚信观念开始发展成为一种系统的理性思想观念，逐渐从社会的潜意识形态演变为显意识形态。这一时期，儒家对"诚信"进行了较为充分的阐释。孔子十分重视"诚信"问题，《论语·学而》中说："信近于义，言可复也。""与朋友交，言而有信。"《论语·为政》中说："人而无信，不知其可也。"《论语·子路》中说："言必信，行必果。"据统计，《论语》中"信"字出现了38次。在孔子看来，如果一个人不讲诚信，就不能与他人进行正常交往，也就会在社会上失去立足之地。在孔子诚信思想的基础上，孟子对"诚信"思想进行了多角度阐述。比如，《孟子·离娄上》中说："诚者，天之道也。思诚者，人之道也。"孟子认为，诚信是自然规律、自然之道，追求诚信是做人之道。《孟子·告子下》中说："君子不亮，恶乎执？"君子如果不讲信用，怎么能够有操守呢？不仅如此，孟子还提出了关于人际关系的"五伦"之说，其中就包括"朋友有信"，把"信"上升为"五伦"之一，认为朋友之间交往，最基本的就是要讲究诚信。在孟子论"诚"的基础上，荀子对"诚信"思想做了进一步发挥。在《荀子》一书中，"信"出现了107次，"诚"出现了50次，"诚信"出现过5次。荀子认为，讲诚信是做人必备的重要品德，是君子与小人相区分的重要道德标准。《荀子·不苟》中就说："庸言必信之，庸行必慎之……若是则可谓悫士矣。言无常信，行无常贞……若是则可谓小人矣。"在荀子看来，日常的言论必须要诚实可信，日常的行为必须要谨慎小心。如果说话经常不讲信用，行为经常不够忠贞，认为只要为了利益，就可以无所不做，这样的人就是小人。不仅如此，荀子还以"诚"涉政，把"诚"从做人之道扩展为治世之道。《荀子·王霸》中还说："与端诚信全之士为之，则霸。"意思是说，把国家交给品行端正、忠诚守信的人来治理，就可以称霸于天下。《荀子·修身》中又强调说："夫诚者，君子之所守也，而政事之本也。"在荀子看来，真诚是君子的操守、政治的根本。

此外，老子、庄子、墨子、韩非子等诸子各家，都对诚信问题提出了自己的见解。比如，以老子、庄子为代表的道家认为，"诚信"是人际交往之道和治国为政之本。《道德经》中就说："言善信。""信不足焉，有不信焉。"在老子看来，有道德的人善于遵守信用，统治者如果诚信不足，人民就会对其有不信任感。庄子也同样强调："凡交近则必相靡以信，远则必忠之以言。"（《庄子·人间世》）意思是说，凡是国家之间的交往，与邻近国家一定要用诚信使相互之间和顺亲近，而与远方国家则必定要用语言来表示相互间的忠诚。墨家主张"信"为立身之本。《墨子·兼爱下》中说："言必信，行必果，使言行之合，犹合符节也，无言而不行也。"意思是说，说话要守信用，行事要果断，使言行相符合，就像符节相吻合一样，说出的话没有一句不去落实的。法家对"信"的功用也十分看重。商鞅劝诫统治者要以诚信为重，取信于民，切不可轻诺寡信，背信弃义。韩非对诚信也颇为重视。在《韩非子》一书中，"诚"字出现了11次，"信"

字出现了 149 次，可见韩非对"诚""信"是非常重视的。在韩非看来，人们之间的交往要讲"信"，君主治国必须要取信于民。《韩非子·七术》中说："赏誉厚而信者下轻死。"意思是说，赏誉厚且守信用，臣子就会为君主卖命。可见，"诚信"是诸子百家思想的一个核心理念。

汉武帝接受董仲舒的进谏，尊崇儒术，将先秦儒家思想规范化、神圣化的同时，把"五伦"上升为"五常"，"信"由此而成为国家社会道德伦理的一种重要纲常规范。董仲舒认为，诚信是个人家庭、社会国家存在的根基，是统治者成为贤明君主、臣子成为贤臣的首要条件。东汉的王符在《潜夫论》中说"忠信谨慎，此德义之基也。虚无谲诡，此乱道之根也"，认为忠诚诚信、谨言慎行是道德信义的基础，弄虚作假、荒诞怪异是导致祸乱的源头。唐代《贞观政要》中专门列有《诚信》一篇，其中写道："为国之基，必资于德礼；君子所保，惟在于诚信。诚信立，则下无二心。德礼形，则远人斯格。"总起来说，汉唐时期"诚信"的道德功能被进一步强化，其外延也逐渐扩大到做人、为官、处世等方面。经过封建统治者们的规范与教化，"诚信"被以法令或制度的形式固定为中国传统社会普遍遵循的道德规范。

宋明时期，诚信是理学家们谈论的热点话题。周敦颐、张载、二程、朱熹、陆九渊等人从不同角度对"诚信"问题进行了阐释。周敦颐提出"以诚为本"的道德本体论思想，把人们对传统诚信思想的认识向前推进了一大步。《通书》中说："诚者，圣人之本。""诚，五常之本，百行之源也。"在周敦颐看来，"诚"是道德观的核心范畴，既是宇宙的精神实体，也是圣人之本、一切伦理道德的根基。张载对

"诚"也非常重视,《正蒙》一书中"诚"字出现了 53 次,并专门作《诚明篇》。一方面,张载对"诚"的天道意义进行了扩展与深化;另一方面,又对如何达到"诚"境界,提出了具体的方法。在《正蒙·有德》中,张载说:"君子宁言之不顾,不规规于非义之信。"程颐对诚与信的关系进行了充分阐释,他说"学贵信,信在诚。诚则信矣,信则诚矣",认为做学问的人贵在讲信用,讲信用贵在诚实。诚实就能讲信用,讲信用就是诚实。陆九渊则把诚与信、忠与信联系起来,认为它们是不可分割的统一体,"忠与信初非有二也。特由其不欺于中而言之,则名之以忠;由其不妄于外而言之,则名之以信"。朱熹说:"信近于义,言可复也。盖信不近义,则不可以复。"他把"信"区分为"义之信"与"非义之信",主张不拘泥于非义之信。朱熹还说:"道之浩浩,何处下手?惟立诚才有可居之处,有可居之处则可以修业。"他从修身和修业的角度阐述了诚的重要性,把诚看作做人和做事的基本条件。

总起来说,宋明时期理学家们对诚信思想的丰富与发展,主要表现在三个方面:一是阐述了信与忠、诚之间的联系,并对诚与忠的作用进行了具体分析;二是阐述了义之信与非义之信的区别,提出了复义之信而不复非义之信的主题;三是阐述了诚作为社会公德之本和职业道德之源的思想,把"诚"提升到道德观核心范畴的地位。

明清时期,商品贸易更加频繁,资本主义萌芽开始出现。在"义利兼顾"思潮的影响下,中国传统封建等级思想开始出现新变化,"诚信"在快速发展的商业贸易中的"契约"作用体现得更加明显。商业贸易往来更加注重诚信的实用性,把"诚信"视为"经商之道,守贾之业"的第一要义,也使得传承了几千年的诚信思想得到普遍意义上的经世致用。比如，明清时期，山西的晋商坚持以诚信为本。《清朝续文献通考》中说："山右巨商，所立票号，法至精密，人尤敦朴，信用最著。"安徽的徽商，贾而好儒，也深受儒家传统诚信观和义利观的影响。在商业活动中，践行着"以诚取利"、"以信取利"和"以义取利"的经营之路。

（三）中国传统诚信思想的价值意义

在长期的历史演进中，中华传统诚信思想不仅具有重要的教育功能、激励功能和评价功能，而且具有积极的约束功能、规范功能和调节功能。

1. 诚信是君子立身处世之根本

中国古代的先哲们都认为，诚信是伦理道德的根本，是道德修养中最关键的一个环节。

首先，诚信是君子安身之本。孔子认为，君子人格是修身的最高境界，而诚信是成就君子人格的内在要求，也是君子的衡量标准。《论语·为政》中说："人而无信，不知其可也。大车无輗，小车无軏，其何以行之哉？"诚信，犹如车之輗軏，失之则无法行走。人不讲信用，没有信誉，也就失去了立足之地。《论语·卫灵公》中又说："言忠信，行笃敬，虽蛮貊之邦行矣；言不忠信，行不笃敬，虽州里行乎哉？"意思是说，说话做事诚实守信，可以行万里而无难；说话做事不诚实守信，则会寸步难行。在孔子看来，"信"作为君子的基本道德标准，是自己对别人、对社会的一种承诺，若想成为君子，绝不可以失信。《中庸》中在阐发"诚"的内涵时写道："诚者，不勉而中，不思而得，从容中道，圣人也。"意思是说，"诚"是客观世界的本然状态，达到"诚"是做人的奋斗目标，天生诚实、信守诺言的人，不须勉强就可做到适中，不须思考就可做到恰当，从容不迫，符合中庸之道，此乃圣人也。《中庸》中还说"君子诚之为贵"，就是把诚实看作做人最重要的品质。"诚"作为最高的价值本体，付诸道德实践就表现为"信"。《荀子·不苟》中也说："君子养心莫善于诚，致诚则无它事矣。惟仁之为守，惟义之为行。"在荀子看来，君子陶冶思想性情，提高自己的道德修养，没有比诚心诚意更重要的了。宋人王安石也认为："人无信不立。"诚信是做人的道德标准，没有诚信便无以立足于世。"百虑输一忘，百巧输一诚。"诚信是一种美好的品格，是"立人之本"，是做人的第一要义。一个人不讲诚信就无法在世间立足。

其次，诚信是君子行事之基。《论语·学而》中说："君子不重则不威，学则不固。主忠信，无友不如己者。"孔子认为，君子修德最重要的是讲求忠诚、守信用，结交有诚信道德品质之人，不结交德行不如自己的人。《礼记·缁衣》中说："言从而行之，则言不可饰也；行从而言之，则行不可饰也。故君子寡言而行，以成其信。"孔子主张，说过以后就要行动，说话不能说空话，做事不能走过场；君子应该重承诺，"一言既出，驷马难追"，一旦许诺了，就绝不能反悔；君子要少说话，多做事，要"敏于事而慎于言"，做事勤快敏捷，说话小心谨慎；惟此才能成就诚信之德。明代洪应明《菜根谭》中提出要"真诚为人"，"信人己诚，疑人己诈"。人与人之间的交往与沟通，应该相互信任、坦诚相待，这样才能消除人与人之间的猜疑、戒备心理。

2. 诚信是为官为政的基本原则

中国古代先哲认为，诚信是国家立政之基，一个国家树立起诚信，从而实现取信于民，赢得天下太平，是政权稳定、社会和谐及国家兴盛的重要因素。

首先，以诚信修官德。孔子主张"为政以德"，而要做到"为政以德"，必须讲诚信，并取得老百姓的信任。《论语·子路》："上好信，则民莫敢不用情。夫如是，则四方之民襁负其子而至矣。"在孔子看来，做官的人讲求信誉，则百姓不敢说假话、做假事。如此，则四方百姓就会背着孩子来归附。的确，统治者如果带头讲诚信，则诚信之风必弥漫社会；反之，则奸诈虚伪之风必大行其道。荀子也认为，信守诚信是君主"威动天下"，建立"王霸"政治的关键。

其次，以诚信求稳定。晋文公说："信，国之宝也，民之所庇也。"（《左传·僖公二十五年》）他将诚信、信德看作治理国家、庇护人民的法宝。《吕氏春秋·贵信》中说："君臣不信，则百姓诽谤，社稷不宁。处官不信，则少不畏长，贵贱相轻。赏罚不信，则民易犯法，不可使令。交友不信，则离散郁怨，不能相亲。百工不信，则器械苦伪，丹漆染色不贞。夫可与为始，可与为终，可与尊通，可与卑穷者，其唯信乎！"社会成员之间，只有相互诚信，才能保持一种融洽的关系与和谐的秩序。《论语·颜渊》中，子贡问及孔子统治者应该如何治理政事，子曰："足食，足兵，民信之矣。"子贡曰："必不得已而去之，于斯三者何先？"曰："去兵。"子贡曰："必不得已而去之，于斯二者何先？"曰："去食，自古皆有死，民无信不立。"在孔子看来，取信于民是处理好政事、治理国家的基本条件，能否做到这一点是关系到国家生死存亡的大事。这不失为对历史经验的有益总结，是有其可取之处的。《荀子·议兵》中说："政令信者强，政令不信者弱。"在荀子看来，"诚信"原则在治国理政中的地位如何，国家在推行政令中的诚信度如何，与国家兴衰强弱息息相关。朝令夕改，失信于民，必然导致政令推行阻碍重重。

最后，以诚信建外交。中国古人讲修身、齐家、治国、平天下，认为统治者治理国家不仅要使国内秩序井然，百姓安居乐业，而且要保持国与国之间的友好相处，实现天下太平。这就要求国与国之间以诚信相交，信守承诺。只有这样，才会带来天下太平，百姓才能真正享有安静祥和的生活。《管子·枢言》中说："诚信者，天下之结也。"意思是说，诚信的人，天下的人都愿意结交，讲诚信是天下行为准则的关键。

3. 诚信是交往之道

儒家视诚信为社会交往的价值准则和道德基础，通过诚信交往来实现社会安定有序。

一是在家庭交往中，要做到"主忠孝"。人与人之间的交往，最基础的是家庭内部血缘亲情的关系。儒家认为，孝是仁的本源和基础。《论语·学而》中说："君子务本，本立而道生。孝弟也者，其为仁之本与。"意思是说，一个人孝敬父母、友爱兄弟，就不大可能冒犯长辈；不冒犯长辈，就不大可能违法乱纪。君子为人处世，注重根本，根本确立了，道义才能产生。那么，在家庭中应如何尽孝道呢？儒家认为，在情感层面，要"爱亲"；在物质层面，要"养亲"；在精神层面，要"敬亲"。

二是在朋友交往中，要做到"谋尽心"。儒家历来强调以诚信为交友的原则，忠实地践行诚信之德。具体来说：首先，自己要讲诚信，用诚信之心获取对方的信任。《论语·学而》中说："为人谋而不忠乎？与朋友交而不信乎？"在曾子看来，忠信于人，勤勉于己，通过尽心尽力地为朋友做事，获取诚信之友。《论语·学而》又说："与朋友交，言而有信。"子夏认为，同朋友交往恪守信用，通过言行一致的诚信行为结交诚信之友。其次，对方也要讲诚信。君子之交"信以成之"。《论语·季氏》中说："益者三友，损者三友。友直，友谅，友多闻，益矣；友便辟，友善柔，友便佞，损矣。"在交往过程中，我们必须要结交"益友"，与正直、诚实、知识广博的人交朋友；同时，还要远离"损友"，不要与那些谄媚逢迎、表里不一、花言巧语的虚伪之人交朋友。再次，诚信交往过程中，要做到恰到好处。《论语·里仁》中说"朋友数，斯疏矣"，认为朋友之间过分亲密无间，就会把关系变得疏远。

三是在社会交往中，要"谨而信"。如果人与人之间不讲信用，那就无法实现社会的和谐。《论语·学而》中说："弟子入则孝，出则悌，谨而信，泛爱众，而亲仁。"孔子认为，做晚辈的在家要孝顺父母，在外则会尊敬长辈，做事谨慎而说话诚信。这样的人会把家庭中的孝道运用于所有的人，从而使整个社会形成亲如一家的氛围。由此，就能实现"老者安之，朋友信之，少者怀之"的理想社会。

总之，在中国传统伦理中，诚信被视为自然和谐之道、社会和谐之道以及天人和谐之道，诚信是人与自然、人与社会、人与他人和谐共生的道德纽带，不同利益主体之间只有恪守诚实守信之道德原则，才能维持相互间的稳定与和谐。

（四）中国传统诚信思想的古代践行

中国传统诚信思想内蕴丰富，诚实守信既是儒家伦理的重要规范，也是中华民族的优秀道德传统。孔子、孟子、老子、庄子、墨子等先秦思想家都认为"诚信"是立人、立业、立国之根本。《荀子·

不苟》中说："言无常信，行无常贞，唯利所在，无所不倾若是，则可谓小人矣。"《荀子·荣辱》中又说："故君子者，信矣，而亦欲人之信己也。"显然，荀子在这里把是否讲诚信作为区分君子与小人的重要道德标准。可以说，中国人历来崇尚诚信思想，自觉践履诚信美德，很大程度上为中华民族的发展营造了相对和谐的人文生态和相对稳定的政治经济秩序。

1. 以诚修身

诚信是一个人必不可少的人生素养和行为操守，也是最基础的价值观和最基本的行为准则。中国历史上，以诚修身者不乏其人。

唐代廉吏裴怀古是从基层走出来的官员，深受百姓所爱戴。在地方担任刺史时，裴怀古曾仅用一番劝说便平息了岭南数万人叛乱。当时，岭南始安的百姓被地方官吏所逼而造反，他们以欧阳倩为首领，迅速聚集起了数万人，攻城拔寨，夺州占县，声势浩大。朝廷命令裴怀古负责平息叛乱。到达岭南后，裴怀古预先发布檄文，向叛乱者晓以利害，劝说他们投降。很快就有不少人前来投降，申诉被逼造反的缘由，裴怀古知道他们是诚恳的，认为只要官府不怀疑他们，就可以打消他们的疑虑，叛乱将不攻自破。于是他决定轻装前进，直奔叛乱者所在的地方。他的举动让下属大惑不解，担心地说："边地之人难以亲近。防备他们，他们尚且干出不守信用之事，何况是轻信他们呢？"裴怀古回答说："忠诚守信可与神明相通，何况是边地的人呢？"于是，他不顾个人安危，只身深入叛乱者的营寨，好言安抚，申明大义，欧阳倩等非常高兴，全部投降，并归还了所掠夺的东西，未费一兵一卒，五岭以南就全部平定了。裴怀古诚于做事、诚于待人，以一颗真诚之心，打动了人心，也打动了世界，所以为历史所铭记。

北宋大儒司马光一生"以至诚为主，以不欺为本"，无论是为官、治学还是处世，始终秉持诚信之道。宋人邵博所作《邵氏闻见后录》中记载了这样一则故事：司马光五六岁时，想吃青核桃却不会剥。司马光的姐姐想帮他把皮剥掉，却也没能成功，姐姐有些气馁，就先离开了。此时，恰巧路过一位婢女，她用热水将核桃烫了一下，轻轻一剥皮就下来了。姐姐回来，问是谁剥掉了核桃皮，司马光回答说："是我自己剥掉的。"此言刚好被司马光父亲听到，他立即严厉训斥道："小孩子怎能说谎骗人呢？"此事让司马光刻骨铭心。及年长之后，司马光把这件事写到纸上，时时告诫自己不能说谎。正是因为小时候父亲已经将"诚信"这颗种子深埋在司马光的心中，所以，司马光终生践行"诚信"二字，认为"君子所以感人者，其惟诚乎！欺人者，不旋踵人必知之；感人者，益久而人益信之"（《温国文正司马公文集》卷七十四）。

宋朝有个儒生叫徐积，一次经过一家肉铺，心里想着要买这家的肉，但因为还要到前面去买别的东西，所以就暂时未买。回来时，他抄近路又遇到一家肉铺，正准备买肉时，忽然想到："我已经心许了那家卖肉的，却又改变主意，这不是欺骗自己的初衷吗？"于是，他又绕道到心许的那家肉铺买了肉。徐积后来回忆说："吾之行信，自此始也。"为了忠实于自己的承诺，也是为了内心的诚笃和安宁，所以徐积绕弯路实现了自己的承诺。可以看到，徐积忠于自己的承诺并没有外力强加于他，而是靠自己平时加强道德修养自觉实现。

2. 以诚齐家

诚信是道德之根基、人格之底蕴、立世之根本，众多家族的家规家训中，"诚信"都是其中的重要内容。可以说，诚是齐家之道。《汉书·孔光传》中说："夫妇之道，有义则合，无义则离。"唐代名臣魏徵在《群书治要·体论》中也说："夫妇有恩矣，不诚则离。"夫妻之间是以恩爱感情为基础的，如果失掉这一基础，彼此不再忠诚，那就要分手了。只要夫妻、父子和兄弟之间以诚相待，诚实守信，就能和睦相处，达到家和万事兴的目的。如果家人彼此缺乏诚信、互不信任，家庭便会逐渐四分五裂。

北宋著名理学家程颢、程颐兄弟，自幼在《程氏家训》的教育与熏染下成长起来。《程氏家训》中说："人无忠信，不可立于世。""不诚无以为善，不诚无以为君子。"忠诚是人之为人的必备素养，一个人无论做什么事情，都要做到忠诚，不做违背原则和自己良心的事，忠实于道、诚实于行。《程氏家训》所言之"忠信"，意在说明诚信是君子修身立德的重要途径，是为人处世的重要原则。

清代廉吏汪辉祖勤政爱民，政绩斐然，是一位难得的清官廉吏。在其所撰《双节堂庸训·应世》中说："以身涉世，莫要于信。此事非可袭取，一事失信，便无事不使人疑……吾无他长，惟不敢作诳语。"意思是说，身处于世上，没有比信义更重要的了。失信的事情是不可以沿袭取用的，在一件事情上失去了信用，就没有哪一件事情不让人怀疑。我没有其他的长处，只是不敢说欺诳的话。通过上述内容，汪辉祖意在告诫后世子孙，人生在世，一事失信，事事受疑，必须以诚信为先。

3. 以诚治国

《论语·颜渊》中说："自古皆有死，民无信不立。"自古以来谁也免不了一死，但一个国家不能得到人民的信任，国家就难以立住脚了。司马光在《资治通鉴》中写道："夫信者，人君之大宝也。国保于民，民保于信；非信无以使民，非民无以守国。是故古之王者不欺四海，霸者不欺四邻，善为国者不欺其民，善为家者不欺其亲。不善者反之。"在司马光看来，信誉是君主至高无上的法宝。国家依靠人民来保卫，人民依靠信誉来保护；君主不讲信誉无法得到人民的支持，没有人民的支持便无法维持国家。所以，古代以来能够成就王道者是不会欺骗天下的，建立霸业者也不会欺骗四方邻国，善于治国者不会欺骗人民。

晋惠公夷吾与秦国打交道，多次不讲诚信，甚至恩将仇报，最终使其走向灭亡。相反，他的哥哥晋文公重耳以诚信、守约而著称，最终成就了晋国的霸业。当时，晋国发生内乱，重耳逃出晋国，一直在外流浪。后来经过千辛万苦，重耳来到楚国。楚成王认为重耳日后必有大作为，就以礼相迎，待他如上宾。一天，楚王与重耳饮酒叙话，忽然楚王问重耳：如果有一天你回晋国当上国君，你要如何报答我呢？重耳想了想说：美女侍从、珍宝丝绸，大王您有的是，珍禽羽毛，象牙兽皮，更是楚地的盛产，晋国哪有什么珍奇物品献给大王呢？楚王说：公子过谦了。虽然话是这么说，可是你也应该对我有所表示吧？重耳笑笑回答道：要是托您的福，假若我真的可以回国当政的话，我愿与贵国友好。假如有一天，晋楚国之间发生战争，我一定命令军队先退避三舍。四年后，重耳顺利回到晋国当了国君，成了历史上有名的晋文公。晋国在他的治理下日益强大。公元前633年，楚国和晋国的军队在作战时相遇。晋文公为了实现他许下的诺言，下令军队后退九十里，驻扎在城濮。楚军看见晋军后退之后，以为对方害怕了，马上追击。晋军利用楚军骄傲轻敌的弱点，集中兵力，大破楚军，取得了城濮之战的胜利。

魏文侯当政时期，魏国之所以强盛，也是与魏文侯讲诚信有关。据《战国策》记载，魏国开国君主魏文侯，有一次和部下约好要去打猎，到了约定的这一天，因为时间还早，恰好又来了宾客，魏文侯就在殿中设宴，与宾客宴饮。大家喝美酒、品佳肴，都非常快乐。不巧，宴会中间天还下起了雨。可是，快到了约定的时间，魏文侯却要起身赴约，旁边的一位近臣很纳闷，就问："今天的酒喝得这么快乐，而且天还下起了雨，您这是要去哪儿啊？"魏文侯回答说："我和部下约好了要去打猎，虽然现在很开心，但怎么能爽约呢。"堂堂一国之君，只因一句承诺，即使冒雨也要前行。为此，《战国策》中就评价道"魏于是乎始强"。这位守信的魏文侯，后来成了战国时期的第一位霸主。纵观古今社会，如果不讲诚信，小则败人，大则亡国。

4. 以诚致富

《史记·货殖列传》中说："夫纤啬筋力，治生之正道也，而富者必用奇胜……此皆诚壹之所致。"在司马迁看来，精打细算、勤劳节俭固然是发财致富的正路，但想要致富的人还必须出奇制胜，那就是心志专一。

明清时期，以山西太谷、祁县和平遥为代表的晋商，肩挑背贩，走南闯北，成为国内势力最为雄厚的商帮之一。《清朝续文献通考》有："山右巨商，所立票号，法至精密，人尤敦朴，信用最著。"晋商以微利起家，从三晋一隅逐渐辐射到塞北江南，靠的正是诚实守信。"宁叫赔折腰，不叫客吃亏""诚招天下客，义纳八方财"，正是晋商的经营理念。比如，太谷的广誉远药店，精购原料，配药保证，所制"龟龄集""定坤丹"长盛不衰；祁县的复盛公商号，经营从不缺斤短两，"复"字号货物远近闻名；平遥的长泰永绸缎庄，物尽其美，不抬高价，锦缎丝绸享有美誉。可以说，晋商创立的商号以诚致胜，以诚取利，赢得了顾客的青睐。

与晋商齐名的还有安徽的徽商，他们的经营足迹遍布全国。徽商讲究商业道德，提倡以诚待人，以信接物，义利兼顾。清朝道光年间，有个叫舒遵刚的徽州商人，自称以"四书""五经"为经商法宝，信奉"生财以大道，以义为利"的"圣人之言"。他说："钱，泉也，知流泉然。有源斯有流，今之以狡诈求生财者，自塞其源也。今之吝惜而不肯用财者，与夫奢侈而滥于用财者，皆自竭其流也。人但知奢侈者之过，而不知吝惜者之为过，皆不明于源流之说也。圣人言，以义为利，又言见义不为无勇。则因义而用财，岂徒不竭其流而已，抑且有以裕其源，即所谓大道也。"（《黔县三志·舒君遵刚传》）在舒遵刚看来，钱财如泉水一样，以狡诈生财，就会自闭源泉；同样，吝惜或奢侈也会自断源泉。可以说，将"诚信"用于商业，要求经营者货真价实，童叟无欺，不搞假冒伪劣，不行欺骗妄诞，正是徽商在商业活动中恪守的基本原则。当时，徽商在全国各大中城市中信誉甚高。一是"货真"。徽商坚决反对做买卖以次充好，以假充真，对消费者极不负责的奸商行为。《太函集》中说，汪通保出门做生意，与子弟约法三章，"毋以苦杂良"，即不能搞商业掺假这一套。二是"价实"。历代都把"口不二价"视为经商者之美德。《新安歙北许氏东支世谱》记载，歙商许文才"贸迁货居，市不二价"。三是"量足"。缺斤短两，缺尺少寸，向来是受广大消费者谴责的。徽商深知这一点，自觉地以量足为美德。《休宁率东程氏家谱》载：明代休宁商人程莹，游贾他乡，"出纳平准之宜……不舞智以笼人，不专利以取怨"。四是"守信"。讲究信用，遵守诺言，实践成约，以取得顾客的信任。徽州婺源县木商程翁，"做人朴实，与人说话，应允不移。如与人相约巳刻，决不到午刻。应人一百两，决不九十九两"。可见，徽商好儒，他们在从事商务活动中会自觉或不自觉地以儒家诚信思想来指导和规范自己的商业行动。

总起来说，诚信既是个人与他人、与社会的一份契约，更是自己与良心的一个约定。对个人而言，诚信是立身之本，是做人做事必须坚守的道德底线；对企业而言，诚信是无形资产，靠信誉打造品牌才能赢得百姓信赖；对社会而言，诚信是公序良俗，是社会和谐和睦的基本前提；对国家而言，诚信是软实力，是国家发展、国际交往不可或缺的重要基石。从长远计，人人都要加强自身诚信建设，让诚信真正成为一种思想自觉、一种行为习惯，为个人和社会发展注入更多正能量。

二、传统诚信思想与中国式现代化的历史相遇

自近代以来，实现现代化是中国的有识之士徐图自强的宏伟愿望。在中国共产党领导下，推进中国式现代化是人类发展史上的一次伟大变革。正是在推进中国式现代化的实践探索和理论自觉的辩证互动中，中国式现代化得以在理论上不断完善、在实践上不断发展。同时，在中国式现代化的语境中，中国传统诚信思想也开始向现代转型。

（一）中国式现代化的发展历程

近代以来，伴随着西方列强的坚船利炮，中国被迫打开了国门，中国的仁人志士就开启了探索中国式现代化道路的艰辛曲折历程。

1. 中国式现代化道路的早期探索

鸦片战争后，西方列强开始在中华大地上恣意妄为，由于封建统

治者的孱弱无能，中国开始沦为半殖民地半封建社会。国家蒙辱、人民蒙难、文明蒙尘，中国人民和中华民族遭受了前所未有的劫难。但英雄的人民、先进的中国人，始终没有屈服，而是在救亡图存的道路上一次次抗争、一次次求索，展现出不畏强暴、自强不息的顽强意志。郑观应、薛福成、康有为、梁启超、严复、孙中山等人，代表了近代早期向西方寻找真理的一派。他们追求进步，积极学习和借鉴西方的新知识、新道理。此时，清政府也先后向日本、英国、美国、法国、德国等派遣了大量的留学生。废科举、兴学校思潮，如雨后春笋般迅速传播开来，但这些探索都以失败告终。直到十月革命一声炮响，给我们送来了马克思列宁主义，中国共产党成立了。从此，中国共产党成功开创了一条不同于西方的现代化道路。

在新民主主义革命时期，中国共产党团结带领广大人民群众，浴血奋战、百折不挠，经过北伐战争、土地革命战争、抗日战争、解放战争，推翻了帝国主义、封建主义和官僚资本主义三座大山，成立了人民当家作主的中华人民共和国，赢得了民族独立和人民解放，为实现现代化创造了根本的社会条件。正是在这个过程中，以毛泽东为代表的中国共产党人，坚持把马克思主义基本原理与中国具体实际相结合，不断总结中国革命经验和根据地建设经验，以理论指导实践，通过实践创新理论，形成了新民主主义革命时期关于中国的现代化总体构想。

经济方面，逐步改变不合理的土地占有制度，没收官僚资本，允许多种经济成分并存，致力于实现中国工业化，将中国由农业国转变为工业国。政治方面，废除根深蒂固的封建主义和专制主义体制机制，正视殖民主义侵略下的政治危机，旗帜鲜明地将反帝反封建与实现现代化联系起来，开启了中国实现人民民主专政的新纪元。文化方面，坚持以马克思主义为理论指导，倡导民族的科学的大众的文化，确立了中国文化面向未来、走向现代化的基本精神与科学方法，为中国文化的持续发展提供了宝贵借鉴。可以说，新民主主义革命时期的现代化实践，成功完成了中华民族在革命时期进行现代化探索的破题任务。新民主主义革命的胜利，使中国人民在中国共产党的领导下完成了现代化建设的阶段性探索。

2. 中国式现代化道路的初步探索

新中国的成立开启了中华民族发展进步的新纪元，也是中国式现代化的真正开局，标志着从探索"中国的现代化"到践行"中国式现代化"的历史转变，中国的现代化事业进入了一个崭新的发展阶段。

新中国成立后的前七年，鉴于国际国内的客观形势需要，我国的现代化建设主要照搬了苏联的现代化模式。在苏联的帮助下，我国实施了优先发展重工业的工业化道路，现代化建设也初步取得成效。苏共二十大后，随着苏联自身问题的暴露，毛泽东提出"以苏为鉴"，积极推进"第二次结合"，探索适合中国国情的社会主义建设道路。1956 年 9 月，毛泽东在党的八大开幕词中明确指出，"要把一个落后的农业的中国改变成为一个先进的工业化的中国"，把建立一个完整的工业体系作为工作的重中之重。1959 年底，毛泽东进一步完善了社会主义现代化建设的构想。他在阅读苏联《政治经济学教科书》的过程中，提出要把国防现代化加入到国家现代化的内容中。他说："建设社会主义，原来要求是工业现代化，农业现代化，科学文化现代化，现在要加上国防现代化。"这是对中国式现代化的初次阐释，也是后来"四个现代化"的由来。

1964 年在第三届全国人大一次会议上，周恩来代表党中央、国务院作政府工作报告，其中明确提出实现四个现代化的历史性任务："要把我国建设成为一个具有现代农业、现代工业、现代国防和现代科学技术的社会主义强国，赶上和超过世界先进水平。"可以说，从新中国成立到改革开放前夕，中国共产党坚持"走自己的路"，初步建立起了独立完整的社会主义工业化体系和国民经济体系，为后来成功开辟中国式现代化道路进行了一系列原创性、自主性的探索，奠定了坚实基础。

3. 中国式现代化道路的初步形成

党的十一届三中全会召开，开启了改革开放和社会主义现代化建设新时期。党的十二大明确提出"走自己的道路，建设有中国特色的社会主义"的论断，党的十三大提出社会主义初级阶段理论，并提出党在社会主义初级阶段的基本路线，即"一个中心、两个基本点"的基本路线。自此，改革开放有了坚实的理论基础。20 世纪 90 年代初，社会主义本质理论的提出，大大深化了我们对中国社会主义道路的认识。在此基础上，逐步形成了"社会主义市场经济"的思想观念，确立了"社会主义市场经济体制"的改革目标。

随着改革开放的不断推进，"中国式现代化"这一时代命题逐步被提出。1979 年 3 月，邓小平在党的理论工作务虚会上发表讲话时，首次提出了"中国式的现代化道路"的概念。他说："现在搞建设，也要适合中国情况，走出一条中国式的现代化道路。"① "中国式的现

---

① 邓小平：《坚持四项基本原则》，载《邓小平文选》（第二卷），第 163 页。

代化，必须从中国的特点出发。"[1] 同年 12 月，邓小平在会见日本首相大平正芳时又指出："我们要实现的四个现代化，是中国式的四个现代化。"[2] 可见，邓小平提出"中国式现代化"的命题，主要着眼于强调中国的现代化建设必须要考虑中国的国情，以区别于西方的现代化。

总起来说，这一时期中国共产党人关于中国的现代化的基本认识是：一方面，中国能否实现现代化，"决定着我们国家的命运、民族的命运"。另一方面，"我们搞的现代化，是中国式的现代化。我们建设的社会主义，是有中国特色的社会主义"。

4. 中国式现代化道路的完善和发展

党的十八大以来，以习近平同志为核心的党中央立足中华民族伟大复兴战略全局和世界百年未有之大变局，统筹推进"五位一体"总体布局，协调推进"四个全面"战略布局，推动党和国家事业取得历史性成就、发生历史性变革，中国特色社会主义进入新时代。可以说，党和国家事业所取得的历史性成就和发生的历史性变革，为中国式现代化提供了更为完善的制度保证、更为坚实的物质基础。

习近平总书记在擘画和推进中华民族伟大复兴的过程中，不断思考中国式现代化的理论问题。2020 年党的十九届五中全会上，习近平总书记明确提出了"中国式现代化"这一理论命题，并且系统阐发了中国式现代化的五个基本特征。2021 年 7 月在庆祝中国共产党成立

---

① 邓小平：《坚持四项基本原则》，载《邓小平文选》（第二卷），第 164 页。
② 邓小平：《中国本世纪的目标是实现小康》，载《邓小平文选》（第二卷），第 237 页。

100 周年大会上的讲话中，习近平总书记使用了"中国式现代化新道路"和"人类文明新形态"的概念，并且将二者的关系置于中国特色社会主义伟大实践中进行整体性考虑。2021 年党的十九届六中全会上，"中国式现代化"成为广受关注的话题。党的二十大报告中，习近平总书记再次聚焦中国式现代化问题，并且对中国式现代化进行了系统的理论阐发，形成了关于中国式现代化的理论体系。可以说，与西方现代化道路不同，中国式现代化超越了西方现代化的局限性，又自觉结合了中国的发展优势，成功打破了"现代化就是西方化"的思维定式。

（二）传统诚信思想现代转化的正当性

传统诚信思想作为中华民族的传统美德之一，是中国古代社会为人处世、治国理政、经商兴业的重要文化支点，在经历了漫长的发展嬗变后，最终形成了具有鲜明时代特色的诚信文化。中国传统诚信思想是与农耕文明社会发展相适应的。今天，中国传统诚信思想所依托的社会结构已解体，基于传统社会结构的文化生态也已发生改变。所以，我们要在传承中华优秀传统文化基因的基础上，实现创造性转化和创新性发展，赋予中国传统诚信思想以新的生机活力。

1. 中国传统诚信思想需要在现代社会中被激活

传统社会与现代社会作为两种不同形式的社会形态，无论是其社会结构还是社会运行方式，都呈现着本质性的不同。身处不同社会形态中的传统文化和现代文化，虽然存在诸多差异，但二者绝非截然两分。传统文化虽然是在过去形成的，但又不能把它单纯理解为"过去的文化"，它与现在仍然存在某种连续性。中华优秀传统文化的一个突出特性就是连续性。可以说，中华优秀传统文化之所以能够独立贯通、五千多年绵延不绝，其根本原因在于无论其发展方式、形态和水平如何变化与发展，它的精神特质和价值内核却始终能够在源远流长的时代变迁中保持着它的独特连续性。路德维希·维特根斯坦说："早期的文化将变成一堆瓦砾，最后变成一堆尘土。可是，精神将浮游于尘土之上。"① 从某种意义上说，中国传统诚信思想中所蕴含的、具有恒常时代价值的诚信因子，便是这"尘土之上"的"精神"。而这种"精神"，正是在历经了不同时代、不同学派诚信思想的相互渗透和融合之后，所传承下来的诚信思想。

中华优秀传统文化发展的连续性为传统诚信思想的现代转化提供了可能。但是，这并不表明中国传统诚信思想能够自动地在现代社会中体现其价值。中国传统思想内蕴丰富，既有代表封建统治阶级利益的消极、落后的文化糟粕，也有经过中华文明长期发展而沉淀下来的积极、进步的具有恒常价值的内容，还有在不同社会形态属性下有着差别含义的文化内容。这些不同社会形态下有差别含义的文化内容，必定要随着时代的发展和社会的进步，根据社会发展的需要在内容、价值、方式等方面加以充实、更新和改造，成为现代社会的新道德。因此，我们不可能原封不动地将中国传统诚信思想照搬到现代社会诚信建设中，必须发掘和吸收中国传统诚信思想中优秀基因的时代价值，割离并抛弃被裹挟的封建意识形态的诚信文化成分，赋予其新的时代内涵，最终实现对中国传统诚信文化的创造性转化和创新性发展。唯有通过现代性转化，中国传统诚信思想中的优秀基因才能得到激活，获得新生命力。

---

① 〔奥〕路德维希·维特根斯坦著，涂纪亮译：《文化与价值》，北京大学出版社2012 年版，第 7 页。

2. 现代诚信的培育需要中国传统诚信文化滋养

目前，我国正处于重要的社会转型期。"加速拐弯"式的社会转型在加速推动现代社会发展的同时，也使得某些领域存在道德失范问题。人们的诚信理念、规则意识和契约精神正遭受考验，某些违背诚信的现象开始逐步凸显出来。那么，如何寻求诚信以进行纠偏纠弊呢？

在一定社会历史条件下，道德文化传统会成为推进人类社会变革和转型的价值资源和精神动力。中国传统诚信思想蕴含着丰富的思想资源和宝贵的文化遗产，可以为解决当代社会诚信缺失问题提供重要理论资源。无论是孔子、孟子、荀子，还是老子、墨子、韩非等，抑或是后来的隋唐佛学和宋明理学等，在诚信建设方面都留有丰富的理论思想，尤其是中国传统诚信的道德本体论、信义伦理、义理诚信等思想，都具有重要的借鉴意义。

3. 应对西方不良文化冲击需要传承传统诚信思想

在全球化时代，文化成为国家软实力的重要内容。为此，西方国家为了维护"自身利益"和"文化安全"，都会不遗余力地通过各种途径推广自身的文化与理念，使得不同文化在世界范围内逐渐传播开来。西方文化的广泛传播，不只是单纯的借鉴和融合，还掺杂着渗透和扩张。它们通过大众文化渠道把西方的生活方式、价值观念、意识形态等渗透、传播到接受国的社会大众当中，使社会大众发生潜移默化的思想转变，对西方的生活方式、价值观念等产生渴望、进行模仿。不可否认，西方文化作为一种文化形态，其所蕴含的人类文化优秀成果，在一定意义上有益于我国当代文化建设。但是，西方文化中的道德相对主义、道德虚无主义、极端利己主义、拜金主义等不良因素对我国当代社会价值观的负面影响不容小觑。

同样，西方诚信文化包含的理性精神、契约精神和法治精神，可以为我国当代诚信文化建设提供有益借鉴，但是这种建构在理性主义基础上的"契约诚信"文化，缺乏我国传统诚信文化所强调的伦理意蕴，极易催生极端个人主义倾向，导致市场工具理性的泛滥。在解决我国当代社会诚信建设问题时，不能完全期望西方诚信文化能够提供唯一行之有效的解决途径，这可能会适得其反，导致我国文化自主性的丧失。所以，解决我国当代诚信建设中存在的问题，最终还需要回归到我们的"根性"文化上，以科学理性的态度挖掘其时代价值和现实意义，以实现对传统诚信思想的创造性转化和创新性发展，唯此才能真正获取适应我国当代社会且行之有效的"诚信之钥"。

（三）传统诚信思想现代转化的主要原则

对传统诚信思想进行现代转化，既不能简单地照搬，也不能不加分辨地一概否定。必须坚持一定的原则，使传统诚信思想适用并融入中国式现代化的发展进程中。

1. 坚持马克思主义指导原则

马克思主义以科学的世界观和方法论，始终指引着先进文化的建设方向。正是坚持了马克思主义的理论指导，我国的文化建设才能始终保持时代的先进性。特别是随着马克思主义中国化的不断推进，形成了众多的马克思主义中国化的理论成果，尤其是习近平新时代中国特色社会主义理论，为我国社会主义现代化建设奠定了坚实的理论基础。对于中国传统诚信思想的现代转化问题，我们同样需要遵循马克思主义的指导原则，坚持其辩证的思维方法和实事求是的态度。

从继承中国传统诚信思想的角度说，我们必须始终保持正确的价值取向，厘清中国传统诚信思想中哪些内容是现代诚信需要汲取的精华，哪些内容是必须剔除的糟粕；同时，也要认识到仅仅凭借中国传统诚信思想并不能彻底解决当代诚信失范带来的所有的问题，既要有效地抵制文化保守主义，又要避免盲目的文化自大，正如习近平总书记所强调的："我们从来认为，马克思主义基本原理必须同中国具体实际紧密结合起来，应该科学对待民族传统文化。"①

从借鉴西方诚信文化的角度说，虽然西方诚信文化中的"契约精神"和"诚信制度"等恰是我国现代诚信文化建设所亟须的，我们应该秉持开放包容、辩证取舍的态度，积极汲取西方诚信文化的精华。同时，我们也应该看到，每一种文化都有其发挥作用的特定条件，缺乏这些条件，其内在价值和效用也会产生异化。必须坚持马克思主义理论的科学指导，审慎地对待西方诚信文化的借鉴，不能机械地、无条件地全盘接收，坚决避免文化虚无主义产生。

2. 坚持制度化推动的原则

中国传统文化的现代转化不仅需要理论阐述，更需要在社会实践中得到检验，而且这一检验过程还需要特定的社会制度来承载。比如，儒家文化之所以能在古代中国长达几千年的时代变迁中始终保持着自身的主流文化地位，这与儒学的"礼制化"有着密切的关系。汉代以后，儒家文化在政治干预下将其道德观念上升为具体社会实践活动的种种礼仪规范，再通过"引礼入法"的形式，为这些礼仪规范注入法律的权威性，成为后世社会中不可逾越的礼法秩序。可以说，正是这种社会制度框架的存在，使得儒家文化无论内容如何变化，都可

---

① 《习近平著作选读》第一卷，人民出版社 2023 年版，第 282 页。

以在传统社会的不同朝代中寻找到自己的生存空间和作用方式。

随着现代社会结构公共化趋势的不断加强，社会诚信的"有条件性"特征愈加明显，传统诚信文化能否真正得到社会主体的认同和接受，很大程度上取决于社会诚信制度的规范与制约。可以说，现代性诚信制度规范的存在，一方面以刚性的约束机制抑制了传统诚信思想中那些与现代生活实践相冲突的消极、落后的文化因素的滋长；另一方面，又为那些能适应现代生活实践的诚信文化因素参与到生活秩序的塑造中，提供更加广阔的空间。此外，市场经济是一种以法制为保障的契约经济，市场经济运行主体的行为合理与否，很大程度上需要依据预先制定的规则来加以度量。所以，我们在对传统诚信思想进行现代性转化时，应赋予传统诚信思想以现代的制度形式，积极进行制度推动，从而使其真正渗入到人们的生活实践活动中。

3. 坚持大众实践原则

在现代社会中，诚信不仅是作为一种个人信仰而存在，更是以一种公共意识形式而存在。中国传统诚信作为"个体"的道德品质，其发生主要依靠社会成员的道德自觉和主观心性修养。可以说，这种几乎不带任何功利目的的诚信道德品质，需要诚信主体拥有较高的道德素质和道德追求才能达到。

现代市场经济条件下，面对众多利益诱惑，如果完全寄希望于社会成员都能达到"己欲立而立人，己欲达而达人"的高阶道德层次，显然不切实际。这会一定程度上导致传统诚信文化在现代社会缺乏群众基础，使其无法得到有效的继承和发扬。因此，要实现传统诚信文化的现代转化，就必须在现代转换过程中遵循大众化原则，以保障其社会服务功能具有现实可操作性。具体来说，在诚信内容方面，应以服务社会大众为指向，结合人民群众的切实利益关切，推陈出新，最大限度地满足人民群众的精神文化需求；在诚信形式方面，注重生活化的现代诠释，通过社会大众的日常实践来增强文化的渗透性，应尽可能采取生动活泼、为老百姓所喜闻乐见的形式；在文化传播方面，注重结合新媒体资源和现代科技，以实现最大范围的传播和普及；在保障机制方面，借助现代诚信的激励和约束机制，保障传统诚信的稳定性和持续性。总之，只有使传统诚信思想得到绝大多数社会成员的认同，才能最终实现传统诚信思想在现代社会的推广和落实。

（四）传统诚信思想现代转化的基本路径

近代以来，封建制度渐趋解体，传统诚信思想失去宗法制度的保障；与此同时，商品经济不断发展，契约诚信成为经济发展的必然要求。社会结构的变迁和人际关系的变化，使传统熟人社会中存续的诚信难以应付变化后的复杂局面。所以，伴随着近代中国社会政治、经济、文化、社会结构的重大变革，传统诚信思想开始了从"传统"向"现代"的转变，即从诚信的不平等向人人平等、权利一致转变，从由血缘情感维系的信任关系向独立的陌生人之间转变，从"弃利为诚"向"平等求利"转变。

1. 从"弃利为诚"向"平等求利"转变

中国传统诚信思想形成于以自给自足的自然经济为基础的熟人社会。在这种封闭的社会中，宗法血缘制度和社会政治等级制度紧密相连，致使传统诚信建立在森严的等级制度基础上，表现为不同等级的人们之间的不平等。在"忠、孝、节、义"等众多伦理道德规范的干扰与影响下，双方当事人难以在平等互利的前提下实现"讲诚信"。现代社会中，诚信是与市场经济接轨的道德原则，强调的是公平、自由和平等，人们通过诚信建立起相互信任的社会关系。所以，在这种社会关系中，人们是自由和平等的。此外，在中国古代社会，伦理道德观念主要存在于朋友、亲戚和熟人之间。由于受地域和血缘等因素的影响与制约，人们交往的对象一般多为熟人，彼此的品行和性格比较熟悉。所以，人们通常依靠自己的道德良心来约束和控制自己的行为，并且通过判断对方的道德人格来决定对方是否可信。因此，人格和道德品质是人与人交往的重要保证，口头的"君子协定"和承诺是承担责任和履行义务最常见的方式。

当然，这种以血缘为纽带的诚信，在当代社会中仍然发挥着重要的凝聚作用，但这种人情色彩浓厚的"熟人信用"有一定的局限性，很难适应现代市场经济的发展要求。如果方法运用不当，就会导致亲情、友情泛滥，官僚主义盛行。随着现代社会中人们交往范围不断扩大，诚信逐渐摆脱了以血缘关系为纽带的羁绊，取而代之的是建立在双方平等自愿基础上的契约关系。

众所周知，在中国传统社会中，尤其是儒家思想中，历来强调人们的内心修养、体天格物、重义轻利、见利思义。孔子"罕言利与命与仁"（《论语·子罕》），并指出"放于利而行，多怨"（《论语·里仁》），认为过分地追求财利，会招来很多怨恨。当然，孔子并非绝对不言利。《论语》中记载，当子张向孔子问政时，他就讲到一条，要"因民之所利而利之"（《论语·尧曰》）。可见，孔子尽管少谈私利，但利民的"大利"还是非常看重的。同时，在对待义利关系时，孔子总体上是重义轻利的，主张"君子义以为质"（《论语·卫灵公》），宣扬"义然后取，人不厌其取"（《论语·宪问》）。汉代的董仲舒主张"正其谊不谋其利，明其道不计其功"。可以说，中国传统的修养方式是道德的，是超功利的。

随着改革开放的不断深入，在现代市场经济社会中，"利"已经成为当今社会的基本伦理范畴，追求正当利益是人的一种合法权益。经济活动中的"利益问题"不可避免，当然也并不影响交往中的人们以诚相待，但也客观要求人们应该树立起正确的义利观。所以，社会主义市场经济中，推动传统"信近于义"的诚信思想向现代"平等求利"的诚信思想转化，逐步建立起现代诚信机制，既有利于丰富传统诚信思想的内涵，也有利于人们在利益方面有据可依，更好地适应市场经济发展的要求。

2. 从道德诚信向契约诚信转变

纵观传统诚信思想的历史演变过程，尽管不同时代、不同思想家对"诚信"思想的阐述不尽相同，但是他们在诚信道德修养方式上的阐释大同小异，即都主张通过个人的自我努力，不断完善自己的道德品质，以此达到诚信之目标。可以说，一个人能否做到诚信，很大程度上取决于个人的自我教化与自省。现代诚信思想是以市场经济为基础的，是基于制度和法律约束下的诚信，更多地表现为能够得到他人承认和对自己言行负责的能力。所以，现代诚信不仅强调个人自身的道德修养和品质，而且强调其与社会主义市场经济相契合；不仅包括道德的内容，还有契约、制度和法律的成分。

现代社会中，随着经济往来越来越频繁，人与人的交往范围越来越广，并不是仅仅局限于熟人之间；经济活动和商品交易主要就是为了获得更多的利润和金钱。所以，在此情况下，单纯地依靠传统诚信道德来保障交易双方的利益，是十分困难的。所以，在倡导自觉守信的同时，还必须借助制度和法律法规的力量来补充和辅助，建立起现代意义上的契约诚信机制。这种诚信机制应以双方当事人的平等互利、自由选择为前提，以法律制度为基础，有助于克服"熟人信用"的缺陷，为社会秩序的维护和经济的快速发展提供重要制度支持。

3. 由"自我约束"向"综合治理"转化

中国传统诚信伦理强调，诚信美德的养成很大程度上是靠自己的道德良心或"自律"，主要通过"养心""慎独""自我反省"等方式，促使人们在道德践行中产生强烈的自律意识。可以说，诚信之养成是一个知、情、意、行互相渗透、互相促进的过程；既需要通过积极的灌输、教育、引导和规范，也有赖于个人充分发挥自我主体作用，使人们在自我教育、自我管理中不断完善和提高。

现代社会中，我们要建设诚信社会、诚信政府、诚信企业、诚信家庭，实现人人讲诚信的目标，需要多管齐下、综合治理。一方面，要加强道德建设，不断提高公民个人诚信意识，夯实社会诚信建设的道德基础，使人们不愿失信；另一方面，也要加强制度建设，逐渐完善信用管理的制度体系，形成严密、完善的制度网络，让诚信在规范中自觉，使人们不能失信；此外，还要加大法律对诚信建设的介入，增强法律的威慑力，使人们不敢失信。

综上，中国传统诚信作为一种美德和社会规范，有着特定的历史文化内涵。但随着时代的变迁和社会的变化，诚信的内涵也在适应现代社会发展要求中不断变化。传统诚信既实现着自身的现代转型，也对现代社会发展具有积极促进作用。

三、坚守诚信，为实现中国式现代化凝聚力量

习近平总书记在党的二十大报告中明确指出："全面建设社会主义现代化国家，是一项伟大而艰巨的事业，前途光明，任重道远。"党的二十大全面擘画了中国式现代化的宏伟蓝图，在全面推进中国式现代化建设中，必须"弘扬诚信文化，健全诚信建设长效机制"，为中国式现代化的实现营造良好道德环境。

（一）加强新时代诚信文化建设

改革开放 40 多年来，我国社会主义现代化建设取得了举世瞩目的成就，同时也出现了与我国社会发展相伴随的一系列社会问题，其中诚信缺失便是较为突出的一个方面，在很大程度上阻碍着我国社会主义现代化强国建设的进程。

1. 守诚信是新时代道德建设的必然要求

《新时代公民道德建设实施纲要》中指出，中国特色社会主义进入新时代，加强公民道德建设、提高全社会道德水平，是全面建成小康社会、全面建设社会主义现代化强国的战略任务，是适应社会主要矛盾变化、满足人民对美好生活向往的迫切需要，是促进社会全面进步、人的全面发展的必然要求。

党的十八大以来，以习近平同志为核心的党中央高度重视诚信建设，取得了一系列重要成果。社会信用体系建设持续推进，"一处失信，处处受限"的良好态势正在形成。2022 年，中共中央办公厅、国务院办公厅联合印发了《关于推进社会信用体系建设高质量发展促进形成新发展格局的意见》，强调信用体系对推进高质量发展的支撑作用。目前，传统意义上的"失信"行为得到有效遏制，整个社会诚信

文化不断向上向好，社会信用体系建设日益完善；同时我们也看到，伴随着互联网的发展和大数据技术的广泛使用，一些新形式的诚信问题又不断涌现，网络电信诈骗、"大数据杀熟"、商标抢注、学术论文倒卖等失信行为备受关注。可以说，这些诚信"堵点"干扰了社会的正常秩序，污染了社会风气，毒害了人们的思想心灵，成为阻碍经济发展、社会进步的障碍，极大地影响了人民群众的获得感、幸福感和安全感，让人们在各种社会交往中缺少安全感、信任感和责任感。

党的二十大报告指出："中国式现代化是物质文明和精神文明相协调的现代化。"一个社会的诚信文化建设，直接反映了精神文明建设的水平。面对当前世界百年未有之大变局，以中国式现代化实现中华民族伟大复兴的使命任务，构建高水平社会主义市场经济体制的新要求，我们迫切需要进一步夯实社会诚信基石，推进新时代的诚信文化建设。"诚信"作为新时代社会主义核心价值观的重要内容，体现了对"守诚信"的中华优秀传统文化的创造性转化和创新性发展。因此，我们需要深入挖掘和阐发"守诚信"的时代价值，积极涵养社会主义核心价值观。

2. 新时代中国特色社会主义的诚信理念

中国特色社会主义进入新时代，中华民族伟大复兴迎来了光明前景；同时，也需要努力构筑中国价值、中国精神、中国力量，从整体上提升国民的道德素养。诚信是国民道德素养的基石，诚信的价值追求在新的时代背景下，具有更加突出的社会价值和战略意义。

讲诚信体现了中国特色社会主义的本质要求。社会主义核心价值观把涉及国家、社会、公民的价值要求融为一体，集中体现了社会主义本质的要求。讲诚信，作为社会主义核心价值观的重要内容，是党中央从全面建成小康社会、实现中华民族伟大复兴中国梦的战略高度，对社会公德、职业道德、个人品德建设提出的基本要求。倡导和培育社会主义诚信价值观，既是党应对社会转型期出现的诚信缺失现象的重要举措，也是通过社会伦理规范对接主流价值体系、用以凝聚社会共识的重要路径。更为重要的是，讲诚信是实现远大理想和共同理想的基础和前提。

诚信是构建人类命运共同体的重要理念。人类命运共同体，从某种意义上说就是一个诚信的共同体。构建人类命运共同体，就是要建设持久和平、普遍安全、共同繁荣、开放包容、清洁美丽的世界，这需要国与国之间相互尊重、平等协商、诚信相待。在新时代的今天，诚信已经从个人修养转化为人类共同实践问题，从伦理道德上升为国家与国家交往的基本准则。诚信是构筑民心相通、文明互鉴的重要前提和基础。

诚信是中国共产党一以贯之的价值追求。中国共产党的诚信追求就是忠诚人民、热爱人民的挚诚至信。这集中表现在中国共产党在不同历史时期对于"为中国人民谋幸福、为中华民族谋复兴"初心和使命的坚守。当前，我国正处在大发展、大变革、大调整时期，各种思想文化相互激荡，不同文明交流交融交锋更加频繁，进一步凸显了包括"诚信"在内的各种思想文化力量在综合国力竞争中的战略地位。在这种情况下，如何继承党的诚信传统，弘扬革命文化中的诚信精神，扩大诚信理念的影响力，是我们党必须要解决好的重大课题。

那么，新时代我们需要何种诚信文化呢？新时代的诚信文化不是延续传统诚信文化的"母版"。虽然中国传统诚信观念深刻地影响着我们，但是中国传统诚信观所依托的社会结构已经解体，基于传统社会结构的文化生态也已发生了改变。所以，我们要在传承中华优秀传统文化基因的基础上，实现创造性转化和创新性发展，赋予中国传统诚信文化以新的生机活力。当然，新时代的诚信文化不是西方信用文化的"翻版"。在推进中国式现代化的进程中，我们需要学习模仿西方的科学技术、管理经验，同时也学习西方的契约精神和信用观念等，但是，建立在西方个人主义基础上的诚信文化，并不能够为我们新时代的诚信文化建设提供完美的答案，这就要求我们在批判吸收、合理借鉴西方信用文化精华的基础上，结合中国的国情和特点进行辩证的吸收与借鉴，方能实现诚信文化的再创造。

在中国共产党领导中国人民开创历史伟业的进程中，我们形成和发展了以马克思主义为指导的革命文化、社会主义先进文化，熔铸了以伟大建党精神为源头的中国共产党人精神谱系，为建设新时代诚信文化提供了最直接的文化滋养。中国共产党人在百年奋斗中不忘初心、牢记使命的庄严承诺，不负人民、砥砺奋进的卓绝行动，都是新时代诚信文化建设的实践源泉。我们要树立大历史观的视野，从推进中国式现代化的历史进程看待新时代诚信文化建设，坚持以中国化时代化的马克思主义为指导，在守正创新中形成有中国风格和时代特色的诚信文化。

3. 培育诚信文化重在落细落小落实

涵养和培育诚信文化是一个复杂系统工程。国以诚立心，人以诚立身。要以弘扬传统诚信美德，培养新时代诚信文化。推动诚信文化建设，必须落细落小落实。

一是弘扬传统诚信文化，大力开展诚信教育。勿以善小而不为，勿以恶小而为之。诚信教育要从自身做起、从小抓起，要在现实伦理关系中具体展开。通过对诚信价值理念的教育，提高人们的诚信水平。具体来说有以下几个方面：

推动传统诚信文化进校园。在学校课程教学中，适当增加中华优秀传统文化中讲求诚信的范例；注重对学生进行教育引导，把诚信教育作为思想道德教育的切入点；注重从娃娃抓起，养成热爱生活、懂得感恩、与人为善、明礼诚信的好习惯。

弘扬社会正气，加强社会诚信教育。充分发挥电视、网络、报纸、杂志等大众传媒的宣传功能，积极宣传讲求诚信品德的先进事迹，评选讲诚信的先进典型，营造诚实守信的良好社会氛围，起到"春风化雨"的作用。通过人们自身的道德价值评判，自觉地提升社会道德责任感。

推动传统诚信思想的现代转换。习近平总书记既强调汲取传统诚信思想中的合理因素，又强调摒弃其落后的成分，以实现时代升华。中国古人的诚信理念体现了他们对美好社会的向往和追求，其合理因素对当今社会仍然具有积极意义，现代诚信文化建设仍然需要汲取古代诚信思想之精华。当然，在汲取传统诚信思想精华时，要挣脱当时社会狭隘的人际关系，去积极面对更加广阔、多元的现代社会关系。因此，在大力传承中华传统诚信思想的同时，还要对其内涵进行补充、拓展与完善，使之与现代社会相适应，与现代诚信文化相协调，共同发挥文化的育人功能。

二是建设现代诚信文化，积极营造诚信氛围。"一花独放不是春，百花齐放春满园。"一个人讲诚信是远远不够的，大家都诚信才能够共同走向诚信之路，共享诚信带来的成果。社会成员的诚信观念、信念和品行，与社会环境密切相关。所以，这需要在全社会行动起来，加强监管力度，教育引导人们在各种社会活动中做到诚实守信，营造"守信光荣、失信可耻"的社会氛围，推动形成"重诚守信"的社会风尚，使诚信蔚然成风。

人无信不可，民无信不立，国无信不威。诚信是一个人安身立命之本，是社会发展进步的基石，是国家友好交往的前提。新时代诚信文化建设不仅关乎美好生活，也是国之大者。

（二）构建诚信建设长效机制

诚信教育十分必要，但制度约束、规则监督、法律保障也必不可少。F. A. 哈耶克曾提出："一切道德体系都在教诲向别人行善……但问题在于如何做到这一点。光有良好的愿望是不够的。"[①] 邓小平也认为："制度好可以使坏人无法任意横行，制度不好可以使好人无法充分做好事，甚至会走向反面。"[②] 制度带有根本性、全局性、稳定性、长期性。道德体系之外是外在的规则、制度和法律的监督与约束。只有做到这些，诚信道德才能持续。制度是维系诚信的媒介，科学合理的诚信制度能够更好地维系诚信健康的有序运行。党的十九大报告中明确提出"推进诚信建设制度化"。党的二十大报告中强调指出"弘扬诚信文化，健全诚信建设长效机制"。

1. 建立现代诚信制度

建立现代社会诚信制度，必须明确中国传统诚信思想与现代诚信观念之间存在的差异，结合社会实际积极推动传统诚信思想向现代诚

---

① 〔英〕F. A. 哈耶克著，冯克利、胡晋华等译，冯克利统校：《致命的自负——社会主义的谬误》，中国社会科学出版社2000年版，第9页。

② 邓小平：《党和国家领导制度的改革》，载《邓小平文选》（第二卷），第333页。

信观念转化，从而实现从传统社会中主要依靠道德自律向现代社会中既依靠内在道德自律又依靠外在法律约束的转化，实现从传统义利对立向现代义利统一的转化。要实现传统诚信的现代转化，必须建立现代社会诚信制度，使我们既能通过社会舆论、内心信念和传统习惯等精神力量倡导诚信社会风尚，又能让存在于每个个体本性中的合理利欲得到满足。

第一，政务诚信是诚信建设制度化的关键。众所周知，各类政务行为主体的诚信水平如何，对其他社会行为主体的诚信建设发挥着重要的表率和导向作用。习近平总书记多次强调领导干部要自觉讲诚信，要求各级领导干部要以身作则、率先垂范，说到的就要做到，承诺的就要兑现，"领导干部要把深入改进作风与加强党性修养结合起来，自觉讲诚信、懂规矩、守纪律，襟怀坦白、言行一致，心存敬畏、手握戒尺，对党忠诚老实，对群众忠诚老实，做到台上台下一种表现，任何时候、任何情况下都不越界、越轨"①。因此，政府在依法行政过程中，对社会和公民个人，要恪守信用准则，守信践诺，在诚信社会建设中发挥示范表率作用，取信于民。这既是法治政府的客观要求，也是建设诚信社会的重要基础。

第二，提高商务诚信水平。从某种意义上说，市场经济就是诚信经济，提高社会的商务诚信水平是诚信建设制度化的重点，也是商务关系有效维护、商务运行成本有效降低、营商环境有效改善的基本条件；还是各类商务主体可持续发展的生存之本，各类经济活动有效开展的基础保障。不管是公有性质的企业，还是私有性质的企业，都要

---

① 习近平：《深入实施创新驱动发展战略　为振兴老工业基地增添原动力》，《人民日报》2013 年 9 月 2 日，第 1 版。

把守法诚信作为企业的安身立命之本，依法经营、依法治企、依法维权。法律底线不能破，偷税漏税、走私贩私、制假贩假等违法事情坚决不能做；偷工减料、缺斤少两、质次价高的亏心事情坚决不能做。

第三，推进社会诚信建设。社会诚信是诚信建设制度化建设的基础，社会成员之间只有以诚相待、以信为本，才会形成和谐友爱的人际关系，才能促进社会文明进步，实现社会和谐稳定和长治久安。可以说，促进社会互信、加强和创新社会治理、提升国家竞争力迫切要求筑牢社会诚信。

为此，推进社会诚信体系建设，必须要坚持党的领导，发挥政府的主导作用，制定出维护社会诚信的法律法规制度，实现对社会诚信的全面有效监督和管理，充分动员各种社会力量参与到社会诚信体系的建构中。必须要抓紧建立覆盖全社会的征信系统，不断完善守法诚信褒奖机制和违法失信惩戒机制，使人们不敢失信、不能失信。对见利忘义、制假售假的违法行为，需要加强监管机制建设，履行监管机构的监管责任时应当忠实地秉公执法，坚决杜绝滥用监管权力谋取私利的腐败现象。

第四，积极推动司法公信建设。习近平总书记指出："司法是维护社会公平正义的最后一道防线。公正是司法的灵魂和生命。"[1] 司法公信是诚信建设制度化建设的重要内容，是树立司法权威的前提，是实现社会公平正义的底线，是引领社会诚信的最佳示范，是推进社会诚信建设的最有力突破口。

推动司法公信建设，需要公安机关、检察机关、审判机关、司法

---

[1]　习近平：《以提高司法公信力为根本尺度　坚定不移深化司法体制改革》，《人民日报》2015 年 3 月 26 日，第 1 版。

行政机关等承担司法或准司法功能的机关及其工作人员的共同努力。必须坚持以提高司法公信力为根本尺度，坚定不移深化司法体制改革，不断促进社会公平正义。在从事有关司法工作时，必须要树立诚信理念并坚持诚信原则，依法公正行使职权，自觉排除不当干扰，以事实为根据、以法律为准绳，实现程序规范、实体公正，并做到透明、便民、廉洁。

2. 完善失信惩罚机制

习近平总书记指出："对突出的诚信缺失问题，既要抓紧建立覆盖全社会的征信系统，又要完善守法诚信褒奖机制和违法失信惩戒机制，使人不敢失信、不能失信。对见利忘义、制假售假的违法行为，要加大执法力度，让败德违法者受到惩治、付出代价。"① 失信惩罚机制是现代诚信制度的有益补充。近年来，我国诚信缺失现象较为严重，失信的范围广、危害程度大，一个重要的原因在于惩罚不严，在一定程度上纵容了失信行为的发生。改变这一现象除了建立现代诚信制度外，还需要完善失信惩罚机制。

完善失信惩罚机制，能够进一步巩固诚信制度建设。完善失信惩罚机制，主要需要做到以下几点：

一是提高对非诚信行为惩罚的公开度。为了维护司法权威与尊严，惩戒失信，司法机构可以依法利用公众号、视频号等平台，对被执行人进行失信曝光；通过教育而非羞辱的方式使失信的人得到应有的惩罚，减少秘密惩罚，更加不能漠视，任其发展。通过公开惩罚使当事人意识到自身行为的不当。公开对非诚信行为的处罚在一定程度

---

① 习近平：《习近平谈治国理政》第二卷，外文出版社 2017 年版，第 134~135 页。

上是让全社会了解诚信的重要性，维护制度的权威。

二是加强对相关部门的监督。判断失信及其危害需要相关部门的认定，通过对相关部门的监督，能杜绝不该有的事情的发生，保障诚信者的利益。当然，这需要花费大量的人力、财力和物力制定相关实施细则，成立办事机构。

三是严格遵循对非诚信行为的惩罚程序。在法律上避免结果公正而轻视程序公正的传统，社会各界也要自觉树立程序公正的理念，在制定和实施法律、法规、条例及其他政策时遵循公正合理的流程安排，使失信者得到应有的惩罚。

3. 健全诚信的监督机制

诚信监督机制是对制度建设的有益补充，需要从法律、道德和舆论等多个层面，建立起一个多层次的诚信监督体制。可以说，建立和健全诚信监督机制，对全社会的诚信建设有着深远的意义。为了避免政府对经济的直接干预，提高管理效率，应当积极探索政府与市场共同在诚信监督中发挥作用的机制。

首先，注重执法监督。行政执法是行政机关履行政府职能的重要方式，工作面广工作量大，直接关系群众对党和政府的信任、对法治中国建设的信心。可以说，行政执法监督在防范和纠正行政执法权不当行使、促进行政执法质量和水平提升、维护行政相对人合法权益等方面具有重要的现实意义。为此，需要通过发挥工商管理部门、质检部门、消费者协会等政府部门或者社会团体的作用，对于假冒伪劣、坑蒙拐骗等违法行为进行有效的打击和治理，创造诚信和谐的社会氛围。

其次，倡导舆论监督。中共中央办公厅、国务院办公厅联合印发的《关于推进社会信用体系建设高质量发展促进形成新发展格局的意见》中明确指出："支持新闻媒体开展诚信宣传和舆论监督。"新闻媒体乃"社会之公器"，舆论监督是其天然职责。在推进社会信用体系建设过程中，必须发挥好大众媒体，特别是互联网、电视等新闻媒体的作用，敢于揭露事情的真相，充分发挥好舆论监督职责。

为此，各主流媒体、商业网站应坚持正确舆论导向，围绕重大主题集中发声，针对专题热点及时引导，自觉投身内容生态治理，褒扬正面诚信典型，贬斥负面失信案例，积极承担社会责任，大力营造网络诚信氛围，为构建网络诚信环境发挥重要的舆论监督作用。

此外，还要积极培育多元的社会诚信中介机构。构建公共信息数据库，设立企业和个人信用信息披露制度，公布诚信信息，使诚信记录差的企业和个人受到限制，有效预防失信行为的发生。

总之，诚信是中华民族的传统美德，对我国古代社会生活产生过重要影响。在新时代的背景下，其价值地位日益凸显。我们既要客观冷静地分析当前社会种种失信现象产生的背景和原因，更要提出实现诚信建设的有效路径。既要弘扬中华优秀传统文化中的诚信文化，提升公民的基本道德素质，又要推动诚信制度建设，注重标本兼治，提升公民诚信意识，努力提高社会诚信水平，为中国特色社会主义现代化强国目标的实现营造良好的道德环境。

第四章
正义：中国式现代化的伦理诉求

正义是人类持之以恒追求的品质，自人类社会存在以来，针对正义的问题的讨论就从未停歇。纵观历史发展，从文字诞生以来，探讨正义的思想和著作难以计数，各流派及思想家对于正义的思想和见解也各有不同。对于人类社会发展来说，正义的重要性毋庸置疑。正义能够保持国家的正常发展，能够维持社会秩序的正常运转，能够让人们在无尽的努力中看到希望和目标，并持之不懈为其奋斗。我国自古以来对正义的追求体现在各家的思想中，有着丰富的理论成果，古人对正义思想的认知体现在多个方面。

一、正义思想的历史渊源及其古代践行

对于整个人类来说，正义能够满足我们所有人的需要；对人类个体而言，正义能够满足个人对于生存和发展的需要。但是，在生存和发展面前，整体与个体总是存在着一定的矛盾，这就意味着正义是有内在张力的，能够调和整体和个人的矛盾，使整体和个人的需求寻找到一个平衡点，从而推进社会的进步和发展，满足个体对于生存和发

展的需求。正义的内在张力能够充分保持矛盾的动态平衡，使社会在合理的矛盾范围内保持正常秩序的运行。同时，伴随着社会的发展和人类的进步，正义能够不断吸纳新的思想和因素，催生新的平衡，从而促进人类社会不断向前发展。随着时代的变迁，社会发展状况也有所不同，人们的思想和生活都在发生变化，因此对于正义的定义和内核也会有一定的区别。

我国历史悠长，正义在历史长河中不断变迁。在封建社会，正义通常是以责任分配为主，具体表现为实质正义，关系到人们的切身利益。随着社会的发展，对于正义的认识和解释也发生了变化。近现代社会的正义以权利分配为主，具体表现为形式正义。按照不同的定义标准，正义有多种理解。不同于西方政治思想中的正义，我国通常认为正义是一种规则，能够促使人类在混沌状态中觉醒，通过规则的设定和完善走向开明，使人类社会从幼年走向成熟。正义相对于社会发展而言，可以是用道德规则来约束人们的思想，也可以是用法律规则来限制人们的行为；可以是用整体规则来促进社会的发展，也可以是用个体规则来引导人们的所思所想所为；可以是用责任规则强化人们的责任意识，也可以是用权利规则为人民谋求应得的利益和权利。总而言之，正义在社会发展中不断变化，但是其核心内涵不变，在封建社会正义更加注重道德规则对于人们行为的约束，而近现代社会中正义偏向于法律规则；封建社会正义是对责任的分配，到了近现代社会正义则是倾向于对权利的分配。

（一）儒家正义思想的发展嬗变

从思想的起源来看，我国古代正义思想的起源可以追溯到春秋战国时期。那是各类思想大爆发的时代，百家争鸣，对于正义的思想有诸多的表述，其中比较有代表性的是儒家和道家。先秦思想家对于世界的认识各有不同，而各家对于公平正义思想的理解通常带有一定的历史局限性，带有浓重的人格平等思想，认为在社会财富分配方面应该做到平均分配，人人都能够得到应有的财富。儒家具有代表性的思想家通常会通过自己的所思所想来为封建社会中的等级秩序辩护，认为在一个社会中应该具有一定的等级性，阶级不同责任不同。但是在维护阶级利益的同时又认为现实社会并不是理想的世界。儒家思想认为，理想的社会中人与人是平等的，没有阶级之分、没有贫富差距，按照需求来分配生产资料。正如孔子所言："丘也闻有国有家者，不患寡而患不均，不患贫而患不安。盖均无贫，和无寡，安无倾。"（《论语·季氏》）道家在理想社会方面的认识同儒家相似，也推崇"均贫富"的社会。老子曰："天之道，其犹张弓与？高者抑之，下者举之；有余者损之，不足者补之。天之道，损有余而补不足。"（《道德经》）庄子语："以不平平，其平也不平。"（《庄子·列御寇》）通过老庄的思想可知，道家认为社会等级的出现和存在是不公平的。

正义思想的发展和延续是以儒家思想为内在脉络的。在儒家传统文化中，最早是通过"义"来表达正义思想的。《礼记·表记》中写道："义者，天下之制也。"其含义是指，正义是天下治理的准则和尺度。"义"的思想在儒家文化体系中处于核心地位，其内涵是不断充实的，在"义与利""仁与义""礼与义"的辨析中逐渐形成了中国传统的正义思想。

孔子思想中的"义"有三层含义：一是作为君子用来约束自我行为的道德标准和规范，二是维持社会发展的伦理规范，三是用于君主治理国家的道德规范。首先，"义"作为道德标准而言，是约束君子行为的准则。孔子曰："君子义以为质。"（《论语·卫灵公》）孔子认为，君子修身养性，"义"是君子立身必备的品质，是用来提高自身道德标准的品质，是安身立命、为人处世的根本和行为准则。同时，孔子将"义"与"利"相联系，开启了义利之辨的先河，孔子说："君子喻于义，小人喻于利。"（《论语·里仁》）孔子将"义"看作是区分君子和小人的标准。同时，在"义与利"的辨析中，"利"还可以分为公利和私利，过分追求私利必然会损害公利，导致他人的利益受损。因此，要通过义来约束这样的行为，才能够在社会发展中达到义与利的和谐，这样社会才能正常发展。其次，孔子思想中的"义"作为维持社会运行的伦理规范，用于君臣之间，可以通过"义"来约束两者的关系。"不仕无义。长幼之节，不可废也；君臣之义，如之何其废之？欲洁其身，而乱大伦。"（《论语·微子》）孔子在君臣关系方面的主张是通过儒家的道德标准来明确的，通过义来规范的，从而将儒家思想逐渐发展成为衡量社会关系的标准。最后，孔子主张的"义"还能从国家治理层面来论述，认为在国家治理中离不开有正直品质的人，只有个人品质高洁，推行儒家思想才能够治理好国家，才能够实现社会的正义。正如孔子所说："政者，正也。"（《论语·颜渊》）这里重在强调，从政者要有正直的品质。孔子在国家治理层面对义进行定义主要集中在社会道德层面，通过有正直品质的君子出仕，实行王道，才能够在社会上实现正义，这样才能保证人民的生活。通过对孔子正义思想的分析可知，"义"的三层含义从个人到君臣到国家治理层面，层层递进，蕴含了儒家思想中修身、齐家、治国、平天下的思想，为后世我国正义思想的形成和传承奠定了思想基础。

孟子作为儒家思想的另一个代表人物，其正义思想也具有极大的代表性。孟子的正义思想在孔子正义思想的基础上进行了创新和传承。孟子思想是以性善论为基础的，因此"义"是与"仁"紧密结合的，"仁"成为孟子正义思想的核心因素。孟子认为："恻隐之心，仁之端也；羞恶之心，义之端也；辞让之心，礼之端也；是非之心，智之端也。人之有是四端也，犹其有四体也。"（《孟子·公孙丑上》）"仁，人心也；义，人路也。"（《孟子·告子上》）通过这两句可知，孟子对"仁"与"义"进行了定义，"仁"是人对万物具有的恻隐之心，"义"则是指人具有的羞恶之心，这两者是人生来就有的，但是有内外之分。在孟子的思想中，"仁"是社会道德发展的源泉，"义"则是约束人行为的道德规范，需要人们来遵守。孟子的正义思想是对孔子正义思想的继承和发展，并将"仁"与"义"进行联系，强调社会的发展需要内在和外在的双重力量，既强调在社会发展中离不开人与生俱来的"仁"，又需要精神层面的道德修养，通过后天形成的道德规范来约束人的行为。孟子的正义思想认为，在家庭生活中，父与子应以仁爱为主要的行为方式，这样才能够保证家庭和谐、人伦关系和谐。在国家层面，孟子则认为国君应该施行仁政，行正义之道，这样才能保证国家治理的成效，保证人民安居乐业。作为一国君主，应该在道德层面严格约束自己，行仁义之事，这样才能得民心、聚民力。孟子认为，儒家的正义思想要想在国家治理和人伦关系中得以实现，需要将仁义思想作为规范，这样才能让社会有序发展，国家治理取得理想的效果。

荀子继承了孔子和孟子的正义思想，并提出了自己对于正义的认识。荀子首先使用了"正义"一词，在儒家关于"仁"与"义"的认识的基础上基本形成了正义思想。"不学问，无正义，以富利为隆，是俗人者也"(《荀子·儒效》),"正利而为谓之事,正义而为谓之行"(《荀子·正名》)。荀子对"义"的认识着眼于义的发用流行,重点在于阐释义在现实社会中的显发,在社会治理层面是如何践行的。荀子将"礼"与"义"结合起来,强调社会制度的建构,将儒家思想与当时的社会制度进行结合。相较于孟子的正义思想,荀子的正义思想将"仁义"逐渐转为"礼义",荀子认为仁为义的本质内涵,义则是仁的具体表现形式,礼则通过外在的形式来表现义,且要通过建立制度来保障义的施行,并将义落实到社会层面。

荀子关于正义思想的认识重点落在社会制度结构上。因此要践行其正义思想,实现社会的公平正义,不光是需要有好的礼法制度来作为保证,还需要有正直的人来执行这些制度,以此来保障制度的落实,让人民生活在公平正义的社会中。如果执行制度的人缺乏正直,在执行中不依照制度规定的来,甚至是徇私枉法,那么就会出现社会制度难以执行,国家的纲纪法度被破坏,社会混乱无序的现象。如此,则实现社会的公平正义就无从谈起。因此,要保证社会的公平正义,最重要的就是挑选合适的人来执行这些制度,通过执行制度来实现国家的治理。

君主在选拔人才的时候要注重挑选德行好、品质高的人才,这样才是保证制度执行好的基础和前提。君主在选拔人才时,第一是要有人才选拔机制,通过机制来确保人才选拔过程的公平正义,同时还能够打破传统的世袭制度,为有德行的人提供机会,这样才能让那些真正适合的人来执行制度。打破以往的门第出身标准,让那些底层的有才能和德行的人能为君主所用,要突出人的行为规范和礼仪之道。而对于那些以往的王公贵族的后裔来说,如果无德无能,其行为不合礼仪之道，不能够为君主所用的话，就应该降为平民。

在选拔人才时，君主自身要做到公平正义，不能偏心，不能偏袒贵族后裔，疏远底层人士，而应该做到一视同仁，真正发现那些有德才的人士，做到以个人的德行为标准来选才用人，这样才能够放心将执行制度、治理国家的任务交给他们。只有选拔够一定的人才，君主才能建立起一支队伍来执行制度、治理国家，才能够有机会实现社会的公平正义。

通过荀子的思想我们可以知道，在正义思想的践行中，他虽然强调社会各等级的划分，却不认为等级是固定不变的。人们可以通过德行和才能改变自身的社会地位，底层的平民可以通过公平的人才选拔机制向上实现阶层的跃迁，改变自己的社会地位。而王公贵族子弟如果不学无术、德行不堪，则可能被贬为平民。荀子对于选拔人才的方法有自己的见解，他认为："取人之道，参之以礼；用人之法，禁之以等。行义动静，度之以礼；知虑取舍，稽之以成；日月积久，校之以功。"（《荀子·君道》）他认为选拔人才要有原则，要坚持通过礼仪之道来观察一个人的行为举止是否符合规范，要看一个人的行事方法来判断这个人的聪明才智，只有通过长时间的观察和了解才能够对这个人做出评价，才能够知道他取得的成绩是否真实可信。只有这样才能够让真正有才能德行的人得到机会来施展其才干，治理好社会，让那些滥竽充数的人露出原形。这样通过合适的人来治理国家，社会才能够实现公平正义；同时，在执法的过程中，也要保证执法的公平性。荀子认为，只有那些依据礼仪之道的人才能够保证执法的公平正义，让人民生活在公平正义的社会里。

荀子对于正义思想的践行还表现在经济领域中。荀子认为，要实现正义就要大力发展生产，不断增加社会财富，并且要合理分配财富，做到藏富于民，这样才能让人民生活富裕，"不富无以养民情"（《荀子·大略》）。荀子认为，在经济领域中，君主治理国家需要做到"善生养人"，只有积累财富，实现社会财富的增长才能够做到善生养人。因此，君主应该想尽办法发展生产，同时还应该依据礼仪之道来节约各项资源，减少费用的支出，这样才能储存节余的财富，减少百姓的徭役，让百姓富裕起来，真正做到藏富于民。

对一个国家和社会而言，只有百姓真正实现富裕，国家才能富强。君主想要实现统治的长久，就要做到富国裕民。那么，君主应该怎么做才能够实现国家的富强、人民的富裕？荀子认为，君主应该要以农为本，做到薄赋轻徭。他指出："轻田野之税，平关市之征，省商贾之数，罕兴力役，无夺农时，如是则国富矣。夫是之谓以政裕民。"（《荀子·富国》）一个国家要想让百姓富裕，就要制定合理的赋税政策，减轻农业生产带来的各种赋税；在商业经营方面，也需要制定合理的征税指标，减少从商人员数量，引导更多的人参与到农业生产中。同时，还要考虑到农时，在农忙时节要减轻百姓的徭役，让百姓能够有足够的精力积极投身到农业生产中，保证粮食的产量，这样才能够增加社会财富，达到富国裕民的目的。

对于封建社会的国家来说，农业生产是根本，君主想要国家发展长久、社会公平正义，就要对农业生产有正确的认识，要认识到在富国裕民中农业生产发挥的重要作用。荀子认为："故田野县鄙者，财之本也。"（《荀子·富国》）因此，要深刻认识到农业生产对于国家经济的重要作用，要全力发展农业生产，让百姓能够顺应天时进行农业生产，这样才能实现丰收。农作物丰收才能够实现货物的节余，这样君主才能通过制定税收政策来充盈国库。国家的财富积累要靠农业的发展，但是也要在治理国家的过程中做到开源节流。君主是一个国家的最高统治者，是这个国家各项制度的制定者和执行者。因此，要明确民富与国富的关系，真正认识到只有做到藏富于民才能让国家富裕。圣明的君主会通过制定各项政策来促进农业的发展，让农民有更多的节余，从而保障税收，充盈国库。

荀子认为，在发展农业生产时，还需要建设农业基础设施，"修堤梁，通沟浍，行水潦，安水臧，以时决塞，岁虽凶败水旱，使民有所耘艾"（《荀子·王制》）。他认为，发展农业生产就需要有农业设施来作为保障，兴修水利设施能够保障农作物的生长，还能够防治水涝灾害，保证农作物的生长条件。要挑选土质好的土地来进行农业生产，并针对不同土质的土地选择不同的农作物种植，充分发挥不同土质土地的作用，要合理地使用每一项生态资源，这样才能够让国家实现物质财富的增长。

另外，荀子还认为，在大力发展农业生产后，君主要避免对农民横征暴敛，圣明的君主应该通过制定政策、执行制度来使民富裕，而要避免自己和一切执行者压榨百姓，聚敛钱财，谋取私利，切不可出现上富下穷的现象，因为这样就会导致国家灭亡的结果。如果一国的君主毫无节制地压榨百姓，横征暴敛，民不聊生，那么就会将经济问题转变为政治问题，让国家处于危险的境地，导致社会动荡，加速国家的灭亡。因此，荀子强调，在社会财富方面，要做到藏富于民，通过制定合理的税收制度和财富分配制度，从君主层面做到富国裕民，让人民能够在生产中感受到生活的美好，过上富裕的生活，从而实现社会稳定和公平正义。

　　荀子的正义思想还体现在社会保障领域。荀子正义思想是对孔子正义思想的继承和发展，在先秦文献记载中，有大量的内容是关于儒家的社会保障思想的，如"选贤与能，讲信修睦。故人不独亲其亲，不独子其子，使老有所终，壮有所用，幼有所长，矜寡孤独废疾者皆有所养"（《礼记·礼运》）。孔子的社会救助思想建立在仁爱思想的基础之上，孔子希望一个国家的统治者和执行者能够善待百姓，采取合适的措施让每个年龄段的人都能够充分发挥自身的效用，对于困难人群能有妥善的措施去救助，让他们生存下去，这样才能够实现社会的和谐。孟子的正义思想则是建立在民本思想的基础上的，他认为："民为贵，社稷次之，君为轻。是故得乎丘民而为天子。"（《孟子·尽心下》）孟子认为，在国家治理中，君主应该得民心，这样才能得天下。统治者要认识到民贵君轻，只有百姓安居乐业，生活安稳，国家才能发展好；否则百姓流离失所，无处安身时就是国家动荡时，百姓会怨声载道，统治者难以实现国家的有效治理。因此，一个国家的君主要像古代的圣贤一样，将百姓的疾苦放在心上，通过有效的治理让百姓得到生活的保障，这样才能够使社会和谐。

　　荀子的社会保障思想则进一步发展，主张"选贤良，举笃敬，兴孝弟，收孤寡，补贫穷。如是，则庶人安政矣。庶人安政，然后君子安位"（《荀子·王制》）。他认为，对于社会上的孤寡贫穷百姓，统治者要特殊对待，要承担起社会救助的义务，让这些百姓能够生活下去，能够得到妥善的安置。君主要真正做到爱民、勤政，就要通过一系列的保障制度来实现，这样才能让那些弱势群体得到救助，从而化解社会中存在的各类矛盾，最终实现社会的公平正义。总而言之，荀子的社会保障思想是儒家正义思想的继承和发展，既是儒家仁爱思想的具体体现，也是儒家正义思想在民生领域的体现。一个国家和社会，只有保障那些弱势群体的利益，让他们能够很好地生存下去，才能真正体现社会的公平正义。要想保障弱势群体的生存和生活，就需要通过制定各项保障制度和措施，选拔正义的执行者来执行这些制度和措施，这样才能够缩小各社会阶层之间的差距，从而实现社会的正义，保障国家的稳定和发展。

（二）道家正义思想及其践行

道家正义思想同儒家思想相似。老子认为，"公乃全，全乃天，天乃道，道乃久，没身不殆"（《道德经》），认为想要实现社会公平正义，人们可以通过保全自我，实现自身价值来实现个人正义。同时，社会正义还需要通过正义政府来作为支撑，其中政府应该为而后不为，要关心民众。老子表达的"为"是先让百姓达到保暖富足的状态，避免百姓因饥饿而死亡。"而后不为"则是指在百姓实现富足的生活状态后，政府要避免剥夺占有百姓的劳动成果，让百姓在安稳的社会中实现安居乐业。"民之饥，以其上食税之多，是以饥"（《道德经》），老子认为，政府不能让民众税赋太重，要给予百姓充足的时间来休养生息。人道不如天道，政府应该与民生息，而不应该损不足以奉有余，"天之道，损有余而补不足。人之道，则不然，损不足以奉有余"（《道德经》）。他对人道的认识深刻，通过自己的思想和文字来揭露和抨击人道，要政府明确自身的职责，不要苛待百姓，不要逆天行事，侵犯百姓的利益。

老子认为，圣人是先人后己、助人不弃人。因此，关怀弱者能够帮助人们到达圣人的状态，从而实现个人的价值，即"是以圣人后其身而身先，外其身而身存"（《道德经》）。另外，人们想要做到超脱凡俗成为圣人就应该做到谦下待人，海纳百川，以包容的心来对待身边的人，在帮助他人后做到退居身后，实现自我的超越，这样才符合自然运行规律。而那些见到一点利益就争夺的人是不能成为圣人的，老子认为获得的东西越多，面临的祸乱反而会更多。老子认为要想成为圣人就应该帮助别人，帮助弱者既能够实现自身的价值，还能够让社会更加公平正义。因此，老子的正义思想的践行表现在关怀弱者上。对于弱者的关怀体现出了社会和政府的正义，能够让更多的人实现自我的价值。

(三)《淮南子》中的古代正义思想

在儒家、道家的正义思想之外，《淮南子》中也有大量关于正义的表述，其中对于"正"的描述有"绳之于内外，无私曲直"（《淮南子·主术训》），绳子可以作为"正"，即我们在生活和为人处世中，只要对事对人没有偏袒，刚正不阿，不以自身的偏好来判断甚至是改变事物本来的面貌，就可以称之为公正。对于"义"的描述则是"义者，循理而行宜也"（《淮南子·齐俗训》），我们可以理解为做事情要遵循事物本来的面目，只要合乎时宜就可以称之为"义"。《淮南子》对于正义的表述同今天我们对于正义的认识和见解大致是相同的。其中，有这样的表述："举大功，立显名，体君臣，正上下，明亲疏，等贵贱，存危国，继绝世，决拿治烦，兴毁宗，立无后者，义也。"（《淮南子·俶真训》）这具体是说，在封建社会中，只要君臣关系和洽，人们在处理关系时能够做到亲疏关系明确、上下地位端正，那么就可以说是正义的。

《淮南子》中认为，人们在正义的践行中，也存在明确的目的，"义者，所以合君臣、父子、兄弟、夫妻、朋友之际也"（《淮南子·

齐俗训》)。社会通过正义的思想来调节，一是能够协调君臣关系、父子关系。二是"义者所以救失也"(《淮南子·本经训》)，能够有效引导人们保持良好的品质，即正义能够有效阻止人品质本性的丧失。总而言之，《淮南子》认为，正义能够帮助君主维护社会的稳定发展，协调各方关系，引导人民保持良好的品质，最终实现大治之世。

想要实现正义则是需要一定的途径和方法的。一是鼓励人们学习圣人，成为圣人。《淮南子》对于"内圣外王"的思想有着极高的尊崇，认为学习圣人、成为圣人、行圣人之道是能够实现大治之世的，那么人们应该如何行圣人之道呢？一是"不争"。这里的不争是指人要具有谦虚的美德，而不是不思进取。将利让给别人，能够让自己感受到一定的道德情感，提升自身的情怀，不断培养自身高尚的情操和德行。圣人不争且善于身处下位，则天下百姓不会感受到被夺利的危害。而如果社会中人人都相"争"，那么在整个社会中必然会引起对利益的抢夺，每个人的能力和所处的阶级不同，必然会存在利益的不合理分配，因此就会存在部分人将自身获得利益的诉求建立在牺牲他人利益的基础上，造成他人利益的损失，从而造成不公平现象的发生。为避免这样的情况发生，就要号召人们向圣人学习"不争"，并在实际行动中主动践行。

二是圣人要内修道术，避免"饰"义。正义可以分为真正的正义和虚假的正义，人们要分辨一个人的正义是不是装出来的。《淮南子》认为，圣人要不断提升自身的修养，用行动来践行真正的正义，用自己的力量来引导人们践行真正的正义，而不是通过伪装来表达自己的正义。那么圣人就应该要将自己的聪明掩藏起来，恪守自身的职责，并且能够抵制住身边存在的各种诱惑，这样才能够在长久的生存和生活中做到公平地对待每一个人，做事出于公心，将正义的思想和习惯融入生命中。

三是要作法制乐。要想实现社会正义，圣人可以通过"作法""立礼"等方式来限制那些想要破坏正义的人，让他们接受正义观的洗礼，从而改善他们的言行。这样，就需要圣人制定礼乐来形成行为规范，并将其实施下去，让人们在处世中做到有依据可循。

（四）宋明理学中的正义思想

宋明理学家们的正义思想是儒家"仁义礼智信"思想的传承，更多体现在经济公平上，有利于保持社会的稳定和谐，注重维护人伦秩序。在理学家的认知中，秉持着儒家"先义后利"的思想，在其思想主张中依然坚持着先义后利、以公统私，他们认为在社会治理中只有先处理好公私关系，才能维持社会和国家的稳定，才能够实现个人利益。

周敦颐认为："天地至公而已矣。"（《周元公集·卷一》）其具体含义即"公"无所不在，具体则包含在人们的语言、行为、感情等生活中的方方面面，人们想达到公，就需要从自身做起，坚持以"仁义"为先，以古代的圣人为榜样，提高自身的内在修养，真正做到"无私"，这样才能够维护社会的集体和谐。

朱熹认为："仁义根于人心之固有，天理之公也。利心生于物我之相形，人欲之私也。循天理，则不求利而自无不利。殉人欲，则求利未得而害已随之。"（《孟子集注》）他提出在生活中要坚持"重义轻利"的原则，以此来调节和规范社会中的经济行为，从而保障社会秩序正常运转。

王阳明则在儒家思想的基础上提出了"致良知"说。他认为，人的善良道德本性是先天就存在的，是天赋的，其主要原因是人心即宇宙的本体。人在社会行为中，要符合天则，这样才能保证经济行为是公平的。"致良知"就是诚意正心，人在社会生活中只有回归到良心的本能，实现个人的和谐，才能够促进整个社会的和谐，才能保证社会的公平正义。

总的来说，无论宋明理学家们对于社会正义和经济正义的思想如何发展，内容如何丰富，如何思辨，其思想的内核依然是以儒家的礼义思想为根本，在义与利面前，个人与国家之间，理学家们都坚持着"先义后利，以公统私"的原则。

（五）传统正义思想的古代践行

在正义的践行中，只有圣人作为学习的对象和处世的规范是远远不够的，还需要从上至下地约束和规范行为才能够实现大治之世。这其中重要的部分在一国之君。国君是一个国家制度的制定者和施行者，想要社会公平正义就需要国君做出实际行动。首先，国君应该真正做到爱民如子，与大臣和谐共处，与邻国和睦相处。君主要真正平等地对待天下所有的臣民。要努力做到仁爱地对待臣民，正确认识自己与天下万民的关系，这是成为一名明君的前提和基础。在制定制度和法律时，要考虑百姓的情况，避免严刑峻法，"夫峭法刻诛者，非霸王之业也；棰策繁用者，非致远之术也"（《淮南子·原道训》）。《淮南子》中明确指出，采用严刑峻法难以帮助君主治理好社会，实现宏图大业。要想实现大治之世，国君应该"持以道德，辅以仁义"（《淮南子·览冥训》），要行正义，通过修身养性来符合四时法令，达到自然和谐的状态。这样才能够实现万民安居自乐。

另外，实现社会的公平正义的实际措施还体现在劳动正义上。我国自古以来就是以农为本，其根本在于保证民众能够公平正义地获得土地等劳动资料，让全天下的百姓都能够公平地享有物质财富，而不是只由王室所垄断。例如，孟子在土地的分配方面就认为，要正确划分田界，只有田界划分正确，才能够保证田租收入和赋税是公正的。执政者要实行合理的税赋制度，这样才能够做到与民休息，减轻人民的负担。

其次，君主要加强自身修养，控制自己的欲望。君主是一国之主，其通过加强自身的修养能够正确认识到自身与百姓的关系，并且要极力控制自己的欲望，防止因思想和欲望的极度膨胀而做出伤害百姓利益的事情，这样会影响到一国利益分配的公平性，从而使这个国家的正义践行失去意义，久而久之，国家的发展和生存就困难重重。君主正确且合理地控制自己的欲望，提高自身的思想水平和修养水平，能够提高自己实现正义的几率，为这个国家的人民树立良好的榜样。同时还能够更好地管理下级官员，推动正义的发展，这样百姓的生活才能得到保障。

古代正义思想的践行还体现在法制上。法与正义有着天然的紧密关系。墨家的思想中强调法"天"，天则代表着"无私、公正"。《说文解字》一书对"法"有"公平""正义"的解释。可以说，法体现了正义的要求，而正义需要法来实现。正如张文显先生对于正义定义的表述：正义指一种德行①。这一德行的具体表现就是"己所不欲，勿施于人""己之所欲乃施之于人"，意即我们在生活中只需要按照自己的意愿来采取行动，即将自己的意愿当作法令的准则去采取行动，

---

① 张文显：《法学基本范畴研究》，中国政法大学出版社 1993 年版，第 268 页。

这样就是正义的，同时也要避免对他人造成伤害。

总而言之，自人类诞生以来，尤其是有文字记录的千百年来，对于正义的追求没有停止，这是因为正义对于一个国家和社会的发展是极其重要的，是社会存在和发展的根基，是人们生活的希望和需求，是一个国家人民安身立命的依托。纵观历史，中西方的先贤们对于正义有着深刻的认识，提出了一系列的践行思想，并用自身的行为和方式践行正义、推动正义在社会中生根发芽。我国有着悠久的历史，在历史长河中出现过许多的哲学家和思想者，这些思想者对于正义思想有着各自的见解，同时又做到了一脉相承，即对人民负责，维护社会安定，让人民能够在稳定的社会环境中生活，这与党中央及国家发展的目标不谋而合，为新时代中国特色社会主义的社会正义提供了思想借鉴。

二、正义是中国式现代化的重要特征与本质要求

习近平总书记在二十大报告中反复提到"中国式现代化"和"公平正义"，这两个词汇是报告中的关键词，且二者紧密相连。"公平正义"与"中国式现代化"的关联性蕴含在中国共产党的中心任务中，体现在党的二十大报告中。

中国式现代化是公平正义的现代化，这是有其现实依据的。习近平总书记强调，推进中国式现代化需要长期坚持，这一事业是一项系统工程，在建设时需要多方探索，相比资本主义现代化的建设，我们要创造更高的效率，同时还要在建设过程中有效地维护社会公平正义，确保效率与公平相统一，能够兼顾效率与公平，实现两者的相互促进。公平正义的重要性体现在中国共产党的初心和使命中，从根本

上来说，中国共产党建党之初就是要为中华民族谋复兴，让中华民族不再受外国列强的欺辱，让中国人民能够生活在和平安定的社会中，让人民生活幸福。当前，中国共产党的中心任务是"团结带领全国各族人民全面建成社会主义现代化强国、实现第二个百年奋斗目标，以中国式现代化全面推进中华民族伟大复兴"，这其中彰显了"中国式现代化"的重要性。中国式现代化，离不开社会公平正义、人民生活幸福，其中人民生活幸福是应有之义，对于人民生活的社会来说，公平和正义是必备条件，是前提和基础。可以说，一个国家和社会如果失去了公平和正义，这个国家的人民是没有幸福和希望可言的。同时，对于我们当前来说，公平和正义是党全面深化改革的出发点和落脚点，是落实全面依法治国的应有之义。全面依法治国，离不开公平正义的理念，只有在全社会形成公平正义的理念基础，才能形成全面依法治国的社会氛围，有效推进法治社会的建设，形成健全的法治社会，最终实现中华民族的伟大复兴。

党的二十大报告明确指出，要"坚持把实现人民对美好生活的向往作为现代化建设的出发点和落脚点，着力维护和促进社会公平正义"①。因此，公平正义的现代化才是我们要建设的中国式现代化。学习贯彻党的二十大精神，就要明确和准确把握报告中的表述和内涵，要充分认识和理解中国式现代化为什么需要公平正义，这其中有什么样的理论价值和重要意义。

（一）中国式现代化彰显公平正义

中国式现代化的重要特征提示我们，要彰显公平正义。纵观人类

---

① 《习近平著作选读》（第一卷），人民出版社 2023 年版，第 19 页。

社会发展的轨迹可知，现代化最初起源于西方资本主义国家，伴随着资本主义对其他国家和地区的侵略和扩张，越来越多的国家和地区在反抗西方资本主义的过程中发展出自己国家的现代化。随着社会主义的发展，尤其是在中国共产党领导下的中国，开辟了中国特色社会主义道路，获得了人类历史上前有未有的大发展，在世界发展史上呈现出了新的光芒，发展成果大放异彩。当前，世界现代化建设中逐渐呈现出了西方资本主义与中国特色社会主义双峰并峙的态势。不同于以往的现代化成果，中国式现代化建设中既能够看见其他国家和地区现代化建设的影子和特征，同时也具有鲜明的中国特色。这是中国独有的，扎根于中国这片土地中，是依据中国具体实际建设的，既不走西方资本主义建设的邪路，也不走封闭僵化的老路，而是在现代化建设中昂首阔步地走自己的路。当前，中国式现代化的鲜明特征彰显着我国现代化建设中的公平正义。

第一，"中国式现代化是人口规模巨大的现代化"。这一内容充分彰显出公平正义的人民性。我国自古以来就是人口大国，在国家层面来说，建设中国式现代化要覆盖到全体中国人民，可以说中国式现代化的成果惠及 14 亿多中国人民。我国是当前世界最大的发展中国家，人口规模达到了历史之最，超过了所有发达国家人口的总和，如此巨大规模的现代化对于世界发展史来说是前所未有的。可以说中国式现代化是全体中国人民的现代化，绝不是西方资本世界中少数人的现代化。要保证全体中国人民都能够享受到现代化的成果，就要实现共同发展、共同富裕，这其中的必然之路就是要保证公平正义的理念贯穿现代化建设的始终。在具体的现代化建设中要坚持缩小城乡之间、地区之间、阶层之间的发展差距，让全体中国人民都能够享受到改革和发展的红利和成果，这是社会公平正义的具体体现。

第二，"中国式现代化是全体人民共同富裕的现代化"。这一表述彰显出公平正义的公正性。通过西方现代化的成果可以明确了解到，现代化建设过程中形成了明显的贫富分化，导致社会中不同阶层的撕裂和相互攻击，导致社会失衡，造成民粹主义泛滥的后果。不同于西方资本主义的现代化，中国式现代化建设的目标是实现共同富裕。首先，我国建设中国式现代化有中国特色社会主义分配制度作为保障，社会主义公有制与按劳分配为主体、多种分配方式并存的分配制度是根本保障，这一制度能够确保在利益分配中是公平正义的。其次，我国分配制度强调，在做大做好蛋糕的同时还要分好蛋糕，这就要在中国式现代化建设过程中统筹兼顾效率与公平，实现效率与公平的相互促进、良性发展。真正的共同富裕是"先富带后富"的结果，不是服务于已有的富裕阶层与利益集团，也不是历史上搞"大锅饭"的结果。让全体中国人民都享受到发展的成果，实现共同富裕才是维护社会公平正义的必要之举。

第三，"中国式现代化是物质文明和精神文明相协调的现代化"，体现出了公平正义的全面性和统筹性。西方资本主义的现代化，更加注重物质主义的发展，且热衷于向全世界传播其物质主义及消费主义。不同于西方现代化，中国式现代化更加注重物质文明和精神文明的和谐发展。"仓廪实则知礼节，衣食足则知荣辱。"物质文明和精神文明的发展是协调的、不可或缺的。协调发展精神文明和物质文明，能够进一步坚持公平和正义的思想，有助于平衡两个文明的关系，避免出现一方独大的失衡格局。这进一步体现了公平正义理念在中国式现代化建设中的优势。

第四，"中国式现代化是人与自然和谐共生的现代化"，体现了公平正义的持续性。人与自然和谐共生充分显示出了中国共产党的生态正义理念。生态健康是人类赖以生存的基础和保障，生态正义体现在人与自然的和谐相处，同时还能够调整人与自然、人与社会的关系，避免出现系统性的失衡。生态环境的健康需要人类自身进行维护，并认识到其中的重要性，从而催生人对于生态环境的责任意识，并在发展中明确责任的公正分配，实现责任的代际相传。同时，要明确代内责任和代际责任，并进行责任的划分，明确当代人在发展中需要面对的生态环境责任，并勇于承担自身的责任。另外，还要有预见性地将生态责任进行划分，为后代划定一定的生态环境保护责任，从而彰显出公平正义的持续性。人与自然和谐共处，要在人民心中建立起生态正义的总体观念，以国家力量建立起生态正义的总体格局，这样才能够实现代内正义与代际正义，从而提高生态正义的持续性，提高人们的生态责任意识，并主动投入到生态保护中。以人民的力量来推动生物的多样性，实现生态平衡，促进人类可持续发展。

第五，"中国式现代化是走和平发展道路的现代化"，这是公平正义的国际性体现。中华民族有着悠久的历史传承和思想传承，自古以来中国人崇尚和平，与人为善，亲仁善邻。西方的现代化是建立在世界其他各国人民的血泪之上的，这样的现代化充满了血腥和罪恶，是不符合当前世界和平与发展的时代潮流的。在发展道路的选择上不同于西方选择侵略他国的路线，我们坚持与人为善的选择，坚定选择走和平发展的道路，这是基于对当前国际现实以及未来发展趋势的客观判断。新中国成立之初，经济上一穷二白，在中国共产党的正确领导下，发展成为当今世界第二大经济体，通过和平发展的模式取得了令人瞩目的成就。我国摒弃了西方以武力掠夺他人财富的旧逻辑，选择了全新的和平发展道路，力求推进人类文明进步，实现国际公平正义。在国际交往中，我国坚持不以意识形态划线，不搞阵营对抗，致力于推动构建人类命运共同体，从而提高国际影响力与感召力，为世界其他国家和地区提供国家治理新模式。

（二）中国式现代化的本质要求凸显公平正义

习近平总书记在党的二十大报告中强调："中国式现代化的本质要求是：坚持中国共产党领导，坚持中国特色社会主义，实现高质量发展，发展全过程人民民主，丰富人民精神世界，实现全体人民共同富裕，促进人与自然和谐共生，推动构建人类命运共同体，创造人类文明新形态。"[①] 通过对本质要求九个方面的深入理解和研究可知，党中央对于公平正义的内涵和实践路径做出了解释和指引。

第一，坚持党的领导是政治前提。维护和促进公平正义是中国式现代化的应有之义，坚持中国共产党的领导是实现公平正义的前提。中国共产党诞生于烽火硝烟的年代，彼时中国被西方列强侵略，军阀混战，人民生活在水深火热之中，党的发展和壮大是历史和人民的选择，党带领人民取得了胜利，建立了新中国。新中国诞生后百废待兴，党带领人民完成了社会主义三大改造，进行了改革开放，取得了前所未有的巨大成就。中国在历经了百年苦难和辉煌之后，用事实证明了坚持党的领导是正确的。党的领导关系着中国式现代化的前进方向和建设成果。纵观我国历史发展，事实一再证明，要想取得伟大成

---

① 习近平：《高举中国特色社会主义伟大旗帜　为全面建设社会主义现代化国家而团结奋斗——在中国共产党第二十次全国代表大会上的报告》，人民出版社 2022 年版，第 23~24 页。

就、办好中国事情，就必须要坚持党的领导。党的领导是中国特色社会主义最本质的特征，是中国特色社会主义制度的最大优势。因此，要在中国式现代化征程中促进和实现公平正义，就要坚持党的领导。

第二，维护和促进公平正义离不开中国特色社会主义这一制度保证。自改革开放以来，我国经济、社会、文化等方面取得了巨大的成就，中国人民在党的领导下实现了自力更生的目标，过上了好的生活。在党的领导下，我们走出了一条符合中国特色社会主义国情的现代化道路，我国人口规模巨大、国情复杂，只有依据自身实际才能取得好的发展。不能够生搬硬套他国经验，那样只会陷入机械、教条的陷阱。党在领导改革开放和社会主义现代化建设的伟大实践中，逐步形成了中国特色社会主义理论体系，为实现社会公平正义提供了理论支撑。因此，我们要清晰地认识到，在中国只有坚持社会主义，才能够实现公平正义。只有坚定地高举中国特色社会主义伟大旗帜，才能明确公平正义的方向，才能有社会主义制度保证。

第三，实现高质量发展为公平正义提供物质基础。当前阶段，我国全面建设社会主义现代化国家的首要任务是实现高质量发展，只有以丰富、坚实的物质基础作为保障，才能够全面建成社会主义现代化强国。我国经济正在快速发展，在经历了供给侧结构性改革后，经济发展模式实现了巨大转变，当前正由中国制造向中国智造转变，完成粗放型增长向高质量发展转变。在经济发展和转型的过程中，党中央一再强调要保证公平，且通过各种政策来调整分配制度，多次强调并努力践行"在做大蛋糕的同时分好蛋糕"，为维护和促进公平正义提供物质保障，奠定物质基础。

第四，发展全过程人民民主，为维护和促进公平正义提供科学的方法。人民民主是社会主义国家的生命，是全面建设社会主义现代化国家的应有之义。"全过程人民民主是社会主义民主政治的本质属性，是最广泛、最真实、最管用的民主。"① 全过程人民民主不同于传统的西方选举，是将民主选举、民主协商、民主决策和民主监督进行有机统一，实现全过程闭环管理，以此来保障人民的民主权益，做到全过程程序明确、透明，具有鲜明的优越性，更加符合我国的实际国情。这一民主方式的提出，打破了西方主导的话语权，让全世界人民认识到，民主不是单一的选举，而是在于全过程的民主。全过程人民民主理论的提出并应用于实践，是党对于人民的积极回应，这包括了人民对于法治、社会治理、公平正义的期待，是人民意志的集中体现。通过全过程人民民主的践行，能够切实维护公平正义，最大程度保证人民的权益不受伤害。

第五，丰富人民的精神世界，为营造公平正义的社会环境提供文化支撑。习近平总书记指出，"人民有信仰，国家有力量"。人民的信仰来自精神世界，只有人民的精神世界丰富了，国家才能够有力量。正所谓人无精神则不立，实现中国式现代化既需要提高我国经济发展水平，提高人民的物质生活水平，同时也要加强文化事业的发展，丰富人民的精神世界，只有精神丰盈才能够促进社会更好的发展。我国有着悠久的历史和博大精深的优秀传统文化，传承中华优秀传统文化是丰盈人民精神世界的主要途径之一，大力弘扬革命文化，能够提升人民的革命信仰，传播社会主义先进文化，能够丰富人民的精神世

---

① 习近平：《高举中国特色社会主义伟大旗帜 为全面建设社会主义现代化国家而团结奋斗——在中国共产党第二十次全国代表大会上的报告》，人民出版社 2022 年版，第37 页。

界。通过多种途径实现文化的传承和传播，创新文化内容和传播形式，以满足人民对于精神文化的需求，让人民在丰富的精神文化生活中实现全面发展，让人民真正认识到公平正义对自己工作和生活的积极影响，用自己的行动来维护和促进公平正义，在全社会形成人人维护公平正义的氛围，为实现公平正义打下坚实的文化基础。

第六，推动构建人类命运共同体，为全世界形成公平正义的氛围提供理论支撑，展现中国共产党的世界情怀。我国自古以来在对外交往中始终抱有"海纳百川、有容乃大"的思想，中国共产党人在继承中华优秀传统文化的基础上，对于"他者"文明进行吸收和内化，形成中国特色社会主义文化，并在处理国际关系、面对不同的文化时始终坚守着"道并行而不相悖"的理想和原则，融合了马克思主义共同体、世界历史思想，形成了人类命运共同体这一重大论断，为世界未来的发展提供了新的思路和方向。西方世界中，对于世界的发展存在着极大的冲突，零和博弈思想占据了主导，认为东西方世界是此消彼长的状态。而人类命运共同体论断的提出，打破了西方人的刻板认识，摒弃了西方"国强必霸"的旧思维，打破了西方发达国家的话语权。我们以共同发展为基础，提出了以对话超越对抗、以互鉴代替冲突的理念，为世界各国的发展和交往指出了新的方向，让世界各国人民认识到发展的新途径，促进了人们的相互了解和沟通，实现了各国人民相知相亲，为世界提供了社会治理的新思路，伸张了国际公平正义。

（三）中国式现代化的重大原则昭示公平正义

党的二十大报告强调，要推进和实现中国式现代化，必须坚持以下重大原则："坚持和加强党的全面领导""坚持中国特色社会主义道路""坚持以人民为中心的发展思想""坚持深化改革开放""坚持发扬斗争精神",这五个重大原则彰显了党的公平正义理念。

党的领导是中国式现代化的根本性质。在中国式现代化建设中始终坚持和加强党的全面领导,是激发现代化强劲动力的根本保证,是凝聚各方力量的保证。只有坚定不移地坚持党的领导,才能够确保中国式现代化建设的正确方向和光明前景。中国式现代化是在学习西方发达国家先进经验的基础上,基于我国国情而设计的,有着鲜明的中国特色。在党的领导下,中国式现代化打破了以往"现代化=西方化"的错误认识,为世界展现了现代化的新面貌,为发展中国家走向现代化提供了新的路径选择。中国式现代化理论中,包含了中国特色的世界观、价值观、文化观及生态观等多种思想,是中国共产党理论实践的新成果和重大创新。因此,要实现中国式现代化,就必须要坚持和加强党的全面领导,坚持中国特色社会主义道路,这是维护和促进公平正义的政治前提和制度保证。

首先,"坚持以人民为中心的发展思想",从根本上维护和促进公平正义。中国共产党建立的初心是为中国人民谋幸福,党在建立之初就认识到人民的力量,认识到人民的重要性,并始终坚持以人民为中心。中国式现代化建设蕴含了深厚的公平正义理念。发展依靠人民、发展为了人民、发展成果由人民共享,这是中国共产党的以人民为中心的发展思想,任何时候都坚持以人民为中心。纵观西方国家的现代化可知,资本主义将人民看作是实现财富自由的工具,现代化则受资本的控制和裹挟,让广大的劳动者和无产阶级处于劣势地位,受资本家的剥削和统治,现代化成果难以实现共享。中国共产党在现代化建设中,始终坚持人民为中心的理念,牢记全心全意为人民服务的根本宗旨，在社会发展和前进中始终代表中国最广大人民群众的根本利益，因而获得了最广大人民的支持和拥护，依靠人民的力量建设中国式现代化。正是有了人民的力量，才能够在党的领导下取得举世瞩目的成就。因此，以人民为中心的发展理念，是建设中国式现代化、推动社会发展和实现公平正义的应有之义。

其次，"坚持深化改革开放"是维护和促进社会公平正义的重要举措。实现公平正义是社会主义的本质要求，同时也是深化改革开放过程中需要始终坚持的方向。自改革开放以来，党中央关于公平正义的理论不断更新，并在理论提出后加以深入的实践，实现了理论逻辑上的演进。一是公平正义的地位在逐渐提升。从党中央对于效率与公平的不同表述中可知，公平正义的重要性在不断上升。由初始的"效率优先、兼顾公平"发展到"兼顾效率与公平"，最新表述则成为"更加注重公平"，表述的演进体现出了党中央对于公平正义的认识在逐步深化，同时对于其在经济社会发展中的地位也在逐渐擢升。二是公平正义的范围在不断扩大。从党的理论发展中可知，公平正义的范围逐渐由经济领域扩展到其他领域，如生态领域、文化领域等，其范围逐渐演进为较大范围、较高层次，这样能够充分体现出党在国家治理中对公平正义的理解不断深入。当前，我国发展进入了新时代，在新的征程中，更需要全面认识深化改革的重要性，并坚持深化改革开放，全面维护和促进公平正义，凝聚全社会的力量，为建设中国式现代化贡献力量。

最后，"坚持发扬斗争精神"是维护和促进公平正义的优秀品质。习近平总书记在党的二十大报告中指出，要"增强全党全国各族人民的志气、骨气、底气，不信邪、不怕鬼、不怕压，知难而进、迎难而上，统筹发展和安全，全力战胜前进道路上各种困难和挑战，依靠顽强斗争打开事业发展新天地"①。斗争精神是根植于中华民族和中国人民生命中的精神。十八大以来，习近平总书记在不同的场合和讲话中提到斗争精神，并鼓励我们要敢于斗争，甚至将"敢于斗争、善于斗争"列为新时代"三个务必"之一。公平正义是需要维护的，在中国式现代化建设中要敢于斗争，并且要善于斗争，这样才能够最大程度地促进公平正义。全体人民只有在党的领导下始终坚持同不公平、不正义的势力和事物作斗争，才能凸显出中国人民的志气、骨气和底气，才能保证中国式现代化建设取得辉煌成就。

我国是人口大国，当前国际形势复杂多变，实现中国式现代化需要我们坚定信念，不忘初心，要深刻认识到中国式现代化的本质是符合人民群众利益的现代化。可以说，实现中国式现代化就是保证公平正义的必然之举，我们要始终坚持和加强党的全面领导，坚持改革开放，充分发挥斗争精神，与一切侵犯国家和人民群众利益的势力作斗争，为实现中华民族伟大复兴而不懈奋斗。

三、维护社会正义，让中国式现代化充满正能量

建立一个公平正义的社会，实现人人平等，是中国共产党建立之初就设立的目标和前进方向。正义是人类社会自存在以来就一直在追寻的价值导向。维护社会公平正义是新时代中国特色社会主义的本质体现，同时也是内在要求。自新中国成立以来，党中央对于维护社会

---

① 习近平：《高举中国特色社会主义伟大旗帜　为全面建设社会主义现代化国家而团结奋斗——在中国共产党第二十次全国代表大会上的报告》，人民出版社 2022 年版，第27 页。

公平正义的认识不断完善，形成了一系列的思想成果并付诸实践，取得了一系列辉煌成就。党的十八大以来，党中央着眼于实现中华民族伟大复兴的中国梦这一奋斗目标，坚持以人民为中心，提出了一系列新观点、新论断，将党关于公平正义的思想提升到了新的高度，伴随着社会的发展做到了与时俱进。

习近平总书记提出实现中国式现代化，其重要特征与本质要求都彰显出要维护社会公平正义。在实践中，党中央对于如何维护公平正义制定了诸多政策，这些政策围绕以人民为中心这一根本原则开展，涉及多个领域，切实为维护社会的公平正义提供了制度保障。

（一）维护社会公平正义，关键在加强执政党建设，要义在坚持依法治国

办好中国的事情，关键在党。中国共产党诞生于人民深处不公平、不正义的时代，那个时代的人民身处水深火热中，革命仁人志士为解救人民前赴后继，在完成抗日战争、解放战争后建立新中国，人民群众才真正过上当家作主的新生活。纵观中国共产党百年发展历程，就是一部奋斗史，是为人民群众服务、带领人民群众奋斗的历史。当前，党中央带领全国人民群众完成了全面建设小康社会的历史重任，实现了中华民族千年来的小康梦，让人民群众过上了好生活，经济建设、社会建设、文化建设均取得了巨大的成就，在国家治理方面党中央以巨大的政治勇气开展了全面社会改革。可以说，维护和实现社会公平正义关键在于党的建设。

加强党的建设，就要将矛头对准那些群众深恶痛绝的问题、群众反映强烈的领域。贪污腐败，自古以来就是中国人民深恶痛绝的问题，这些"老虎""蛀虫"不仅侵吞国家资产，给国家财产造成不可挽回的损失，同时还侵害了广大人民群众的利益。十八大以来，以习近平同志为核心的党中央高举制度反腐的大旗，敢于突进深水区，誓将权力关进制度的笼子，在全党上下形成不敢腐、不能腐、不想腐的机制。习近平总书记指出，反腐这一任务不定指标、上不封顶，这一有力的表述让中外看到了党中央对于反腐败斗争的态度和力度，让人民群众看到了党自我革命的信心、决心和力度。

习近平总书记关于反腐斗争的论述有着丰富的内涵，主要体现在以下几个方面。一是腐败历来就是社会的毒瘤，如果任由腐败分子继续侵害国家和人民的利益，势必会亡党亡国；二是反腐败斗争必须要保持高压态势，要以零容忍的态度惩治腐败，在党的建设中持续开展反腐败斗争，在全党上下开展党风廉政建设，并将之进行到底。习近平总书记关于反腐败的论述，正是党全心全意为人民服务的重要表现，是党提高人民满意度的重要体现。党中央自开展反腐败斗争以来，不仅将注意力集中在查处那些全国性的腐败大案，同时不断加大力度查处那些集聚在人民群众身边的腐败问题，针对小官巨贪问题加大监督力度，切实改变人民群众的生存和生活环境，提升群众的满意度，通过法律手段和制度建设相结合，达到了标本兼治的效果，消除了腐败产生的基础。

加强权力运行的制约和监督，实现权责一体，才能始终坚持为人民谋利益，这是党中央维护和发展社会公平正义的重大举措。十八届三中全会党中央提出要"构建决策科学、执行坚决、监督有力的权力运行体系""加强和改进对主要领导干部行使权力的制约和监督""推动党的纪律检查工作双重领导体制具体化、程序化、制度化"，对于严重妨碍公平正义的行为和不良风气坚决予以惩处。同时，为了规范党内生活，党中央还制定和出台了一系列制度条例，旨在制约领导干部滥用手中的权力，侵害人民群众的利益。党中央在反腐斗争、权力制约方面制定的政策和采取的举措，都在于实现好、维护好、发展好最广大人民的根本利益，更好地体现社会主义正义。

同时，习近平总书记还提出要坚定理想信念，在全党开展加强思想建设的行动。党中央制定和出台八项规定，进一步采取行动正风肃纪、从严治党，中央领导同志做出示范，引领广大党员干部从根本上扭转内心认知，深刻认识到党带领全国人民在实现中华民族伟大复兴的征程上所作出的努力，从而将自身融入进去，真正成为人民利益的维护者，切实维护社会公平正义。

维护社会正义，要全面推进依法治国。维护社会正义，要在全面依法治国、推进法治中国建设中实现。法治是一个国家实现社会公平正义的基石，是我国政治公平正义的制度保障，依法治国是我党自新中国成立以来一贯坚持的主张。自党的十五大提出依法治国这一战略以来，我国在法治建设上取得了一系列显著成果。全面依法治国是以习近平同志为核心的党中央结合我国的发展实际，从治国理政的战略高度提出的，为法治中国建设提供了新方向。在法治建设中，习近平总书记提出要通过"两步走"的发展战略来实现，要将科学立法、严格执法、公正司法、全民守法协调起来。要深刻认识到公平正义是法治的生命线，国家治理体系的完善需要有法律作为依托，要建立法治思维，在遭遇到不平等和不正义时拿起法律武器保障自身权益，以法治来维护和发展社会公平正义。

要推进法治中国建设，维护社会公平正义，首先要确保立法的科学性。实现社会公平正义需要有健全的法律体系作为保证，因此，构建良法体系是前提。科学立法就是要在深入调查和研究中国社会发展的实际上对法律法规进行更新和完善,这是深化改革和建设法治中国的基础环节。在立法过程中,要切实考虑各阶层人民群众的利益,将人民群众的关心事尽可能纳入法律改革和调整的范围中,从而通过法律层面体现真正意义上的公平正义。要做到社会建设和人民生活的方方面面都有法可依,出现冲突时,各方都能在法律条文中找到支撑自身利益的内容和依据,保证各方利益不受损失,从而实现法律的明确性、规范性和可利用性,维护和推进社会公平正义。此外,通过健全法律法规内容,能够将公民的权利和义务进行有效整合,从而促进社会资源的合理分配,避免出现只享受权利而不承担义务的情况。通过法律来保障和平衡各方利益,助推社会公平正义的实现。

其次,严格执法是维护和发展社会公平正义的主要环节。习近平总书记高度重视政法工作。他指出,政法工作的核心就是要通过法律保障人民群众的利益,通过政法工作来促进社会的公平正义。对于政法工作而言,公平正义是底线,是生命线,是工作的最高价值。司法机关是维护和促进社会公平正义的最后一道防线。这就要求政法战线的工作人员既能够切实将责任扛在肩上,牢记初心使命,手持正义之剑,用自己的行动来提高法律的公信力和威严,也要以实际行动捍卫已形成的社会公平正义,更要严格执法,让那些侵害人民群众利益的行为和不法分子受到惩罚,让广大人民群众多途径感受到社会公平正义,感受到政法工作人员在为维护和发展社会公平正义而努力奋斗。严格执法就是要突出解决好人民群众利益受损的问题,绝不允许出现人民群众报警求助而执法人员对此置之不理的情况,也绝不允许出现普通群众或者困难群众在求助司法时打不起官司的现象,对于那些滥用权力作出损害人民群众利益的人要严肃查处，确保政法工作的公平正义，为社会公平正义的维护和发展划定红线和底线。由此可见，法的生命力在于使用和实施，只有在执法过程中维护法律的权威和尊严，才能够在社会中形成敬畏法律的氛围，人民群众才能够在遇到利益被侵害的情况时第一时间求助法律，执法部门在执法过程中才能真正做到伸张正义，用实际行动来维护司法机构的使命，增强人民群众对于司法机关维护和发展社会公平正义的信心。

公正司法能够切实保护人民群众的合法权益，是维护社会公平正义的重要保障。公正司法是维护社会公平正义的最后一道防线，要在人民群众利益受到侵害时提供应有的保护和救济，惩处和制裁那些侵害人民群众利益的违法犯罪活动，给人民群众安全感。在司法过程中，要公正对待每一个人，尽量满足他们的司法诉求，避免出现以正为谬、颠倒黑白的现象。在社会发展中，当有人采取非法行为获益时，必然是侵害了部分公民的合法权益，如若对这样的现象置之不理，会直接伤害人民群众的情感和对司法的信心。如果这样的行为得不到应有的惩处，将会破坏社会公序良俗，恶化社会风气，给社会发展带来负面影响，从而动摇人民群众心中司法的权威性，更有甚者会影响到党执政的基础，让人民对党执政合法性、合理性产生怀疑，甚至对社会主义产生怀疑。

此外，我国是人民民主专政的社会主义国家，法律作为人民意志的体现，是实现人民民主专政的手段之一。对于当前一些领域存在的司法不公而导致司法公信力不足的问题，其原因主要在于司法队伍中存在个别害群之马，在办案过程中作风不正、业务能力不足，甚至存在一定程度的办案不廉等情况。因此，强有力的监督是填补制度漏洞的重要保障，即要全面深化司法体制改革，健全和完善司法相关规章和制度，将司法不公的现象扼杀在摇篮里，通过扎紧制度的笼子来减少不良现象的出现，在司法过程中始终坚持以人民为中心，努力做到公正司法。

维护和发展社会公平正义还需做到全民守法，公民群体通过自身努力能够营造良好的社会法治环境。要做到公民群体在社会活动中守法，就需要明确自身的权利和义务，在宪法和法律规定的范围内参与各项活动，行使各项权利，履行各项义务，即不论何人何组织都应当以法律为行为准绳，不得有超出法律许可范围的特权和思想。在社会活动中如果发生不必要的矛盾和纠纷，应当及时寻找法律作为解决问题的最佳办法，树立法治思维，寻求法律保护。对于任何一个国家而言，营造良好的社会法治环境和氛围都不是一朝一夕的事情，需要全体公民长时间地坚持并采取实际行动。同时，还需要在全社会开展有效的法治宣传，采取多种途径营造人人懂法、人人守法的良好氛围和环境，让法治思想在公民的内心和思想中生根发芽，为维护社会公平正义奠定法治思维基础。

提高法治思维，营造良好的全民守法的社会环境，不仅需要做好宣传，更需要有引领示范。党员和干部要做到以身作则，在生活和工作中率先守法，在日常工作和生活中不论采取何种行动，都要在宪法和法律允许的范围内，要在内心深处切实树立对宪法和法律的敬畏心，坚守法律底线，坚决不触碰、不逾越法律红线。党员和干部要自觉学习法律法规相关知识，要切实建立法治思维，提高自身依法办事的能力。同时，还要学习党内法律法规和各项政治经济相关知识，遵守各种行为规则，充分发挥党员的先锋模范作用，以党员面貌和良好形象为人民群众做好带头示范作用，树立良好的遵法守法用法的示范典型，以自身行动为社会注入正能量，维护和发展社会公平正义，增强人民群众的法治信心，通过法治推动社会公平正义的实现，助力中国式现代化建设。

（二）维护社会公平正义，要坚持以人民为中心，确保群众能够平等享受权利，提高生活品质

本质上来说，社会公平正义是社会发展中人们的权利、自由、利益应如何分配的问题，要想实现上述三项内容的合理分配就必须要有一个维护正义的分配体系作为支撑。习近平总书记指出："加紧建设对保障社会公平正义具有重大作用的制度，逐步建立以权利公平、机会公平、规则公平为主要内容的社会公平保障体系。"①

维护公平正义，要确保人民群众能够平等享受各项权利。权利公平是保证一个国家和社会公平正义的前提和基础，权利公平蕴含的意思就是在社会建设和发展中"人民平等参与、平等发展的权利"，对于每个社会成员来说，即能够平等地分配和分享社会财富，获得自身应得的收入的权利。这一部分的公平正义是保证人民参与社会活动资格的底线。一个社会只有保证权利公平，才能够让人们在参与社会建设和发展时充分发挥自身的劳动价值，才能促进社会公平正义环境的形成。在社会政治和法律方面保证权利公平平等，就是保证公民在法律面前的平等，确保公民在社会活动中能够获得无差别差等的对待，从而在社会中形成反对特殊化、反对特权的社会氛围，这是维护和促进社会公平正义的内在要求。随着社会的发展和人民思想的进步，当

---

① 习近平：《切实把思想统一到党的十八届三中全会精神上来》，《人民日报》2014年1月1日，第2版。

前群众对于国家政治的参与程度、个人自身利益的关系程度、个人权利意识和公平正义意识都在不断提升和增强，并且逐渐由原来的认知层面向发展层面上升。人民群众更加注重自身权利的保障，且保障的领域和范围也在不断地拓展，由原来的生存权拓展到教育、医疗、就业、社会保障等各个方面，且随着互联网在各个领域的应用，人们表达意见的途径越来越广泛，对于涉及自身权益公平正义问题的意见和反馈也越来越强烈。

以习近平同志为核心的党中央，始终坚持以人民为中心的发展理念，注重人民权利的获得和保障，并通过宪法的形式来确定人民的各项权利。习近平总书记在纪念现行宪法公布施行 30 周年的大会中明确指出，保障公民的人身权、财产权、基本政治权利等各项权利不受侵犯，保证公民的经济、文化、社会等各方面权利得到落实。

《中华人民共和国宪法》中明确规定了公民的基本权利，从而为维护和促进社会公平正义提供了根本的法律保障。

保证宪法的顺利实施，就是为人民利益落实提供法律保证。为此，党中央决定设立国家宪法日，在全社会培育起尊重宪法、敬畏宪法的社会观念和氛围，并建立宪法宣誓制度，以此来提高宪法在公职人员心目中的地位，激发其担当意识和责任意识。通过这样的设定，既能够让广大人民群众认识到宪法作为我国根本大法的重要性，是维护公民权益的最可靠保障，又可以让公民了解到中国共产党在国家治理中自觉遵守宪法，弘扬宪法精神，彰显出我们党依宪执政的决心和信心，达到维护宪法权威、树立宪法尊严的目的，最终为实现和维护社会公平正义奠定法理基础。

机会公平是维护和实现社会公平正义的必要条件。机会公平意味着社会成员在参与社会建设的过程中能够拥有自由选择的权利，能够依据自身的特长和爱好选择适合自己的工作，在遇到生存和发展的机会时，每个公民都能够平等地选择，在社会各项资源面前，每位社会成员都拥有平等使用的权利和机会。只有机会平等才能够最大程度激发出每位社会成员的潜力，在社会建设中充分发挥自身的价值。而机会的不平等则会在社会建设中形成不良社会风气，限制社会成员的生存和发展空间，极容易造成权力滥用，出现权力寻租等现象，最终导致资源垄断，加剧贫富两极分化，极大影响社会良性发展。

　　针对机会不平等现象，党中央多次强调和提出，要切实承担起政府的职责和使命，让公平正义的阳光照在每一位公民的身上，让每一位社会建设者和参与者都能够实实在在地享受到公平正义。我们要认识到，维护和促进社会公平正义，让每一位公民和社会参与者都能够在机会面前平等地选择，平等地参与各项事务，这既是人民的希望，又是政府的职责和使命。对于每一位公民而言，能够平等地享受各项权利，才能够在未来的发展中出现无数的人生高光，才能对未来充满希望。对于国家而言，只有在社会发展中坚持公平正义的治理理念，才能助推每一位公民追逐自己的梦想，为全体公民创造出公平竞争和发展的空间与舞台，为每个人提供梦想成真的机会。政府通过政策的制定和施行，向全社会传递出强烈的信号，即政府要努力为每一位公民提供平等的机会，无论来自哪里，无论家庭背景如何，只要不放弃自己的梦想，不放弃追逐梦想的信心和决心，就可以通过自己的努力获得应有的回报。对于那些经济参与者而言，只要遵守国家的法律，诚信经营，公平竞争，就能够收获应有的社会财富。

　　规则公平是维护和保证社会公平正义的重要保证。在社会活动中，每一位参与社会建设的成员都需要严格遵守公平的规则约束，要有规则意识，并认识到每个人在规则面前都是平等的。以习近平同志为核心的党中央对于社会建设中的规则建设有着高度的重视。通过制定法律、规章制度等方式来建立公平正义的规则，并引导全社会形成正确的规则意识，同时对于妨碍公平竞争的行为给予强有力的制约，尤其是在社会主义经济制度建设中，明确提出要废除阻碍非公有制经济发展的规章制度和规定，为非公有制经济的健康发展保驾护航，消除已经存在的各项隐形壁垒。在城乡建设方面，打破城乡二元结构，消除限制城乡居民公平发展的硬性壁垒，让城乡居民能处于平等生活地位。习近平总书记在考察时多次强调，要加快开展户籍制度改革，打破城乡二元结构，推进城乡一体化建设，要在城乡建设中逐步形成以工促农、以城带乡、工农互惠、城乡一体的新型工农城乡关系，实现人人共享社会发展和改革的红利。党中央采取的一系列有力举措对维护和促进社会公平正义有着重要意义。

维护社会正义，就要坚持以人民为中心的发展思想，要在增进民生福祉、提高人民生活品质中实现。习近平总书记多次强调，"江山就是人民，人民就是江山"，关注民生、改善民生，是我们党始终坚持的基本原则。习近平总书记高度重视民生建设，提出各级政府要围绕做好保障和改善民生开展工作。在增进民生福祉的问题上，习近平总书记十分关心人民群众的生活、就业、教育、医疗等问题，并针对这些领域制定路线方针政策，推动民生领域的全面社会改革。

首先，要增进民生福祉，提高人民生活品质，就要完善分配制度，实现财富和收入的公平分配。在分配过程中要正确认识和处理政府、企业和公民三者的分配关系，切实做到让全体公民都能够平等地享受到经济发展成果，从而实现共同富裕。要深刻认识到社会主义分配制度是促进我国实现共同富裕的基础性制度，并始终坚持按劳分配为主体、多种分配方式并存，构建初次分配、再次分配、第三次分配协调配套的制度体系。通过完善制度体系建设，能够让多劳者多得，提高初次分配中劳动报酬的比重，从而让从事劳动的公民得到应得的劳动成果，通过制度鼓励勤劳致富，使低收入者群体能够通过自己的努力增加收入，让中等收入的群体在付出劳动后能增加收入，从而促进社会的公平正义。要多渠道增加城乡居民财产性收入，让每一位城乡居民都能够在蛋糕做大做好的基础上，分到自己应得的蛋糕。同时，通过税收调节、社会保障、转移支付的形式，让弱势群体和低收入阶层获得应有的关注，并满足其生存和生活的诉求，确保社会各个阶层的利益能够达到协调与公正。

其次，增进民生福祉，提高人民生活品质，就要实施就业优先战略，确保每个公民能够获得公平就业机会。对于每一个公民来说，就业是保障其生存和生活的根本，对于国家而言，保障每一个公民的就业平等权利是最基本的民生。平等的就业对于每个公民而言就是现实的机会公平正义，只有通过个体艰苦奋斗，才能够实现中国式现代化。美好生活是人民奋斗出来的，是劳动创造出来的，就业公平正义能够让公民在就业中充分实现自身的价值。要确保就业优先政策的落地，就要打破阻碍就业公平正义的政策和制度，消除不合理的限制和已经存在的就业歧视，让每一个公民都能够在就业中实现自身发展和理想。如果在社会发展中难以保证就业的公平正义，就会让公平正义的意义荡然无存，社会中存在着诸多的负能量，这对于建设中国式现代化具有极大的负面影响，将会导致收入分配制度的失衡，造成公民对分配制度产生怀疑和不满，最终影响国家发展和社会稳定。

最后，维护和发展社会公平正义，需要健全社会保障体系。健全社会保障体系能够有效地促进社会公平正义的发展，能够为那些弱势群体提供生存保障，是改善民生的必要之举。健全社会保障体系，就要不断探索新的发展路径，要将公共资源更多地向基层延伸，尤其是向农村延伸，最大程度地做到农村全覆盖，将保障措施向那些老弱病残等弱势群体倾斜，真正做到老有所依、幼有所养、残有所帮、贫有所扶，在此基础上，为人民群众提供可靠的、有针对性的社会保障，同时还要保障医疗水平有所提升，为群众提供更加高质量的医疗服务。

（三）维护社会公平正义，要坚持科教兴国战略，确保人民群众教育平等和就业平等，精神需求得到满足

维护社会正义，要在科教兴国战略中实现。人才是建设中国式现代化最重要的资源，只有大量的高新人才加入到社会主义现代化建设中，才能够为国家发展提供源源不断的动力，只有一代又一代的高素质人才投入到中华民族伟大复兴这一伟大事业中，我们才能够实现这一目标，从而屹立于世界民族之林。习近平总书记在二十大报告中指出，要坚持教育优先发展，教育是科教兴国战略的基础，保障教育公平正义是保障全国青少年能够平等接受国家教育的前提基础。可以说，教育的公平正义直接关系到社会建设的公平正义，是维护和促进社会公平正义的基础和根本。对于普通公民而言，只有接受教育才能有机会触摸自己的梦想，才能够改善自身生活，因此，教育对于改善民生而言具有决定性的作用。当前，我国在校学生接近三亿，习近平总书记强调要促进教育公平，建设学习型社会，要让每个孩子都能够享有公平接受教育的机会。党和政府通过推行九年义务教育、推行无息贷款等方式，让那些家庭困难的孩子都能够无后顾之忧地接受教育，不让任何一个孩子因为费用的问题而放弃学业。多措并举保证教育的公平性和正义性，从而改变无数儿童的人生轨迹。

此外，在发展教育的同时，我国还着力加快建设高质量的教育体系和完善科技创新体系，为我国高素质人才提供平等竞争的机会和平台。当前，我国发展环境日趋复杂，国际形势较为严峻，在科技方面面临着巨大的风险挑战，党中央在面对百年未有之大变局中，不断完善和健全科技创新体系，为科技创新人才提供公平正义的环境，保证其创新成果。在我国取得巨大发展成就的当下，科技成果之树硕果累累，但西方国家依然不断封锁和打压我国科技创新能力，使得我国部分创新企业在国际社会中难以开展公平的竞争，对我国科技企业创新的信心造成不良影响。面对这一情况，国家制定一系列鼓励政策引导各企业和科研机构开展科技创新，坚持以国家战略需求为导向进行科技创新，为社会发展提供科技支撑，同时为原创性、引领性科技创新保驾护航，保证科技创新企业和机构能够公平竞争，维护了科技创新正义，让科技应用于社会建设，为中国式现代化发展注入科技力量。

维护和发展社会公平正义，需要推进文化资源建设，丰富人民群众的精神世界。我国历史悠久，在长久的历史发展中积累下了丰富的文化知识。文化作为一个民族的灵魂，对中华民族的发展有着深远影响。进入新时代，党的中心任务是带领全国各族人民全面建成社会主义现代化强国、实现第二个百年奋斗目标，以中国式现代化全面推进中华民族伟大复兴。习近平总书记在二十大报告中明确指出，中国式现代化是物质文明和精神文明相协调的现代化。新中国成立至今，我们党带领全国各族人民艰苦奋斗、自力更生，完成了新民主主义革命、社会主义革命，在改革开放的浪潮中实现经济的快速发展，当前我国经济总量已经稳居全世界第二的位置，人民物质生活得到了极大满足。但随着互联网的快速发展及全球化的发展，外来文化的冲击使得人民群众的精神世界受到了一定影响。

我国历史上下五千年，在悠久的历史发展历程中，形成了博大精深、源远流长的中华文化。进入新时代，精神文明发展要紧抓中华优秀传统文化，将中华优秀传统文化同马克思主义相结合，发展出中国特色社会主义文化，推动文化资源建设，丰富精神文明建设成果。在文化领域助推社会公平正义方面，习近平总书记指出，要充分发挥中华优秀传统文化和社会主义核心价值观的作用，对人民群众形成良好的文化引领作用，指导群众建立社会主义意识形态。

在文化建设方面，文化兴盛代表着一个国家和民族的兴盛。中华民族伟大复兴不仅需要经济高度发达，还需要文化繁荣发展。要有选择地继承和发展中华优秀传统文化，尤其是先人传承下来、沿用至今的一些道德规范和行为方式，要结合中国特色社会主义文化，做到坚持古为今用、推陈出新，并有针对性地鉴别和选择，对有利于社会公平正义、规范人们行为的文化进行创新性集成，并加以认真对待，对于那些封建残余思想和文化糟粕，则要抛弃。

中华民族自古以来就是一个文化丰富多彩、发展硕果累累的大家庭，同时中华民族也是一个能够吸收外来先进文化并形成本民族独有文化的兼收并蓄的伟大民族。进入新时代，在全社会大力弘扬社会主义核心价值观，继承和弘扬中华优秀传统文化，对于提升我国文化软实力和国际影响力有着重要的作用。

　　文化公平正义首先需要我们对中华优秀传统文化有着深入了解和认识，并在这一过程中加以鉴定和辨别，对中华优秀传统文化进行传承和创新。同时，要在习近平新时代中国特色社会主义思想的指导下，坚持开放包容的心态，向西方发达国家学习先进的现代化文化，并进行改良和创新，使之服务于中国特色社会主义文化建设。自十八大以来，党中央对于文化建设的重视程度与日俱增，采取多种措施和途径开展文化建设，取得了丰硕成果。要坚持将社会主义主流文化作为文化建设和精神文明发展的指引，以文化的力量来激励和团结全国各族人民，奋勇前进，为中国特色社会主义文化建设和发展提供强大、持久的力量。

　　此外，作为多民族国家，我们国家的文化是集各族优秀文化于一身的。文化领域的公平正义也体现在各民族文化共同发展和进步的基础上。我国有 56 个民族，每个民族都有独属于自身民族的文化，精神文明建设和文化发展需要考虑到每一个民族的文化继承和发展的问题，要满足我国多民族文化资源的多样性和独特性的发展需求。同时，要考虑不同民族人民群众对于文化产品的不同需求。这就需要在文化建设中坚持平等地对待不同民族文化的原则。要正确认识各民族的信仰、经济、所处地域及当前文化建设和发展水平的差异性，消除阻挡在各民族之间文化发展不平等、不均衡的限制，针对不同民族文化继承和发展的实际情况作出保护各民族文化资源的政策，并采取一定措施来充分发挥民族文化的独特优势。要避免出现错误倾向，其中包括阻碍本民族青少年和人民群众认可本民族文化、将本民族文化自觉隔离于中华文化之外、不认同中华文化等多种错误倾向。这些错误倾向既不利于本民族文化的传承和发展，也不利于中国特色社会主义文化建设。中华文化之所以能够屹立于世界之林，在经历了近现代战争后仍然有着顽强的生命力，是因为其拥有深厚的历史文化底蕴，是来自各民族的力量，是多民族文化的积淀和结晶。

中国梦的实现需要以文化的繁荣为前提，文化繁荣离不开每一个民族的文化发展。在中国式现代化建设中，要实现文化的繁荣发展，要丰富人民群众的精神文化需求，就要站在全体中国人民的立场上发展文化，这需要各个民族共同努力才能够实现，只有各民族的优秀文化得到继承和创新，才能够满足人民群众的文化需求，从而保证文化的公平正义。

(四) 维护社会公平正义，要实现人与自然和谐共生

维护和发展社会公平正义，需要实现人与自然和谐相处，加大生态保护的力度。地球是一个自然生态系统，人类生活在地球上，自然是人类赖以生存的基础条件，人类与自然形成了一个生命共同体，只有尊重自然、保护自然，人类才能具有生存的基本保障。生态的公平正义直接影响人民群众的生态环境利益分配的正义性。进入 21 世纪，各国的经济发展随着社会生产力的快速提升而进入到高速发展阶段，随着生态问题发生了巨大变化，高度工业化对生态造成的负面影响已经成为世界性难题。当前，全球性各个国家和地区都不得不面对所存在的生态环境问题，且这一问题日渐凸显，已经影响到人类的健康生活。当前，全球性气候变暖、自然资源枯竭等已然成为共性问题，水资源污染、土地资源污染、大气污染等环境污染问题严重威胁到人类的生存与发展。

对于人类而言，生态资源是其共同的财富和资产，维护社会公平正义要保障每一位公民自然资源分配权利的平等，确保每一位公民都

能够承担生态保护的责任和义务。建设和完善生态文明，是全人类的必然选择，要不断加强生态环境保护，多角度提升生态保护的责任和意识，唯其如此，方能够促使人们在生产和生活中将生态保护的义务落到实处，真正贯彻"绿水青山就是金山银山"的绿色发展理念，真正促进人与自然的和谐共生。

马克思主义认为，人是自然的一部分。因此，要平衡人类自身与自然的关系，在利用资源时要保护生态，这样才能够使自然生态按照客观规律发展，从而实现资源的可持续利用。中国共产党作为马克思主义政党，在执政中始终坚持马克思主义生态正义思想，结合我国的发展实际，在党的十五大提出了实施可持续发展战略，并始终贯彻执行，在发展经济的同时保护生态环境，取得了一系列重大成就。党的十六大则将"可持续发展"确定为全面建设小康社会的目标之一，并通过制定法律法规来确保可持续发展战略的执行力度。十七大将"可持续发展"纳入科学发展观，将其作为国家发展的重要内容来执行，确保经济高速发展的同时，生态环境能够得到相应治理和改善。

党的十八大报告将生态文明提高到了更加重要的位置，与经济建设、政治建设、文化建设、社会建设共同列为"五位一体"总体布局，成为中国未来建设的方向和战略。综上，倡导生态文明建设成为党中央在不同历史阶段对于党的理论和建设的完善，是国家治理的又一重大论断。可持续发展是我国经济、社会、文化发展的重要基石，只有实现人与自然和谐相处，才能够保证人类的可持续生存。习近平总书记站在人类社会未来发展的战略高度作出了"绿水青山就是金山银山""生态兴则文明兴，生态衰则文明衰"的正确论断，丰富了党关于生态公平正义的理论内容。近年来，尤其是党的十八大以来，党中央对于生态文明建设和自然环境保护作出了巨大努力，极大地改善了人民群众的生活状态，确保不同地区的人民群众在生态文明建设方面都能够得到平等的权利。在生态文明建设方面，我国作出的努力、取得的成就为全球提供了可资借鉴的方案和经验，为全人类实现生态正义作出了中国贡献。

习近平总书记对于生态文明建设有着深刻的见解，他指出，在生态文明建设方面要做到"谁受益谁补偿，谁污染谁治理"的责任分担原则，对存在生态环境污染的地方必须及时作出经济补偿。同时，除了改善和整治城市生态，更要重点关注农村生态保护，尽最大努力缩小城乡区域间的生态保护差距，让不同地区的人民群众都能够平等地享受生态环境建设和改善带来的有益成果，让人民群众在绿水青山间感受生态权益分配的正义性。

总之，中国式现代化的实现需要在党的坚强领导下，坚持以人民为中心的发展思想，坚持依法治国，从提高人民群众生活品质的方方面面着手，确保人民群众日益增长的美好生活需求得到满足。中华优秀传统文化源远流长，对于正义思想的践行最终的落脚点都集中在人民身上，只有真正将人民群众的需求放在心上，才能够真正实现中国式现代化对于公平正义的追求。

第五章

和合：中国式现代化的辩证思维

　　和合是中华优秀传统文化中的核心概念之一，它反映在中国传统哲学思想、家庭价值观、个体责任感和文化多元性中。在中国式现代化的进程中，和合发挥着重要作用，为中国式现代化提供了坚实的道德和文化基础，它不仅有助于解决一些现代社会面临的问题，而且有助于保持中国文化的独特性，使中国既能够适应国际化的潮流，又能够保持自己的文化身份，确保中国在现代化的进程中实现经济繁荣，保持社会和文化的和谐与稳定，实现全面、平衡和可持续的现代化发展。

一、和合思想的历史解读

　　在汉语中，"和"意味着和谐、平静、友好和协调，暗示着一种相互包容、相互尊重的关系；而"合"意味着结合、融合、统一。因此，"和合"可以被解释为不同元素之间的和谐统一或融合。在中国传统思想中，和合被视为一种理想状态，是社会和个人道德发展的最高目标。在中国传统思想中，所谓的和合，主要体现一种中正、中和、均衡、协调的特征。但是，和合不是一团和气，不是消灭矛盾差别，而是在承认有矛盾有差别的基础上的和谐，是和而不同，是求同存异，是强调矛盾的辩证统一，是多样性的统一。

（一）和合观念的起源和流派

作为中华文化的基本精神和中国哲学的基本命题之一，和合思想在中国古代起源比较早。"和""合"两个字在商周时期的甲骨文、金文中就已出现。《尚书》曰："推贤让能，庶官乃和，不和政庞"（《尚书·周官》），指出任贤用能，官民就会和谐，政权就会稳定。《尚书》载："周公曰：……文王……徽柔懿恭，怀保小民。惠鲜鳏寡。自朝至于日中昃，不遑暇食，用咸和万民。文王不敢盘于游田，以庶邦惟正之供。文王受命惟中身。厥享国五十年"（《尚书·无逸》），指出官员以民为本就会政权稳定，社会和合。《管子》曰："畜之以道，则民和；养之以德，则民合。和合故能谐，谐故能辑。谐辑以悉，莫之能伤也"（《管子·兵法》），指出民和合就能产生强大力量，国家就会称霸天下。《国语》曰："商契能和合五教，以保于百姓者也"（《国语·郑语》），指出"父义、母慈、兄友、弟恭、子孝"五教和合，百姓就能和谐安定，这也是中国古代首次将"和""合"二字连用。上述论述构成了中国古代和合思想的基本理论体系。

春秋战国时期，中国出现了多种不同的思想流派，儒家的兴起对和合思想产生了深远的影响。孔子在继承前人的基础上，对和合思想加以阐述，使儒家的和合思想初步理论化、系统化，并对后世中国产生了深远影响。孔子认为，人类生活在社会中，个体与个体之间、个体与社会之间、个体与自然之间都存在着一种和谐的关系。他主张通过遵循礼仪、尊重他人、恪守道德等方式来实现这种和谐。

仁是孔子思想的中心概念，他认为通过培养自己的仁德，个人可以影响和改善社会关系，从而促进社会的和谐与稳定。对于如何实现仁，孔子强调首先要不断学习，获得知识水平的提升，在提高自己理性鉴别能力的同时，将这种知识外化，体现出优良的品德。孔子说："好仁不好学，其蔽也愚；好知不好学，其蔽也荡；好信不好学，其蔽也贼；好直不好学，其蔽也绞；好勇不好学，其蔽也乱；好刚不好学，其蔽也狂。……子张问仁于孔子，孔子曰：'能行五者于天下为仁矣。'请问之，曰：'恭、宽、信、敏、惠。恭则不侮，宽则得众，信则人任焉，敏则有功，惠则足以使人。'"（《论语·阳货》）孔子列出了"恭、宽、信、敏、惠"是实现仁的优良品德。他认为，只有通过个人的内在修养，培养良好的品德和道德行为，个体才能达到内心的和谐与平衡。在追寻仁道的过程中不仅要具有仁的品德，还要把这种品德转化为与他人产生关系的内在和外在方式，也就是个体与社会之间的和合。

要实现个人与社会和合，除要实现仁的品德的内在转化外，还要实现仁的品德的外在转化，即通过礼来维护群体秩序。《论语》载："颜渊问仁。子曰：'克己复礼为仁。一日克己复礼，天下归仁焉。为仁由己，而由人乎哉？'颜渊曰：'请问其目。'子曰：'非礼勿视，非礼勿听，非礼勿言，非礼勿动。'颜渊曰：'回虽不敏，请事斯语矣。'"（《论语·颜渊》）孔子将礼看作是实现仁、实现和合之重要方式。除了能实现个人价值的修养，社会还必须有"道"。当社会有道时，个人应当积极奉献自身的力量；当社会无道时，个人应当保持独立人格，不随波逐流。那么如何才能让社会有道呢？《论语》曰："能以礼让为国乎？何有？不能以礼让为国，如礼何？"（《论语·里仁》）孔子认为，必须要用礼来约束，才会有道，以礼来约束君君、臣臣、父父、子子，天下才会稳定。君主应以仁德为基础，实行仁政，社会才能和谐发展，个人才有机会凭借自己的能力和努力获得认可和回报，实现个人的自我价值，从而达到个人与社会的和谐。

孔子的和合思想还强调了人与自然之间的和谐关系。《论语·阳货》载："天何言哉？四时行焉，百物生焉，天何言哉？"孔子肯定了天是包括四时运行、万物生长在内的自然界，人与万物都是自然的一部分。孔子还说："人及万物鸟兽昆虫，各有奇耦，气分不同。"（《孔子家语·执辔》）在孔子看来，人与世间万物都是由"气"构成的，这种气又被称为"天地阴阳之气"，人与世间其他的生物之所以产生质的区别，就是因为构成彼此的"气"有区别。此外，孔子不仅把"天道""地道""人道"并称，而且把人道放在了中间位置，以突显人的重要性。《礼记·礼运》曰："故人者，其天地之德，阴阳之交，鬼神之会，五行之秀气也。"孔子认为天地间、阴阳鬼神之中，人都是最重要的。

孔子突出人在自然界重要性的论述，对后世儒家产生了重要影响，如《孟子》曰："天时不如地利，地利不如人和。"（《孟子·公孙丑下》）《荀子》曰："上不失天时，下不失地利，中得人和，而百事不废。"（《荀子·王霸》）孟、荀二人都把人与天地并列，并把人居于中心位置，以凸显人的重要性，这完全是对孔子思想的继承与发展。

孔子的和合思想在中华优秀传统文化中占据着重要的地位，并对中国社会产生了深远的影响。它注重个人责任和道德修养，强调社会秩序的重要性，倡导与他人和谐相处。这种思想观念被后世中国人广泛传承，并成为塑造中国社会关系和价值观念的重要基石之一。

孟子是儒家学派的重要代表之一，他进一步发展了和合观念。孟子认为，人性本善，每个人都具有善性和道德良知，他将人性的善视为人们追求和合的内在驱动力，强调人与人之间的情感联系和道义责任，主张人们应该相互关爱、互助合作，共同追求社会的和谐与安宁。《孟子·离娄下》曰："爱人者，人恒爱之；敬人者，人恒敬之。"只有通过关心和爱护他人，才能获得别人的爱和关心，从而实现社会和谐。这种关注他人的"仁"的精神，不仅应体现在个人的道德修养上，也需要在社会和政治层面得到应用。孟子提出了"四端"的理念，强调礼、义、廉、耻、仁、信等的教化，如孟子曰："恻隐之心，仁之端也；羞恶之心，义之端也；辞让之心，礼之端也；是非之心，智之端也。"（《孟子·离娄下》）他认为通过培养和实践仁、义、礼、智这四种品质，可以实现社会的和谐与进步，"凡有四端于我者，知皆扩而充之矣，若火之始然，泉之始达。苟能充之，足以保四海；苟不充之，不足以事父母"（《孟子·公孙丑上》）。"仁"是基于爱与关怀的道德行为，"义"是个人对社会责任的履行，"礼"是建立良好人际关系的规范，"智"是明智地思考和决策，以促进社会的发展与进步，这四端的平衡发展有助于人们在个人层面和社会层面实现和合。孟子的和合思想在儒家学派中占据重要地位，对后世中国的国家治理产生了非常重要的影响。

和合观念并不仅仅局限于儒家学派，在中国古代其他学派中，也有类似的观念。

道家强调天人合一的思想，主张通过无为而治、顺势而为和自然无为来达到人与人、人与自然界的和谐关系。天人合一强调个人应该超越自我，顺应自然的规律和变化，通过顺势而为，使个人超越世俗的烦恼，追求内心的宁静和平和，从而达到与宇宙的和谐统一。天人合一思想的表现则是自然无为，个人通过顺应自然的发展和变化实现无为而治，个人通过修炼和净化自己的心性，遵循内心的本真，实现心与道的合一，从而获得内心的平静和合。道家天人合一的思想对于政治治理有着重要的启示和影响。它提供了一种无为而治的政治理念，认为统治阶层不应过度干预社会和个人的生活，而是通过尊重自然的规律和人民的自由，无为而治，减少社会的摩擦和冲突，实现社会的和谐与稳定。

墨家则强调"兼爱""非攻"，强调广泛的爱与无私的关怀以及对战争和暴力的反对，主张人们应该平等相待，消除社会中的利益冲突和不公平现象，从而实现社会的和谐与稳定。"兼爱"的核心理念是平等和公正，每个人都应该受到同等的关注和尊重。墨家认为，人们应该无私地关爱所有人，不分亲疏，不分贵贱，以消除社会中的偏见和不公平。而"非攻"，即反对战争和暴力，墨家认为战争和暴力只会带来苦难和痛苦，违背了人道的原则。只有通过和平手段解决争端，推崇和平的原则，社会才能稳定发展。墨家的"兼爱"思想并非简单的同情和善意，而是一种积极的行动，是对他人的尊重、关爱和帮助，是一种普遍的道德要求，不仅适用于亲属和朋友，也适用于与我们无关的人，人们应该以仁爱之心对待所有的人，无论他们的身份、地位或关系如何。墨家主张将"兼爱"扩展到整个社会和人类，以建立一个和谐、包容、互助的社会。

法家则强调法律和制度的重要性，认为通过明确的规则和约束可以使社会秩序和顺。法家强调以法治国，将法律作为统治的基础。在法家看来，社会中存在着各种利益冲突和矛盾，为了实现社会秩序的稳定，必须通过法律来调和和平衡各种利益关系。法律被看作是社会成员之间相互交往必须遵循的准则，它的约束和规范，可以化解冲突，促进社会的和谐发展。他们主张建立完善的法律制度，通过法律的规范和执行来维护社会秩序。法家强调合法的统治和治理，即依法合规。他们认为，执法者应该在法律的框架内行使权力，不得滥用职权，必须遵循公正和公平的原则，只有合法的统治才能够获得人民的支持和信任，才有利于社会的稳定和发展。法家认为，法律应该公正、明确，并且适应社会的变化和需要。他们主张依法治理，将法律作为统治的基础，强调在合法的基础上进行政治和社会管理，以实现社会的稳定和治理。

括而言之，和合观念的起源可以追溯至上古时期，先秦时期，儒家、道家、墨家、法家等学派关于人与人、人与自然、人与社会之间和谐关系的阐述，丰富了和合思想的内涵。和合观念对中国古代社会、政治和文化产生了深远影响。它不仅反映在个人修身、家庭伦理、社会及国家治理等方面，同时也体现在传统文化、文学、艺术和建筑等领域中。

（二）和合思想的演化与创新

和合思想作为中国古代哲学中的一种重要思想流派，具有深远的影响和重要的历史意义。在不同的历史时期，和合思想在中国社会中传承与演化，不断适应和回应着社会的变化和需求。随着历史的变迁和社会的发展，和合思想的内涵和应用也有所不同。不同时期对和合思想的表达也有所差异。然而，无论在哪个时期，和合思想都是中华文化传统中重要的价值观念。

秦汉以来，中华文化呈现出一种独特的"和合"特征，即不同文化元素的融合和协调。秦朝实施了一系列的中央集权政策，通过统一文字、法律和货币等手段，实现了国家的政治一体化。这种中央集权的政治制度为后来的王朝所继承，并且得到了进一步发展，这种政治制度的"和合"特征，使得不同地域、民族和文化之间能够相互融合和协调，为后来中国的多元文化发展奠定了基础。

秦汉以来，"和合"文化表现出一种多元和包容的特点。儒家及道家等在继承先秦"和合"思想的基础上，通过对宇宙、人生、个体和社会关系的理解，以及对人性、境界和实践的追求，拓展了"和合"的范畴。他们提供了更加宏观和深刻的宇宙观和人生观，强调个体的内心修炼和超越，提供了多元的实践途径。这种拓展丰富了"和合"的内涵，为人们提供了更广阔的思考和实践空间，促进了个体与宇宙、个体与他人之间的和谐与平衡。这种思想对于秦汉以来的中国社会和文化产生了深远的影响。

佛教的传入对传统的和合思想产生了深远的影响，为中国哲学思想和社会伦理观念带来了新的元素和观念。佛教强调众生平等、无我和慈悲为怀的价值观，提倡以慈悲心救度一切众生，这与中国传统和合思想相呼应，提倡人与人之间的和睦相处和互助合作，促进了社会的和谐与协调。佛教的慈悲观念对中国社会产生了积极的影响，使人们更加注重关爱他人、宽和包容，促进了社会的和谐发展。佛教注重内省与觉察，提倡超越世俗的束缚和执着，追求心灵的平静与智慧，这为传统的和合思想带来了一种超越世俗利益的精神境界，强调内在的和谐与平衡。

至宋元明清时期，宋明理学在继承传统儒学的基础上，进一步传承和发展了"和合"思想。宋明理学对"和合"思想的创新性表现在"融突和合"和"知行合一"新理念的提出。

"融突和合"新理念是中国哲学史上的一次重要变革，它对传统儒学进行了扩展和创新，融和指的是将不同的观点、学派或思想进行融合，以达到和谐与统一，突破则强调超越传统的界限和限制，承认矛盾的对立面，用一种辩证的统一来突破矛盾，实现更高层次的和谐。如对北宋张载提出的"一物两体"的辩证法，朱熹这么解释："'一故神'，横渠亲注云：'两在故不测。'只是这一物，却周行乎事物之间。如所谓阴阳、屈伸、往来、上下，以至于行乎什伯千万之中，无非这一个物事，所以谓'两在故不测'。'两故化'，注云：'推行乎一。'凡天下之事，一不能化，惟两而后能化。且如一阴一阳，始能化生万物。虽是两个，要之亦是推行乎此一尔。"又说："'一故神，两故化。'两者，阴阳、消长、进退。两者，所以推行于一；一所以为两。'一不立，则两不可得而见；两不可见，则一之道息矣。'横渠此说极精。非一，则阴阳、消长无自而见；非阴阳、消长，则一亦不可得而见矣。"（《朱子语类》）一切事物都是由对立的因素所组成的，它们之间存在着矛盾和冲突，然而，这种矛盾和冲突不应该被简单地看作是对立的两个极端，而应该通过融突和合来实现一个更高级、更全面的统一。

融突和合并不是简单地取两者之间的平均或妥协，而是要超越对立，达到一个更高的境界。朱熹提出了"理"的概念，认为万物都有其本体和理，这是一个超越对立的综合统一。朱熹说："天高地下，万物散殊，各有定所，此未有物相感也，和则交感而万物育矣。"

(《朱子语类》)朱熹认为要尊重事物的本性和规律，寻求事物内在的统一和和谐，只有双方"交感"，才能"位天地""育万物""遂其生"。同时，"融突和合"也强调突破和变革。事物的发展不是静止不变的，而是一个不断变化和发展的过程。在这个过程中，突破是必不可少的，通过突破，事物才能超越旧的状况，实现新的发展。但是突破并不能完全无原则，突破应该建立在对传统的理解和尊重的基础上。

"融突和合"的理念不仅适用于个体的成长和发展，同时也适用于社会的进步与和谐。在社会层面上，社会的矛盾和冲突并不是无法解决的，可以通过融合不同的利益、观点和价值观，找到解决问题的方法，实现社会的和谐与进步。宋明理学家提出的这种"融突和合"的理念为探索矛盾的辩证统一提供了新的思路，丰富了"和合"思想的内涵。

宋明理学还在儒家传统的基础上，突出了"知行合一"的重要性。"知行合一"强调知识与行为的相互依存。知识是指导行为的基础，而行为是知识的检验和应用。通过理性的思考和学习，掌握正确的理论知识，并将其运用到实际生活中去，在实践中，通过不断摸索和实验来检验知识的正确性，并将其不断完善和发展；在"知行合一"的观念中，知识与行为并不是彼此隔离的，而是相通的。通过知识的学习和不断的实践，可以实现知行的互动，使得知识不仅停留在理论上，而且能够转化为行动，反过来又通过实践的反思不断修正和完善知识。知行相合是"知行合一"的核心要求，它强调知识的内化与行为的外化的统一，知识需要在行为中得到贯彻和实践，而行为则需要以知识为依据和指导，只有在知行相合的基础上，才能实现道德的自我完善和实践的有效。

　　"知行合一"的理念为个体的修养和社会的和谐提供了理论基础，当个体在知识和行为上达到统一时，他们的行为将以道德为准则，从而能与他人和谐相处，共同构建和谐的社会。对于个体的修养而言，个体通过学习知识和理解道德原则，将其转化为实际的行动，实践道德的准则和价值观，这种实践不仅是对个体自身的成长和完善，也是对社会价值观的传承和实现，通过将知识与行为统一，个体能够在日常生活中体现出高尚的品德和行为，从而为自身的修养和道德实践奠定基础。当人们都能秉持着道德准则进行实践时，他们的行为将在社会中产生积极的影响。社会中的个体通过实践道德价值观，形成了和谐的互动关系，共同构建起和谐的社会氛围，这种和谐体现在个体之间的互助与合作，社会中的公平正义，以及对社会价值的共同追求。

　　明末清初，王夫之继承并发扬了历代学者特别是朱熹的"中和"观，提出了自己的见解，强调"和"是"性情之德也"①，是"应事接物皆适得其宜，不与理相乖，不与物相戾也"②。那么如何才能做到"不与理相乖，不与物相戾"呢？王夫之认为需要做到"中节"，而"中节"就是"和"。王夫之说："浑然一善而不倚于一端以见善者，中也；众善具美，而交相融会以咸宜者，和也。"③也就是说，只有个人之善，只能称"中"；而社会中的所有人都能够做到善，即"众善"，才能称之为"和"，才能达到"和"之境。王夫之的"和合"思想，还体现在他强调各民族应该和平共处。他反对少数民族侵略周边，侵

---

　　①〔清〕王夫之著，船山全书编辑委员会编校：《船山全书》（第六册），岳麓书社1991年版，第591页。

　　②〔清〕王夫之著，船山全书编辑委员会编校：《船山全书》（第六册），第127页。

　　③〔清〕王夫之著，船山全书编辑委员会编校：《船山全书》（第七册），第107页。

略中原，"是故拓拔氏迁洛而败，完颜氏迁蔡而亡。游鳞于沙渚，啸狐于平原，将安归哉？待尽而已矣"①。同时，他也反对汉民族对少数民族发动战争。他说："语曰：'王者不治夷狄'，谓沙漠而北，河洮而西，日南而南，辽海而东，天有殊气，地有殊理，人有殊质，物有殊产，各生其所生，养其所养，君长其君长，部落其部落，彼无我侵，我无彼虞，各安其纪而不相渎耳。"② 各民族应当在互不侵犯的基础上，各安其所，和睦相处。但是王船山也主张，当各民族遭到外敌的侵略时，必须坚决抵抗。他高度赞扬历史上能够抵御外来民族侵略的人物，"东晋之势，弱不能支，祖逖死，桓温败，廷议不及中原者数十年，谢安端默凝立，声色不显，密任谢玄练北府之兵，而符坚百万之师，披靡以溃。刘裕承之，俘姚泓，斩慕容超，拓拔、赫连无能与竞"③。

概而论之，"和合"思想自产生以来，经历了数千年的中华文明的传承，在中华文明中扮演着重要的角色，逐步衍生为独具中国特色的中国智慧，它涵盖了自然界和人类社会等多个层面的文明精髓，并通过追求自然与人类的和谐、人际关系的和谐、文化交流的和谐等方面的实践，努力营造和合社会、和合世界。它对于维护人类与自然的关系、促进人际关系的和谐、推动文化的交流与融合等具有重要的指导意义。

（三）中华传统和合文化的丰富内涵

传统的和合思想还可以通过一些成语、俗语反映出来，如和气生

① 〔清〕王夫之著，船山全书编辑委员会编校：《船山全书》（第十册），第485页。
② 〔清〕王夫之著，船山全书编辑委员会编校：《船山全书》（第十一册），第174页。
③ 〔清〕王夫之著，船山全书编辑委员会编校：《船山全书》（第十一册），第203页。

财、和气致祥、和衷共济、和颜悦色、和风细雨、和善为邻、和以处众、内和外顺、合成天下、协和万邦、家和万事兴等；还可以通过一系列道德规范和范畴反映出来，如仁、义、礼、智、信、温、良、恭、俭、让、宽、惠、敏、忠、恕、孝、悌、德、勇、慈、爱、利、敬、荣、辱、廉、耻等，目的在于实现人际的和谐、社会的和谐。

人与人之间的和谐。传统的人际关系是靠五伦、十义来维系的，所谓五伦，就是指父子有亲、君臣有义、夫妇有别、长幼有序、朋友有信；所谓十义，就是指君仁、臣忠、父慈、子孝、兄友、弟恭、夫义、妇顺、朋实、友信，五伦、十义都从人伦关系的角度，规定了每个人为维护良好的人际关系应当遵守的基本道德准则，它告诉每一个人，对待他人，要多一些善心和关爱，多一些诚实和信任，多一些礼让和宽容，多一些反躬和内省，要做到"老者安之，朋友信之，少者怀之"，做到"己所不欲，勿施于人"，"己欲立而立人，己欲达而达人"，做到"老吾老以及人之老，幼吾幼以及人之幼"，做到"老有所终，壮有所用，幼有所长，矜寡孤独废疾者皆有所养"，这就是儒家对人际和谐的基本态度。

人与自然的和谐。中国传统哲学主张人应当认识自然、尊重自然、保护自然，反对一味地向大自然索取，反对片面地利用自然、征服自然、改造自然，提出了取物限量、取物以时的生态伦理思想。这就要求我们把人与自然的关系纳入伦理思考的框架中来，把伦理的道德和义务扩展到动物、植物和我们赖以生存的地球上来。人与宇宙万物是贯通一体的，是统一的生命体，都是禀受天地之理、阴阳之气而生的，自然界中的动植物与人一样，都是地球生命社区中的一员，都有自身存在的权利和价值，它们的生命是不可以随意被剥夺的。如孔子就要求人们以友善的态度对待自然万物，对待鸟、兽、草、木，他所提出的"钓而不纲，弋不射宿"，即主张只用鱼竿钓鱼，反对用大网拦河捕鱼，并反对射杀夜宿回巢的鸟。他反对人类对大自然生命滥捕滥杀，反对破坏生态平衡。再如孟子说："不违农时，谷不可胜食也；数罟不入洿池，鱼鳖不可胜食也；斧斤以时入山林，材木不可胜用也。"（《孟子·梁惠王上》）荀子也说："春耕，夏耘，秋收，冬藏，四者不失时，故五谷不绝，而百姓有余食也。"（《荀子·王制》）

孟子、荀子讲的都是保护生态环境问题及按照自然时令从事农业生产问题。再譬如，《中庸》说的"万物并育而不相害，道并行而不相悖"，荀子说的"万物各得其和以生，各得其养以成""万物皆得其宜，六畜皆得其长，群生皆得其命"，都是追求人与自然的和谐。儒家甚至把是否保护生态环境与"孝"联系在一起，《礼记》就说："断一树，杀一兽，不以其时，非孝也。"

道家也主张人要尊敬自然。老子提出"人法地，地法天，天法道，道法自然"。强调人要以尊重自然规律为最高准则，以崇尚自然、效法天地作为人生的基本归宿。庄子也强调人必须遵循自然规律，顺应自然，与大自然和谐，以达到"天地与我并生，而万物与我为一"的和谐境界。在处理人与人、人与国家的关系问题上，法家与儒家、道家有天壤之别；但在处理人与自然关系的问题上，法家与儒家、道家则有惊人的相似之处。秦朝的法律《田律》就明文规定，春天不得砍伐正在生长中的林木、不准采摘刚发芽的植物、不准捕获幼鸟幼兽，秋冬狩猎时不准打死已经怀孕的禽兽等。

和而不同是中华传统和合文化的重要观念。《论语·子路》曰："君子和而不同。"和而不同这一观念体现了中华文化中的包容性和多样性。它认识到人们在观念、信仰和文化上存在差异，但并不因此产生冲突或对立，而是鼓励相互尊重、理解和接纳。在这种包容性的基础上，不同的文化和观念可以相互交流、学习，并通过融合与互补，共同促进社会的进步与发展。

中华优秀传统文化的"和合"观念强调人与人之间的和谐相处，尊重他人、体恤他人，追求社会的和睦与共同发展，这一观点体现了中国传统哲学对于人际关系、社会秩序和个体修养的关注。人是社会性的动物，个体的成长和发展离不开与他人的互动和交往。

"和"被视为一种最高的价值境界，它意味着人与人之间的和谐、互敬互爱、共同进步。而"不同"则意味着宇宙万物之间的多样性和变化性，人们要顺应自然的变化和规律，而不是强求一致，因此人们应当保持自身的独立性和多样性，同时与自然和谐相处。

和而不同的思想为创新与进步提供了土壤。不同的观点和想法的碰撞，可以激发新的思考和创意，推动社会的发展与进步。不同的观点和多元的文化交流为社会带来新的想法和可能性。和而不同的思想观念追求的是一种平衡和和谐的状态。尽管人们之间存在着差异，但通过相互尊重和协调，可以实现个体和社会的平衡与和谐。不同的观点和价值观在平衡中相互补充，形成一个更加全面和丰富的社会。

二、和合思想在中国式现代化进程中的生动实践

在庆祝中国共产党成立 100 周年大会上，习近平总书记强调，"我们坚持和发展中国特色社会主义，推动物质文明、政治文明、精神文明、社会文明、生态文明协调发展，创造了中国式现代化新道

路，创造了人类文明新形态"①。党的二十大报告指出："在新中国成立特别是改革开放以来长期探索和实践基础上，经过十八大以来在理论和实践上的创新突破，我们党成功推进和拓展了中国式现代化。"②中国式现代化的本质要求是：坚持中国共产党领导，坚持中国特色社会主义，实现高质量发展，发展全过程人民民主，丰富人民精神世界，实现全体人民共同富裕，促进人与自然和谐共生，推动构建人类命运共同体，创造人类文明新形态。中国式现代化以社会主义核心价值观为指导，强调人民利益至上、社会公正和文明进步，中国式现代化是具有中国特色和独特路径的发展模式。中国式现代化的进程不仅仅关乎经济发展和科技进步，更包括对社会和人类关系的思考与建构。和合思想作为中华优秀传统文化的核心价值观之一，在历久弥新的传承和发展中深刻影响着中华民族的社会理想、价值取向、思维方式和行为准则。

（一）和合思想促进社会稳定与和谐发展

和合思想是中华优秀传统文化特有的人文标识和价值追求，它体现在中华民族精神文化的各个层面。"贵和尚中"的和谐思想产生在以血缘关系为基础的自给自足的小农社会里，它所强调的是"不患寡而患不均，不患贫而患不安"，这种和谐与我们现在所提倡的和谐还存在本质上的区别。

首先，传统的和谐是在肯定封建等级制度基础上的和谐，它主张"君子思不出其位""不在其位，不谋其政"，主张"君君臣臣，父父子子"，是个人利益无条件服从国家利益，以肯定群体否定个体的方

---

① 《习近平著作选读》（第二卷），人民出版社 2023 年版，第 483 页。
② 《习近平著作选读》（第一卷），人民出版社 2023 年版，第 18 页。

式来换取社会的暂时的和谐，而现代和谐则是充分肯定个人价值、强调以人为本的和谐，它能够协调好社会整体利益与个人利益之间的关系，能够协调好社会各阶层之间的关系。

其次，传统的和谐是建立在少数群体剥夺多数群体、少数人统治多数人的基础之上的，因而缺乏法律、民主、公平和正义；而现代和谐是建立在社会公平和正义基础之上的，即习近平总书记所说的是一种"经济更加发展、民主更加健全、科教更加进步、文化更加繁荣、社会更加和谐、人民生活更加殷实的小康社会"。当然，这并不是说我们现在已经达到和合了，和合既是我们的理想，又是我们的目标，要真正达到和实现现代意义上的和合，并不能一蹴而就，还要付出百倍的艰辛和努力。

中国式现代化是物质文明和精神文明相协调的现代化。中国传统和合思想强调对个人道德情操的培养，在中国的现代化进程中，自觉继承了中华传统优秀文化中的德治建设，注重社会道德与价值观的建设，致力于培育和传承中华传统价值观和道德规范，强调家庭观念、孝道、诚信等，有助于增强社会凝聚力和公民责任感，推动社会成员之间的和谐关系。

中国式现代化倡导积极向上的精神风貌，强调政府责任、社会责任和个体道德意识，有助于建设和谐的社会氛围。中国经济的发展并不仅仅关注 GDP 的增长，更重要的是实现经济发展的普惠性，让更多的人民分享发展成果。我国实施了历史上规模最大的扶贫计划，通过实施精准扶贫政策，重点关注深度贫困地区和贫困人口，让数以亿计的人口脱贫，改善了生活条件。2020 年中国打赢脱贫攻坚战，历史性地解决了困扰中华民族几千年的绝对贫困问题，提前 10 年实现了联合国 2030 年可持续发展议程的减贫目标；通过健全社会保障体系，改善教育、医疗等公共服务，提供社会保障和福利，确保人民在面对风险和困难时有所依靠，特别是在农村地区和贫困地区，加强了社会保障的覆盖范围，使更多的人能够享受到相关福利，这有助于减少贫困和社会不平等现象，实现经济发展与社会公平的良性循环。

十八大以来，党和政府注重推动城乡协调发展，通过推动农村基础设施建设、改善农村公共服务、促进农村产业发展，实施农村电商政策，促进农产品销售等，增加农民收入，提高农民的生活水平，努力缩小城乡发展差距，努力让更多的人民分享发展成果。中国式现代化追求经济发展与社会进步的协调，努力减少社会不公和不平等现象，致力于构建一个更加公平、公正、包容的社会结构，让更多人共享现代化带来的福利，减少社会矛盾和冲突，促进社会的和谐。

中国式现代化是人与自然和谐共生的现代化。中国传统的和合观念强调人与自然的和谐，中国式现代化注重生态环境保护与可持续发展。

党的十八大以来，习近平总书记站在中华民族可持续发展的高度，作出了一系列重要论述，把"美丽中国"作为生态文明建设的宏伟目标，引领亿万中国人民走上生态文明之路。"美丽中国"不仅强调环境的美丽，还强调人与自然的和谐共生、经济社会的可持续发展，涉及生态环境、自然资源、生物多样性、水资源、大气环境、土壤环境等多个方面。

2016 年以来，习近平总书记连续前往长江上、中、下游调研，三次主持召开专题座谈会。6 年多来，长江经济带生态环境发生了转折性变化。习近平总书记指出："继长江经济带发展战略之后，我们提出黄河流域生态保护和高质量发展战略，国家的'江河战略'就确立起来了。"① 与此同时，推动湿地保护与恢复，建立自然保护区网络等措施也被相继实施，旨在保护珍稀濒危物种和栖息地，促进生态系统的稳定和健康。

"美丽中国"把生态文明作为建设的导向，强调以人为本、绿色发展、循环发展、低碳发展等原则。通过推进绿色技术创新、加强环境治理、推动绿色产业发展等措施，实现经济发展和环境保护的良性循环："美丽中国"追求的是可持续发展，注重经济社会发展与环境保护的协同。在实现经济增长的同时，注重生态环境保护和资源的合理利用，确保未来世代的可持续发展。

"美丽中国"目标的实现需要亿万中国人民的共同努力和参与。政府、企业、社会组织和个人都应当积极参与生态文明建设，采取环保措施、节约能源、保护生态等行动，推动整个社会向着更加可持续的方向发展。此外，"美丽中国"倡导绿色发展和低碳经济，推动资源的节约利用和环境友好型产业的发展，积极推广可再生能源的利用，加大清洁能源开发，推动绿色技术的创新应用；注重城市规划与环境保护的有机结合，在许多城市推进了生态城市建设，通过生态修复、绿地建设、水资源管理等措施，提高城市环境质量，改善居民生活条件；倡导农村生态建设，注重农业的绿色发展和农村环境的保护，推动农村生态文明建设，通过改善农村环境、发展有机农业、推广可持续农业技术等方式，实现农业生产和生态环境的良性互动；强

---

① 《大河奔涌，奏响新时代澎湃乐章——习近平总书记考察黄河入海口并主持召开深入推动黄河流域生态保护和高质量发展座谈会纪实》，《人民日报》2021年10月24日，第1版。

调生态文明与传统文化的结合，注重生态价值观的培育，积极推动生态文化传承与创新，通过保护传统村落、传统节日和生态旅游的发展，提倡绿色生活方式，加强公民环保意识的培养。

中国式现代化是走和平发展道路的现代化。从鸦片战争到新中国成立，中国经历了无数次外来侵略和国内战争，这段历史是中国近现代史上最为动荡和曲折的时期，经历了一系列战争、动乱、政治变革和社会动态的演变，给中国社会和经济带来了巨大的破坏和影响。外国列强的侵略导致中国的领土被割让，主权被侵害，国家面临分裂和危机。

1949 年中华人民共和国成立，结束了近代以来无数次外来侵略和国内动荡的历史，在苦难中逐渐觉醒的中国人民，形成了独立自强、民族振兴的意识，最终走向了团结统一、富强昌盛的新时代。党的二十大报告指出："那种损人利己、充满血腥罪恶的老路给广大发展中国家人民带来了深重苦难。"无论是在新中国成立初期，还是在改革开放以来，中国始终坚持走和平发展道路，以和平的方式和手段追求自己的发展。习近平总书记指出："中国人民怕的就是动荡，求的就是稳定，盼的就是天下太平。""无论发展到哪一步，中国都永远不称霸、永远不搞扩张，永远不会把自身曾经经历过的悲惨遭遇强加给其他民族。"

中华民族是爱好和平的民族。中国历史上有许多关于和平与和谐的重要思想和价值观，如"仁爱""和平共处""天下为公"等，这些思想在中华民族的精神世界中占据着重要位置。包括儒家文化在内的中华优秀传统文化都强调和谐与平衡，倡导善良、和睦、互助与奉献。和平、和合、和睦、和谐一直是中华民族的传统美德和文化特征。这种追求和平的精神在中国人民的血脉中流淌，并且在中国的历史和文化中有着深刻的根源。

中国式现代化的核心理念是通过和平与合作而不是战争、殖民、掠夺等方式实现国家的现代化和发展。中国秉持着互利共赢、和平合作的原则，主张通过与世界各国友好合作，实现互利共赢的局面，坚持通过和平方式解决国际争端和矛盾，支持通过对话协商解决问题，反对使用武力来解决纷争；中国坚持尊重其他国家的主权和领土完整，主张不干涉其他国家的内政，反对使用武力、战争手段来实现自身的发展目标，尊重多样性和各国的发展选择权；为推动构建新型国际关系，推进构建人类命运共同体，中国积极参与全球事务，为维护世界和平、促进全球治理体系的改革与完善作出了积极贡献，在实践中逐渐形成了一系列关于外交和国际关系的基本理念，如和平共处五项原则、求同存异、"三个世界"理论、不称霸、不结盟、推动建立公正合理的国际政治经济新秩序等。中国式现代化始终把人民利益放在首位，倾听民意，关注民生，通过实施扶贫政策、改善教育、医疗、就业等社会保障措施，不断提高人民的生活水平，努力实现全体人民的共同富裕。中国式现代化路径不仅使中国实现了经济的高速增长和社会的进步，也为其他国家提供了一种新的发展选择，为世界和平与共同发展作出了积极的贡献。

（二）和合思想对于多元文化融合的促进作用

中华传统"和合"文化，倡导尊重他人的差异与独特性，包容不同文化背景的个体与群体，这种尊重与包容的态度能够打破文化隔阂，为多元文化融合创造良好的环境。尊重与包容是中华文明起源过程中形成的内在特质，这种特质体现在中华文明对于多元文化、多种观念和多样化社会结构的容纳和融合上，使得中华成为一个独特而繁荣的文明体系。

中国的历史悠久而复杂，经历了多个朝代的更替和民族的交融，在这个漫长的历史进程中，中华文明不仅接纳了各个民族的文化和思想，还吸收了来自不同地区和国家的影响，这种特点使得中华文明在传统中拥有了广阔而丰富的资源，从而形成了其独特的文化传统。中国是一个多民族国家，拥有丰富的地理和人文资源，不同的民族和地区都有其独特的文化传统和社会结构，中华文明在整合这些多样性方面表现出了尊重和包容。例如，中国的政治制度和社会组织允许各个民族和地区根据自身特点和需求进行自治和管理，从而形成了一个相对稳定和谐的社会秩序。这种包容的社会结构为中国的长期发展和繁荣提供了基础。

中华文明是一个复杂而多元的体系，包含了文学、艺术、音乐、哲学等多方面，这些文化形式往往源于不同的地域和民族，受到了各种各样的影响。中华文明不仅包括了汉族文化，还吸收了蒙古族、藏族、维吾尔族等少数民族的文化元素。这种包容性使得中华文明具有广泛的影响力和吸引力，并且能够与其他文明相互交流和融合，形成了独特的文化景观。

2023年6月2日，在文化传承发展座谈会上，习近平总书记强调："中华文明具有突出的包容性，从根本上决定了中华民族交往交流交融的历史取向，决定了中国各宗教信仰多元并存的和谐格局，决定了中华文化对世界文明兼收并蓄的开放胸怀。"① 中国式现代化的发

---

① 习近平：《担负起新的文化使命　努力建设中华民族现代文明》，《人民日报》2023年6月3日，第1版。

展路径强调了多元文化的尊重和包容，这是建设一个和谐、稳定和繁荣社会的关键因素。

十八大以来，党中央通过立法和政策保护各民族的文化传统，建立了一批国家级、省级和市级非物质文化遗产名录，包括民族音乐、舞蹈、戏剧、手工艺等，加大对传统艺术形式的保护和传承力度，支持相关研究和教育机构举办文化节庆活动，使各民族的文化得以传承和发展；党中央重视保护和传承各民族的语言文字，鼓励少数民族学习和使用自己的语言，政府提供语言教育资源，设立了民族语言文字学院和研究中心，支持少数民族语言文字的研究和发展，同时，在各级政府、学校和机关中，鼓励使用多种语言文字进行官方和教育活动，以满足不同民族的需求；党中央致力于缩小少数民族地区与发达地区之间的经济差距，通过实施扶贫政策、投资基础设施建设和发展特色产业等方式，促进少数民族地区的经济发展，同时还鼓励各地区开展文化旅游，展示和推广少数民族的文化和风俗，促进当地经济的繁荣；在宗教信仰方面，党中央尊重各民族的宗教传统，对合法宗教活动提供支持和保护，建立宗教事务管理制度，维护宗教事务的正常秩序，投资修缮宗教场所，保护和维护宗教文化遗产，同时加强宗教教育，培养宗教人才。

我国是一个统一的多民族国家，党中央一直致力于维护各民族之间的团结和和谐，并鼓励各民族共同发展，通过实施民族团结政策，鼓励各民族之间的交流和合作。中国现代化的发展强调多元文化的交流与融合，多民族文化的交流融合是中华文化多元性的最重要特征。以平等、包容的态度学习一切文明、文化，是"各美其美，美人之美，美美与共"的基本要求。

习近平总书记强调:"准确把握和全面贯彻我们党关于加强和改进民族工作的重要思想,以铸牢中华民族共同体意识为主线,坚定不移走中国特色解决民族问题的正确道路,构筑中华民族共有精神家园,促进各民族交往交流交融,推动民族地区加快现代化建设步伐,提升民族事务治理法治化水平,防范化解民族领域风险隐患,推动新时代党的民族工作高质量发展,动员全党全国各族人民为实现全面建成社会主义现代化强国的第二个百年奋斗目标而团结奋斗。"①

党的十八大以来,中共中央、国务院、国家民族事务委员会相继出台关于加强民族团结进步创建活动实施意见,以及开展民族团结进步创建工作实施意见等相关政策法规,民族交往交流交融要根据《中华人民共和国宪法》和《中华人民共和国民族区域自治法》等法律来推进。此外,2013 年 9 月 24 日,国家民族事务委员会《全国民族团结进步教育基地评审命名办法》颁布实施;2020 年 3 月,国家民族事务委员会发布《全国民族团结进步示范区示范单位命名办法》。这些法律法规的颁布为加强民族团结、实现多元文化交流提供了重要的法规依托。

在各民族文化交流与合作方面,党中央支持举办全国性和地方性的民族文化展览和交流活动,旨在展示各民族的独特文化风貌,促进不同民族之间的相互了解与交流。例如,中国文化艺术节成为一个重要的平台,每年都会邀请各民族的代表参与,展示各民族的音乐、舞蹈、戏剧、绘画等艺术形式,增进各民族之间的文化交流。为了满足不同民族的文化需求,加大了对多语种文化传媒的支持,通过发展多

---

① 习近平:《以铸牢中华民族共同体意识为主线 推动新时代党的民族工作高质量发展》,《人民日报》2021 年 8 月 29 日,第 1 版。

语种广播、电视、报纸、网站等媒体，各民族的语言和文化得到了更好的传播和宣传。例如，中央电视台的少数民族语言频道每天播出各民族的新闻、电视剧、纪录片等，使各民族的语言和文化得到了广泛传播；提出了促进民族文化产业发展的政策，鼓励各地发展和保护各民族的传统工艺、民间艺术和民族特色产品。通过扶持各民族文化产业，不仅促进了各民族经济的发展，还保护和传承了各民族的文化遗产。例如，在西南地区，一些少数民族地区的传统手工艺品如绣品、木雕、银饰等逐渐走向市场，为当地民众带来了经济收益，也增强了他们对传统文化的自豪感；加大了对民族地区教育的支持力度，在这些地区，开设了更多的民族语言学校和课程，保障了少数民族子女接受本民族语言和文化教育的权利，还支持培养和选拔各民族的优秀人才，鼓励他们在文化、教育、艺术等领域发挥作用，这些举措有助于保护和传承各民族的语言和文化，促进不同民族之间的交流和融合；加大了对多民族地区基础设施建设的投入，改善了少数民族地区的交通、通信等基础设施条件，这有助于不同民族之间的交流与合作，促进了各民族地区的经济发展和文化繁荣。以上这些举措不仅加强了各民族之间的交流与理解，也促进了中国特色社会主义事业的发展。

中国传统的和合思想强调不同事物之间的融合与协调，将差异化的元素整合在一起，创造新的文化形态。在多元文化融合中，和合思想可以激发人们将各种文化元素进行有机融合和创新，创造出丰富多样的文化新形态。

2023年6月2日在文化传承发展座谈会上，习近平总书记强调："在新的起点上继续推动文化繁荣、建设文化强国、建设中华民族现代文明，是我们在新时代新的文化使命。要坚定文化自信、担当使命、奋发有为，共同努力创造属于我们这个时代的新文化，建设中华民族现代文明。"①

和合思想鼓励人们超越狭隘的文化观念和偏见，以包容和开放的心态对待不同的文化元素。在全球化的今天，不同文化之间的接触和交流日益频繁，每种文化都有其独特的智慧和价值，我们应该以尊重和包容的态度去理解和接纳其他文化，欣赏它们的美和价值，从中汲取营养和灵感，这种尊重和包容的心态为文化元素之间的融合提供了基础，使得各种文化能够相互借鉴和交流，创造出新的文化形态。

在文化交流和融合的过程中，各种文化元素之间的平衡可以使得文化融合更加有机和谐，避免过分强调某一方面而导致文化的失衡，通过平衡不同文化元素之间的关系，我们可以创造出新的文化形态，同时保留各个文化的独特性和特色。

通过深入理解和研究各种文化，我们可以挖掘其深层次的内涵和精髓，找到它们之间的共通之处，并创造出能够融合多元文化的新形态。这种创造性的融合和创新不是简单地将不同元素拼凑在一起，而是通过深入理解各种文化的内涵和精髓，创造出能够继承传统并与时俱进的新形态。这种创造性的融合和创新可以使文化更加丰富多样，并且为人们提供新的思维方式和审美体验。

在文化交流和融合的过程中，不同文化元素之间可以实现相互依存和互惠互利的关系，不同的文化可以相互启发、相互补充，形成更加富有活力和创造力的文化新形态，这种共生和共赢的文化关系有助于建立更加和谐的社会，促进文化的繁荣和进步。

---

① 习近平：《担负起新的文化使命 努力建设中华民族现代文明》，《人民日报》2023年6月3日，第1版。

（三）和合思想在社会治理和政策制定中的应用

和谐，从本义上解释，是指矛盾着的双方在一定条件下达到统一而出现的状态。在这种状态下，自然界内部、人与人、人与社会、人与自然之间以及社会内部诸要素之间实现均衡、稳定、有序，相互依存，共生共荣。这是一种动态中的平衡、发展中的协调、进取中的有度、多元中的一致、"纷乱"中的有序。和合思想所提倡的处理所有关系的基本原则和根本宗旨，体现在中国式现代化发展进程中社会治理和政策制定的各个方面。

加强社会治理制度建设，打造共建共治共享的社会治理新格局。社会和谐是中国特色社会主义的本质属性，是我们党不懈追求的社会理想。中国特色社会主义强调以人民为中心，追求人的全面发展和社会全面进步，社会和谐是实现人的全面发展和社会全面进步的内在要求，它包括经济发展与社会公平、政治稳定与民主法治、文化繁荣与道德建设、生态文明与环境保护等各个方面的和谐与协调。中国共产党始终把人民的利益放在首位，致力于实现共同富裕、社会公平正义和人的全面发展，社会和谐是实现这些目标的前提和保障，是中国特色社会主义事业的重要价值追求。只有在社会和谐的基础上，人民才能共享改革发展成果，实现全面发展的目标。在实现社会和谐的过程中，中国共产党积极倡导民主参与、协商和谐、公平正义、法治精神、生态文明等一系列理念和实践，努力营造社会和谐的氛围。

2020 年，在第三次中央新疆工作座谈会上，习近平总书记强调，要全面形成党委领导、政府负责、社会协同、公众参与、法治保障的社会治理体制，打造共建共治共享的社会治理格局。"共建共治共享"是中国特色社会主义社会治理的重要理念和实践路径，它强调社会治理的主体是全体人民，通过广泛的参与和共同努力，共同建设社会、共同治理社会、共同分享社会发展成果，是把马克思主义基本原理同中国具体实际相结合、同中华优秀传统文化相结合的治国理政新理念。

马克思主义强调人民的根本利益和全面发展，倡导实现社会公平、正义和共同富裕。"共建共治共享"政策通过多元参与、社会协商和资源的公平分配，落实了马克思主义追求社会公平和共同富裕的理念；同时，"共建共治共享"政策通过社区自治、合作协商和资源共享等方式，倡导社会各方之间的和谐关系，促进社会的共同发展，体现了中华优秀传统文化中的"和合"思想和"天人合一"的理念，也是社会主义核心价值观的具体体现。

随着经济发展和城市化进程的推进，我国社会结构日益多元化，不同地区、不同群体之间的利益差异和矛盾冲突不断增加，社会矛盾也呈现出多样化的特点，除了传统的经济分配和社会公平问题外，还涉及环境保护、教育、医疗、就业、住房等方面的矛盾，打造社会治理新格局，实现社会治理现代化，是建设社会文明、促进社会和谐的必然要求。和谐稳定的社会环境是社会文明得以发展的基础，没有和谐稳定的社会环境，一切改革发展无从谈起，再好的规划和方案也都难以实现。"共建共治共享"政策通过多方参与和平衡各方利益，推动社会的稳定与进步，回应了社会治理的实际需求，旨在构建稳定、和谐、繁荣的社会。

坚持区域协调发展，实现全体人民共同富裕。在《推动形成优势互补高质量发展的区域经济布局》这篇文章中，习近平总书记指出："我国幅员辽阔、人口众多，各地区自然资源禀赋差别之大在世界上是少有的，统筹区域发展从来都是一个重大问题。"这一科学论断，深刻阐明了我国推动区域协调发展的基本依据和艰难程度。中国是一个多民族国家，拥有广袤的国土，各地区之间存在着较大的差异，不平衡的经济发展水平、资源和社会条件等，使各地区发展不平衡，为了促进经济社会全面协调发展、推动全体人民共同富裕，以习近平同志为核心的党中央深度剖析当前区域经济发展新形势，从战略上提出了新形势下促进区域协调发展的科学思路。

中国特色社会主义制度的优越性在于能够统筹推进政治、经济、社会、文化、生态文明等各个领域的发展，解决好区域协调发展问题，发挥政府在区域协调发展中的重要引导和调控作用，推动资源的优化配置，促进区域间的合作与互利共赢，关乎中国特色社会主义制度优越性的充分发挥，关乎中华民族的伟大复兴。实现中华民族的伟大复兴需要实现全国各地区的共同繁荣和发展，区域协调发展可以消除区域间的差距和不平衡，实现全国的整体发展和繁荣。只有全国各地区都实现了共同富裕，才能真正实现中华民族的伟大复兴。

区域协调发展是促进社会稳定与和谐发展的重要保障。通过解决经济、社会、环境等方面的不平衡问题，可以减少社会矛盾和不稳定因素，实现社会的和谐与进步，社会稳定与和谐发展是中国特色社会主义制度的基本目标，也是中华民族伟大复兴的必要条件。另外，区域协调发展可以释放全国各地的发展动力和活力，通过加大区域间的合作，促进资源的优化配置和产业的协同发展，激发各地区的创新活力和经济增长潜力，这将为中华民族的伟大复兴提供强大的经济支撑和动力。

坚持全面依法治国，奋力把我国建成富强民主文明和谐美丽的社会主义现代化强国。习近平同志在《和谐社会本质上是法治社会》一文中指出："和谐社会是秩序良好的社会，它要求社会依照既定的规则有序运行，反对无序化和无序状态。实现社会和谐有赖于人们对法律的信仰和遵循。只有把社会生活的基本方面纳入法治的调整范围，经济、政治、文化和谐发展与社会全面进步才有切实的保障，整个社会才能成为一个和谐的社会……在推进和谐社会建设中，无论是人与社会的和谐关系、人与人的和谐关系、人与自然的和谐关系，还是公共权力与个人权利的和谐关系，都必然会表现为一定的法律关系。从这一意义上说，和谐社会本质上是法治社会。同时，法治也为社会和谐提供重要保证。法治通过调节社会各种利益关系来维护和实现公平正义，法治为人们之间的诚信友爱创造良好的社会环境，法治为激发社会活力创造条件，法治为维护社会安定有序提供保障，法治为人与自然的和谐提供制度支持。"①

党的十八大以来，以习近平同志为核心的党中央从确保党和国家长治久安的战略高度，把全面依法治国纳入"四个全面"战略布局予以有力推进，中国特色社会主义法治体系日益完善，法治中国建设迈出坚实步伐。新征程上，我们要坚持全面依法治国，保持社会稳定和谐。依法治国是中国特色社会主义的基本方略，也是我国国家治理的基本原则。依法治国体现了国家权力的合法性和规范性，通过法律的制定和执行，规范和约束政府行为，保障公民权利，促进社会公平正义，维护社会稳定和谐。社会稳定和谐是国家发展和人民幸福的重要保障，依法治国有助于维护社会秩序，防范和解决社会矛盾，通过法

---

① 习近平：《之江新语》，浙江人民出版社 2007 年版，第 204 页。

律的规范和司法的公正，保护公民的权益，减少社会不公平现象，提高社会的公共信任和社会凝聚力。在全面深化改革进程中，中国面临着各种复杂的社会问题和挑战，全面依法治国能够提供制度保障和法律保护，为改革和现代化建设提供有力支持。通过法律的实施，可以保障公民和组织的合法权益，维护社会的公平正义、法律的公正和透明性，有助于增强社会成员对法律的信任和遵守，减少不确定性，促进社会的和谐发展。

三、坚持和而不同，推进中国式现代化全面发展

"和而不同"强调了多元性、包容性和合作性，坚持"和而不同"是中国式现代化的重要理念，它有助于解决内外挑战，推动全面发展，同时也有助于中国在国际舞台上发挥更积极的作用。这一理念将确保中国式现代化不仅仅是经济发展，还包括社会、文化等多个方面的全面进步。

（一）坚持多元文化的和谐统一，推动社会主义核心价值观建设

中华优秀传统文化蕴含了丰富的思想精华和道德精髓，培育和弘扬社会主义核心价值观需要立足中华优秀传统文化。习近平总书记指出，"价值观念在一定社会的文化中是起中轴作用的，文化的影响力首先是价值观念的影响力""如果没有共同的核心价值观，一个民族、一个国家就会魂无定所、行无依归"。中国地域广阔，民族众多，不同民族、地区和文化之间存在着显著的差异，中华文明以开放的态度对待外来文化，吸收各种文化的优秀元素，形成了多元并存的文化格局。中华优秀传统文化强调仁爱和和谐共处，强调自然和谐与道德修养，这些思想观念强调了个体与社会、人与自然之间的和谐关系。

中华文明史上，中国一直以和平的方式处理内外事务，注重和平共处和国际交往，这种和平性促进了社会的稳定与发展。中华民族独特的历史促成了中华文明尊重差异、吸收外来、多元并存的包容性，以及尚和合、求大同的和平性。这些特征是中华文明在历史长河中形成的重要价值观念和行为准则。这种包容性和和平性的追求有助于推动不同文化的交流、共享和合作，为社会的和谐发展提供了重要的基础。在当代社会，继承和弘扬中华文明的这些特点，有助于促进对全球文化多样性的尊重与和谐共处。

和而不同、多元共生是宇宙万物存在的基本样态。从宇宙的微观层面到宏观层面，从物质到能量，从生命到非生命，都存在着丰富的多样性。不同的实体和现象拥有各自的特点、属性和规律，形成了宇宙的丰富性和复杂性。尽管宇宙中存在着丰富的多样性和差异性，但这些实体和现象并不是孤立存在的，相反，它们之间存在着相互关联、相互作用。中国"和而不同"的哲学观念强调在差异性和多样性的基础上实现和谐的共处，通过理解和接纳宇宙中的多样性和差异性，人类可以更好地追求和谐，共享和平与繁荣。

核心价值是一个社会共识的基础，它代表了社会的共同价值追求和道德准则。这些价值观念反映了社会的期望、信念和规范，是引导社会发展和个体行为的指导原则。在多元文化的背景下，坚持社会主义核心价值观可以提供一个共同的价值基础，使不同的文化和群体在核心价值观的引领下达成共识和协调。它可以作为一个共同的参照系，帮助不同文化之间相互理解和交流。

多元文化的存在意味着不同文化之间的多样性和差异性，"和而不同"理念强调的是在这种多样性和差异性的基础上实现和谐的目标，这种理念认为，不同文化的存在和发展是社会丰富与进步的源泉，每个文化都有其独特的贡献和价值。因此，"和而不同"理念主张通过对话、交流和理解来实现不同文化之间的和谐统一，它强调的是在多元文化的背景下，保持对多样性的尊重和包容，避免一刀切、排斥或歧视某种文化。

十八大以来，以习近平同志为核心的党中央在践行坚持多元文化的和谐统一方面采取了多种措施和政策。

在保护和传承中华优秀传统文化方面，党中央高度重视保护和传承中华优秀传统文化，通过政策支持和资金投入，加强对中华优秀传统文化的保护和传承，成立了许多文化研究和保护机构，推动中华优秀传统文化的研究、教育和传播，培养和支持文化遗产传承人和非物质文化遗产项目。

在促进少数民族地区发展方面，党中央注重促进少数民族地区的经济、社会和文化发展，推动少数民族地区与全国的协调发展，通过资金投入和政策支持，加强少数民族地区的基础设施、教育、医疗卫生等领域的建设，提高少数民族地区的发展水平和民生福祉。

在维护社会稳定与和谐方面，党中央注重维护社会稳定与和谐，为不同文化群体提供公平公正的发展环境，通过依法治国、公正执法、维护社会秩序等手段，保障不同文化群体的合法权益，营造社会和谐稳定的环境。

在反对文化霸权方面，中国政府主张国际关系应该建立在平等、公正和互利的基础上，支持建设一个多极世界秩序，反对单极霸权，并主张通过对话、协商和合作解决全球性问题。中国积极参与并推动金砖国家合作、上合组织、亚信会议等多边机制，加强南南合作，推动全球治理体系的改革和完善。

这些措施和政策的实施，反映了党中央领导全国人民在践行坚持多元文化的和谐统一方面的努力和取得的成就。它们有助于促进不同文化的交流与共融，维护社会的稳定与和谐，实现国家的多元统一和共同繁荣。

十八大以来，党中央坚持践行多元文化的和谐统一，丰富了社会的文化内涵，增强了社会的凝聚力和认同感，推动了社会的稳定与发展。多元文化的包容与融合性为社会主义核心价值观的建设提供了广阔的土壤和支持，使其深入人心，并在社会各个领域发挥积极的引领作用，为社会的繁荣与进步提供了坚实基础。

（二）"和而不同"理念在外交领域的深刻体现

习近平主席指出："各国自主选择社会制度和发展道路的权利应当得到维护……各国推动经济社会发展、改善人民生活的实践应当受到尊重。"[1] 这是"和而不同"理念在外交领域的深刻体现。"和而不同"的核心理念之一是相互尊重与兼容并包，这一理念强调了不同文化、价值观和观念之间的相互尊重与包容，旨在实现和谐共存和共同发展。

在国际交往中，"和而不同"的理念表现为对他国主权、独立、领土完整的尊重，对其他不同文明与文化的尊重。对其他不同文明与文化的尊重，意味着不同文化和群体之间应该平等相待，尊重彼此的差异性，这种尊重体现了对他人独特性和多样性的认可，以及对不同文化和观念的包容态度。

---

① 习近平：《习近平在第七十届联合国大会一般性辩论时的讲话》，《人民日报》2015 年 9 月 29 日，第 2 版。

党的二十大报告指出："尊重世界文明多样性，以文明交流超越文明隔阂、文明互鉴超越文明冲突、文明共存超越文明优越，共同应对各种全球性挑战。"① 尊重世界文明多样性意味着我们要意识到每个文明都有其独特的历史、价值观和传统，没有任何一种文明可以单独主导或取代其他文明。通过积极的文明交流和对话，我们可以打破文明之间的隔阂和误解，增进相互理解和尊重。这种交流可以通过文化活动、学术研究、教育交流等方式来实现，促进不同文明之间的互动和共享。

文明互鉴是指不同文明之间的相互借鉴和互相学习，通过互鉴，我们可以从其他文明中吸取有益的思想、价值观和经验，丰富和发展自己的文化。这种互鉴有助于超越文明冲突的观念，强调不同文明之间的共同点和相似之处，能使我们认识到，文明并不是孤立存在的，而是相互联系和相互影响的。尊重世界文明的多样性意味着我们要超越文明优越观念，避免将自己的文明标榜为唯一、优越的标准。文明共存是建立在平等、互利和相互尊重的基础上的，旨在实现各个文明之间的和谐共处。这种共存需要我们主动寻求共同利益和共同目标，通过合作来应对全球性挑战，如气候变化、贫困、恐怖主义等。只有通过共同努力，我们才能创造一个更加和平、繁荣和可持续的世界。

兼容并包强调了在多元社会中，不同文化和价值观应该能够相互融合、共存和共荣。兼容并包的理念鼓励人们超越狭隘的观念和偏见，接受和包容多元性，它认为多样性是社会发展的动力和资源，不同文化之间的交流和互补可以促进社会的进步和繁荣。

---

① 《习近平著作选读》（第一卷），第51~52页。

　　"万物并育而不相害，道并行而不相悖。"在新时代的国家交往中，尊重和欣赏不同文化的独特性和多样性，共建人类命运共同体，在尊重世界各国"不同"的前提下实现"共同"，超越种族、文化、国家和意识形态的界限，建立公正和平等的国际秩序，加强国际组织和合作机制的作用，充分反映了中华文明宽厚开放的底色，是民心所向、大势所趋。

　　罗素在《中西文明比较》中明确指出："不同文明之间的交流过去已经多次证明是人类文明发展的里程碑，希腊学习埃及，罗马借鉴希腊，阿拉伯参照罗马帝国，中世纪的欧洲又模仿阿拉伯，而文艺复兴时期的欧洲则仿效拜占庭帝国。"[①] 历史上，欧洲文明在与外部文明的相遇和碰撞中经历了重大的变革和发展，形成了新的脉络和特征。古希腊与古波斯帝国的战争与交往，罗马帝国与埃及、希腊、亚洲等地的接触，以及欧洲与亚洲、非洲和美洲的大航海时代等促进了欧洲文明的发展和变革。欧洲通过接触和学习外部文明，吸收了许多新的思想、知识和技术。古希腊哲学、罗马法律、阿拉伯数学和科学、中国的丝绸和瓷器等都对欧洲文明产生了深远的影响，推动了文艺复兴和科学革命等重大变革。移民、贸易、宗教传播等过程带来了不同文化、宗教和民族的交流和融合，形成了多元的欧洲社会。这种多元性为欧洲的艺术、音乐、文学和思想创作提供了丰富的素材和灵感。

　　中国作为一个拥有悠久历史和丰富文化传统的国家，也在与其他文明的交流互动中迸发出新的活力。丝绸之路是中国与中亚、西亚和

---

　　① 转引自刘海平主编：《文明对话：东亚现代化的涵义和全球化中的文化多样性——中国哈佛—燕京学者第四、第五届学术研讨会论文选编》，上海外语教育出版社2006年版，第132页。

欧洲等地的重要贸易通道，通过丝绸之路和海上贸易，中国与外部文明进行了经济、文化和学术上的交流，中国的科技和艺术成就传播到了其他地区，为世界的进步和发展作出了重要贡献。

在西方话语理论体系中，也存在着"文明冲突论"和"文明标准"等概念。"文明冲突论"是美国政治学家塞缪尔·亨廷顿提出的理论，该理论主张，未来的全球冲突将主要由文明之间的冲突所引发，而不再是意识形态和经济之间的冲突。亨廷顿认为，不同文明之间存在难以消弭的"断层线"，冷战后国际冲突的主要根源是文明间存在的巨大差异。"文明标准"一词通常用来指称 19 世纪由西方国家制定并主导的一套评判文明程度和文化发展的标准。这一概念在殖民主义和帝国主义时期广泛流传，其背后反映了西方国家对其他地区和文化的评价和支配观念。西方国家将工业化、科学进步、民主制度等作为衡量文明程度的标准，认为只有达到这些标准的国家才能被称为"文明国家"，而其他地区则被视为"野蛮"或"不文明"。

"文明冲突论"和"文明标准"等理论引起了广泛的讨论和争议，这些理论简化了文化和文明之间的复杂性，将其看作是冲突的根源，而忽略了其他因素如政治、经济和社会等的作用。越来越多的人开始意识到，文明的发展和评价应该基于平等、包容和相互尊重的原则，尊重不同文化和价值观的多样性，避免将一种文化的优越性强加于其他文化。但是在目前的全球交流中，这种文化霸权依然存在，并且带来了文化多样性的丧失和文化同质化的风险，使其他文化处于被边缘化的状态。西方文化霸权是一种文化帝国主义，试图将自己的价值观和利益强加给其他文化。

中国摆脱"西方化是现代化唯一模式"的思维定式，提出以中华文明为本、兼容并包的现代化道路，采取文化多样性和相互理解的观念，推动构建一个兼容并包、和谐共存的人类命运共同体。

积极践行真正的多边主义，推进世界多极化和国际关系民主化。中国在外交领域积极践行真正的多边主义，倡导以联合国宪章宗旨和原则为基础的国际关系准则，强调通过多边机制和合作解决全球性问题，推进世界多极化和国际关系的民主化。

习近平主席在给希腊学者的复信中指出："在人类历史的漫长进程中，各民族创造了具有自身特点和标识的文明，共同构成人类文明绚丽多彩的百花园。各种文明是各民族历史探索和开拓的丰厚积累，也是今天各民族生存和发展的深层指引。我们要促进人类社会发展、共同构建人类命运共同体，就必须深入了解和把握各种文明的悠久起源和丰富内容，让一切文明的精华造福当今、造福人类。"[1]

正是基于对"和而不同"理念的深刻理解，以习近平同志为核心的党中央在国际交往中，一直倡导各国之间应该建立基于互信、互利和平等的合作关系，以推动共同发展和繁荣，主张以平等和包容的态度对待不同国家的发展道路和模式，推动构建公正、合理的国际秩序，倡导要通过平等对话和合作来解决国际事务，维护国际社会的和平与发展。

在联合国成立 75 周年纪念峰会上，习近平主席发表重要讲话，再次重申中国"将始终做多边主义的践行者，积极参与全球治理体系改革和建设，坚定维护以联合国为核心的国际体系，坚定维护以国际法为基础的国际秩序，坚定维护联合国在国际事务中的核心作用"[2]。

---

[1]　习近平：《习近平复信希腊学者》，《人民日报》2023 年 2 月 21 日，第 1 版。

[2]　习近平：《在联合国成立 75 周年纪念峰会上的讲话》，《人民日报》2020 年 9 月 22 日，第 1 版。

党的十八大以来，中国倡导共商共建共享的全球治理观，旨在推动国际秩序朝着更加公正、合理、包容的方向发展。

中国提出的"一带一路"倡议旨在通过共商共建共享的方式推动全球经济合作与发展。这个倡议鼓励沿线国家共同商讨并合作推进基础设施建设、贸易便利化、金融合作等，实现共赢和共享发展。

推动二十国集团向长效治理机制转型，发起成立亚投行、新开发银行，为全球经济治理搭建新的合作平台，促进区域互联互通和经济发展，推动建设开放型世界经济。

积极参与国际气候变化谈判，并提出了一系列减排目标和行动计划，中国倡导全球共同应对气候变化，通过共商共建的方式加强国际合作，推动全球绿色低碳发展，共享气候变化带来的环境福祉。

维护多边贸易体制，坚定支持多边贸易体制，倡导通过共商共建共享的方式推动自由贸易和开放型世界经济，积极参与世界贸易组织的改革进程，并倡导在平等和相互尊重的基础上解决贸易争端，共同构建开放、包容和普惠的全球贸易体系。

致力于深化金砖国家合作，打造广泛的"金砖+"平台，不断推动提升新兴市场国家和发展中国家在国际事务中的代表性和发言权。

这些具体的措施正是对习近平总书记提出的"要推动全球治理理念创新发展，积极发掘中华文化中积极的处世之道和治理理念同当今时代的共鸣点"的具体实践，"和而不同"的理念蕴含在中华民族的基因之中，影响着中华民族的对外交往实践。

第六章
大同：中国式现代化的美好愿景

国泰民安、睦邻友好，是中华民族自古以来的中国梦，也是中国共产党人孜孜以求的中国梦。自从孔子在春秋战国之际率先提出"大同"，用以表达对理想社会和美好生活的向往，"大同"便成为中国梦的代名词。近代以来，在救亡图存的危机面前，有识之士前赴后继地找寻这条通向大同的路、一条在中国如何实现现代化的路。这条路最终被中国共产党人找寻到，通过科学社会主义的指引，通过把马克思主义基本原理同中国具体实际相结合，同中华优秀传统文化相结合，缔造着中国式现代化的新辉煌，缔造着人类文明的新形态。

一、大同思想的美好图景及历史演进

不论古今还是中西，对美好生活的向往，是任何时代、任何地域的人们的一种普遍的情感。在古希腊，柏拉图构想了一个由个人正义和城邦正义所组成的"理想国"，一个在兼具正义与善的美德的哲人王统治下的社会。而在中国，比较早的关于理想国的谈论出现在《诗经》中。春秋初年，魏国百姓因不堪沉重的赋税而萌生誓愿，他们在心中呐喊，也在民间传唱"乐土乐土，爰得我所""乐国乐国，爰得我直""乐郊乐郊，谁之永号"（《魏风·硕鼠》），希望能到这样一个治理得当、充满喜乐的邦国去生活。"乐土""乐国""乐郊"成为一种朴素的理想国表达。当然，对于绝大多数人来说，提到理想国，最直观且最深刻的记忆还是陶渊明的《桃花源记》。"有良田、美池、桑竹之属，阡陌交通，鸡犬相闻""黄发垂髫，并怡然自乐"，如此这般的生活场景既生机盎然，又成为精神的栖居之所。除此之外，我们的文化传统更以"大同"之名表达对美好生活的向往，将理想社会的样貌归结为"大同"，并历史地形成一条跨越千年的思想轨迹。从《礼记·礼运》篇完整地讲述"大同"到近代以来不断充实"大同"的内涵和外延，"大同"已然成为一个关乎中国梦的重要文化符号。

（一）大同图景及其思想意蕴

根据《礼记·礼运》篇的记载，"大同"的观念是这样被提出的。孔子昔日在鲁国参加一年一度的年终祭祀大典后，走出宫殿、走到门楼前，俯瞰当时鲁国的景象，不由得心生慨叹。身旁的子游敏锐地察觉到先生的慨叹，便上前询问缘由。孔子于是给出了这样一番回答。

孔子曰："大道之行也，与三代之英，丘未之逮也，而有志焉。大道之行也，天下为公，选贤与能，讲信修睦。故人不独亲其亲，不独子其子，使老有所终，壮有所用，幼有所长，矜寡孤独废疾者皆有所养，男有分，女有归。货恶其弃于地也，不必藏于己；力恶其不出于身也，不必为己。是故谋闭而不兴，盗窃乱贼而不作，故外户而不闭。是谓大同。"

孔子的慨叹源于他没能生活在大道流行的时代，后世注释者认为，这里指的应该是黄帝、颛顼、帝喾、唐尧、虞舜所组成的五帝时代。与此同时，他也没能感受过夏商周三代的杰出统治。但所幸，还能看到有关那些时期社会生活的一些记录。那是怎样的一种生活场景呢？

当是之时，大道在世间流行，世人把天下视为公共之物，推举选拔德才兼备的人，把统治的权力通过禅让的方式授予他，人与人之间诚信相待、和睦相处，而不像孔子所处的大道隐没的东周时期，统治天下的权力被当作一家一姓的私有之物，仅仅传给自己的子孙。当是之时，孝慈之道遍布天下，人们不只是敬爱自己的父母、疼爱自己的子女，也普遍地关爱一切人，由此使得所有的老人都能得到赡养，所有的儿童都能得到抚育，年富力强之人得以施展才干，老而无妻、老而无夫、老而无子、幼而无父的这些弱势群体，也都能得到充分的照料。男子有相应的社会事务，女子有各自的生活归宿。财物不一定归自己所有，却不希望它被随意丢弃；力气不一定要用在自己身上，却唯恐它不出于自己身上。这样一来，种种自私自利的计算、谋划都不会出现，偷盗、抢劫等恶性事件也不会发生，以至于每家每户的大门都无须关闭，也就是我们常说的"路不拾遗""夜不闭户"。如此祥和安宁、平静美好的社会景象，孔子将其称作"大同"。

其实，除了《礼记·礼运》篇（也包括与之相近的《孔子家语·礼运》），同时期甚至更早的其他典籍中也有"大同"的身影。比如《尚书·洪范》中说"汝则从，龟从，筮从，卿士从，庶民从，是之谓大同"，《庄子·在宥》提出"大同而无己"的讲法，《吕氏春秋·有始》中又说"天地万物，一人之身也，此之谓大同"。我们应该如何理解这些和前面孔子讲述的大同图景貌似不同的"大同"呢？它们表达的是相近的含义还是不同学派有不同的对于"大同"的理解呢？通过梳理、总结《礼记·礼运》篇的思想意蕴，我们或许就能回答这个问题了。

首先是一种广大周遍的仁爱精神，这是孔孟以来儒家竭力强调的。《礼记·礼运》篇尽管没有出现"仁"这个儒学的核心概念，却流淌着浓郁的仁爱精神，特别是一种推己及人的仁爱品质。孔子在《论语》中曾明确地说，仁的一个重要的含义，便是自己认为好的，或许也是他人认为好的，所以也要相应地惠及他人，所谓"夫仁者，己欲立而立人，己欲达而达人"（《论语·雍也》）。《礼记·礼运》篇的"故人不独亲其亲，不独子其子"表达了同样的含义，孝和慈是人世间的一对共通的价值，人与人之间应当保有一种普遍的关爱。如果这种普遍的关爱被用于治国的领域，那么，治理国家将是一件易如反掌的事情。这便是孟子向齐宣王讲述的"老吾老，以及人之老；幼吾幼，以及人之幼。天下可运于掌"（《孟子·梁惠王上》），这便是以仁爱之心施行仁爱之政。当然，不只于此，孔孟还特别强调要惠及社会的弱势群体。比如，文王施行的仁政就是首先惠及那些孤苦无依的人们，惠及老而无妻、老而无夫、老而无子、幼而无父这四类鳏寡孤独者，所谓"文王发政施仁，必先斯四者"（《孟子·梁惠王下》），《礼记·礼运》篇的"矜寡孤独废疾者皆有所养"谈论的也是这种仁爱的精神。由此，我们不难发现，仁爱中还包含着一种深刻的平等精神。对于孔子来说，在他所处的大道隐没的东周时期，能够普遍地施恩于百姓并且能够扶贫济困，岂止是可以被称作"仁"，更可以被称作"圣"了。因此，孔子曾向弟子透露，他的志向和心愿并不是别的什么，只是希望"老者安之，朋友信之，少者怀之"（《论语·公冶长》），正如他在《礼记·礼运》篇中所向往的夏商周三代"老有所终，壮有所用，幼有所长"的景象，每一个群体在这个社会之中都能得到妥善的安顿，每一个群体都能从中受益。

其次是天下为公的价值取向，这是包括儒家在内的诸子各派的共同追求。比如，《六韬》中就说，天下不是一个人的天下，而是天下人的天下。《吕氏春秋》专门有《贵公》一章，其中就提到，圣王治理天下首要的便是追求公正，唯其如此，才能天下太平。与之相应，是《老子》中有关侯王应当奉行无私的准则的告诫，所谓"是以圣人后其身而身先，外其身而身存。非以其无私耶？故能成其私"。对于统治者来说，只有常常将自己的利益置于百姓的利益之后，甚至将自己的利益置之度外，也就是只有常常做到大公无私，才能保有其统治的权力，因为天下是天下人的天下。《庄子·大宗师》中提到，人们常常以为把船藏进山谷里，再把山谷藏进湖泽中，就是万无一失的了，然而并非如此。只有认识到天下之物为天下人所共有而无所藏，才不会有任何丢失的。所以，《庄子·在宥》中说"大同而无己"，无己就是无私，就是为公，大同的本质属性便是无己。以上所论，可以说全部是权力公共性的问题。《礼记·礼运》篇的"选贤与能"也是如此，权力的传递看重的是一个人的德行和能力，而不是别的什么。《墨子》中有类似的表达，比如说，"故古者圣王甚尊尚贤而任使能，不党父兄，不偏贵富，不嬖颜色，贤者举而上之，富而贵之，以为官长"（《墨子·尚贤中》），古代圣王的一个共性便是尊重贤者，他们既不偏袒父兄，也不偏袒有钱有势之人，只是将德才兼备的人推举到高位，给予他们相应的治理的权力。最高统治者的选拔也是如此，只有这样，才能为世人信服，实现社会的有效整合，所谓"是故选择天下贤良圣知辩慧之人，立以为天子，使从事乎一同天下之义"（《墨子·尚同中》）。这里涉及的不只是社会公平的问题，还是民主的体现，包含了对民众最大限度的尊重。这是我们的文化传统中充满温情与敬意的一面。连同前面列举的《尚书·洪范》中的"大同"，那种在决断疑难问题时，要求统治者的主张和占卜的结果、百官的意见以及民众的想法完全一致的"大同"，也具有同样的倾向，语境虽然不同，但含义是相当的。

最后是万物一体的思想观念，这是包括仁爱、平等、公正、无私在内的"大同"诸多意涵的思想基础，当然，它也构成了"大同"的另外一重意涵。北宋理学家程颢曾用一个很形象的比喻来解释"仁"，他说医书中把手脚因气血不通而反应迟钝、丧失知觉称作"不仁"，也就是我们常说的麻木不仁。这个时候我们会感到，手脚好像不属于自己了。在他看来，这是对"仁"最好的说明。什么是仁？"仁者，以天地万物为一体"（《二程遗书》卷二上）。如果能体认到天地万物和自己是一体的，都是和我相关联的，那么，便会很自然地对他人和他物施以仁爱，也就没有什么道理是领会不到的了。所以，《吕氏春秋·有始》中说，"天地万物，一人之身也，此之谓大同"，只有意识到人与他人、人与万物、万物与万物的彼此相连，才会作出"货恶其弃于地也，不必藏于己；力恶其不出于身也，不必为己"的选择。北宋另一位理学家张载意识到了这一点，因此，他不仅以《礼记·礼运》篇为儒学的真精神，还写下传世名篇《西铭》。其中提到，乾是父，坤是母，他人与我是同胞的兄弟姐妹，万物和我皆是同类。尊重一切年事高的人，爱护那些年幼的、势单力薄的人。普天之下的苦难者，那些年老多病的、身心残疾的、孤苦伶仃的人们，都是我颠沛流离而无处诉说的兄弟姐妹。这同样是基于万物一体的思想观念而生发的大爱。不过，这种万物一体意义上的"大同"，又不仅仅是属于儒家这一派的，更是属于中华文化这个整体的。比如《庄子·齐物论》中就说，"天地与我并生，而万物与我为一"。晚近以来，中华文化的这种一体的世界观的科学性不断得到证实并被推崇。比如，日本首位诺贝尔奖获得者、量子物理学家汤川秀树就曾说："对于东方人来说，自身和世界是同一事物。东方人几乎是不自觉地相信，在人和自然界之间存在着一种天然的和谐。"① 他也坦言，在自己的基本粒子研究遭遇瓶颈时，是道家一体的、混沌的世界观使其恍然，为此他说，"看来现代物理学似乎在许多方面带来了古代哲学的回声"②。此外，英国生物化学和科学史学家李约瑟也曾说，他在中国这种一体的、有机的世界观中发现了"内在而未诞生的、最充分意义上的科学"③。

（二）康有为的大同三世说

自从《礼记·礼运》篇提出"大同"的观念之后，大同思想的又一次广泛讨论出现在宋代。前面提到的张载和程颢，就是这一时期的典型代表。不过，这一时期有关"大同"的讨论主要集中在它的学派归属问题上，也就是它究竟是儒家还是道家抑或墨家的思想的问题。再加上这一时期儒家学者从《礼记》中抽出《大学》和《中庸》两篇，同《论语》和《孟子》组成"四书"，成为读书人的必读书目，

---

① ［日］汤川秀树著，周林东译：《创造力与直觉——一个物理学家对于东西方的考察》，复旦大学出版社 1987 年版，第 37 页。

② ［日］汤川秀树著，周林东译：《创造力与直觉——一个物理学家对于东西方的考察》，第 145 页。

③ ［英］李约瑟：《中国科学技术史》第五卷，科学出版社 1990 年版，第二分册"序"。

《礼运》一篇及其大同思想在整个中国思想史上的受重视程度便开始减弱。直到晚清康有为的出现，直到他再次注意到《礼记·礼运》篇，特别是其中的大同思想，写作《礼运注》和《大同书》，这种情况才得到彻底的改变，甚至使大同思想一跃成为近代以来中国思想史的焦点。

19 世纪末 20 世纪初，戊戌维新变法失败后，康有为流亡海外，根据学界的考证，《礼运注》和《大同书》正是他在这段时间写成的，大致的时间应该在 1901 年至 1902 年。这是一个新的世纪的开端，但当时的中国却还停滞在旧世纪的苦难中。面对内忧外患的困局，康有为在向外找寻的同时也向内找寻，找寻救国的办法。在此过程中，他找寻到了孔子，注意到了《礼记·礼运》篇及其大同思想。在《礼运注》的序言中，他说自己"搜得孔子旧方"，与此同时，他也很清楚，时移世异，很多内容是不能照搬照抄的，但孔子托古改制的办法是值得效仿的。为此，讲述理想社会图景的《礼记·礼运》篇及其大同思想便成为康有为继续宣扬他的变法主张的思想素材，而对其进行必要的改造也是必需的，正如他自己所说"不揣愚妄，窃用发明"。这样做的目的既是希望借用孔子之道重新构建一个理想的社会，也有助于重新确立孔子之道的神圣地位，所谓"纳大地生人于大同之域，令孔子之道大放光明"（《礼运注》叙）。

当然，近代以来，希望借助《礼记·礼运》篇及其大同思想重建社会秩序的，康有为并不是第一人。在他之前，太平天国运动领袖洪秀全就在他撰写的反清文章《原道醒世训》中，全文抄录了《礼记·礼运》篇中"大同"一段，并据此提出"天下多男人，尽是兄弟之辈，天下多女子，尽是姊妹之群""天下一家，共享太平"的社会构想。① 依照这一原则，随后颁布的纲领性文件《天朝田亩制度》，又更进一步提出"有田同耕，有饭同食，有衣同穿，有钱同使，无处不均匀，无人不饱暖"②的制度规定。但相比起来，真正影响甚至奠定后世对于大同思想的理解的，还是康有为的发明。

康有为对大同思想的发明主要表现在，他用公羊学的"三世说"重新定义了《礼记·礼运》篇中的"大同"和"小康"。"三世说"出自儒家典籍《春秋公羊传》，是专门用来解释《春秋》的一部典籍，其中按照由近及远的次序将《春秋》经文记载的历史分为"所见""所闻""所传闻"三个阶段。此后，东汉今文经学家何休率先提出"三世"之名并赋予其实，他把"所传闻""所闻""所见"三个阶段又依次说成是"衰乱"之世、"升平"之世和"太平"之世。在此基础上，康有为更进一步地分别用"太平"之世、"升平"之世来标记《礼记·礼运》篇中的"大同"和"小康"，"太平世大同之道"和"升平世小康之道"是他的标志性讲法。在《礼运注》中，他对全篇的架构之所以作出这样的说明，是因为在他看来，人世间最公正的道理流行的阶段，是大同的太平之世。夏商周三代英杰所处的，是小康的升平之世。而作为"大同"和"小康"讲述者的孔子，则生活于据乱之世，他的理想总是希望社会能处在太平之世，他也坚信社会一定能进化到大同。倘若实在不得已，也一定能进化到小康。不止于此，在康有为看来，"大同"的太平世阶段，是"仁"的原则发挥它的效应，流行于世之时；"小康"的升平世阶段，是"礼"的原则发挥它

---

① 罗尔纲编注：《太平天国文选》，上海人民出版社 1956 年版，第 4 页。
② 罗尔纲编注：《太平天国文选》，第 45 页。

的效应，流行于世之时。而《礼运》一篇的命名，则蕴含了从孔子所处的据乱世，通过"礼"的施用进入小康乃至进入大同阶段的含义。在康有为看来，从孔子迄至他所处的清朝末年，两千多年的中国历史，小康的理想已经实现，但大同的理想却还未实现，所以他说，"令二千年之中国，安于小康，不得蒙大同之泽，耗矣哀哉"（《礼运注》叙）。因此，大同不仅是孔子的理想，也是康有为的理想。

那么，如何实现大同的理想呢？在《礼运注》中，康有为明确指出，要打破现存的几种界线，不能有国与国之间的界线，不能有家与家之间的界线，也不能有身与身之间的界线。事实上，是不能有这些方面的划分，因为一旦有所划分，人们就会圈定各自利益的边界，从而各自谋划，这样就会违背"天下为公"的原则，进而阻碍朝向大同的进化，所谓"有国有家有己，则各有其界而自私之，其害公理而阻进化甚矣"。此外，还要打破常见的一些差别，不能有贵贱之间的差别，不能有贫富之间的差别，也不能有人种之间的差别，甚至不能有男女之间的差别。因为在他看来，"天下为公"意味着"人人如一""人人皆平"，只有这样，才能同他人保持一种大同的状态，大同之道才能流行于世间。随后，在《大同书》中，康有为更进一步地提出通过去除九界实现大同的完整方案。在他看来，人世间的一切痛苦都源于此。有国界，就划分了疆土和部落；有等级的界线，就划分了贵贱清浊；有人种的界线，就划分了黄白棕黑；有形体的界线，就划分了男女；有家庭的界线，我们就只在父子、夫妇、兄弟的关系中施展仁爱；有行业的界线，就划分了农工商，彼此之间各自经营；有各种不同的乱象，就有包括不平、不通、不同、不公等；有族类的界线，就划分了人与鸟兽虫鱼；有各种不同的痛苦，它们就彼此相生，无穷无尽。

怎么理解康有为的这套学说，怎么理解他对大同思想的这种发明呢？首先，由于"三世说"的羼入，康有为其实既改变了《礼记·礼运》篇的叙事主题，也改变了这一篇的历史观。就叙事主题而言，《礼记·礼运》篇提出"大同""小康"两个观念之后，此后的一系列对话都围绕着礼的历史演进展开。所谓"礼运"，就是指"礼之运转之事"（孔颖达语）。然而，在康有为的体系中，这一篇讲述的却是从据乱世到升平世进而到太平世的社会形态变迁，"礼"只是从据乱世进入升平世的一个环节，甚至不涉及太平世。再说历史观，《礼记·礼运》篇将"大同"的理想社会图景置于五帝之时，置于过去，而康有为则将其置于未来，这既是对何休的继承，又是受近代以来自西方传入的进化史观影响的结果，康有为在书中也多次提到"进化"二字。

除此之外，我们不难发现，康有为为大同思想注入了极其厚重的空想色彩，甚至可以说，是用某种乌托邦的构想取代了原有的社会结构。比如，一种"大同"的理想社会图景中原本包含男女的分别，所谓"男有分，女有归"，但是到了康有为那里，实现大同就必须"无男女之异"（《礼运注》）。又比如，《礼运·大同》章中还包含家庭这个最基本的社会单元，"不独亲其亲，不独子其子"，并不像康有为认为的那样，意味着不能有家庭的界线，否则仁爱就不能宽广，所谓"不得有家界，以至亲爱不广"（《礼运注》）。这种引申本身，其实已经和他梳理《礼记·礼运》一篇的主体内容时概括出来的其中涉及"父子之公理""夫妇之公理"的讲法相违背了。既然"无男女之异""不得有家界"，那么，便无从在伦常的意义上谈论父子、夫妇。

最能代表康有为的这种空想色彩和乌托邦倾向的，恐怕便是他的

《大同书》。作为《大同书》的整理出版者，康有为的弟子钱定安在《大同书》序中就曾指出，康有为的"大同之世"是一种国界已经破除的"无政府"状态，同时也是一种伦常可以废除的"无室家"状态；子女对父母不需要有恩情，父母对子女不需要依靠，随之可以废除的还有私有财产制度。这样一来，资本主义制度失去根基，也便烟消云散。梁启超据此认为，康有为的这套学说是"社会主义派哲学"[①]。然而我们说，这只是一种空想的社会主义，并且距离康有为试图重新确立的孔子之道越来越远。

（三）孙中山的"大同世界"和"世界大同"

近代以来，同样倾心大同思想并赋予其新意的还有孙中山。他终其一生题写得最多的，就是《礼运·大同》篇的"天下为公"四个字。1929年，位于南京紫金山的中山陵落成时，陵门横梁上的"天下为公"四个字，便选自孙中山的手书。

尽管在中国的救亡图存应该使用改良的办法还是采取革命的方式这一问题上，孙中山和康有为有着截然不同的选择，但是在理想的社会图景的构想上，在对"大同"的理解上，孙中山在很多方面接受了康有为的发明。比如用"太平"之世指代大同的理想社会图景，崇尚一种进化的历史观。1917—1919年，孙中山在他撰写的国家建设总体蓝图《建国方略》中就充满期待地说，近代以来的文明进步，要按天来计算，每一天比前一天都更快一些。最近这一百年的进步已经超过过去一千年，最近这十年的进步又超过了过去一百年。人类社会发展的目标不是别的，正是孔子所说的"大道之行也，天下为公"。按照

---

① 中国史学会主编：《戊戌变法（四）·南海先生传》，上海人民出版社1957年版，第21页。

这个速度和程度发展下去，太平之世一定不远了。至于"天下为公"的含义，孙中山和康有为一样，也把它理解为实行生产资料的公有制，包括资本的公有和土地的公有，这显然有别于《礼运·大同》篇在"选贤与能"的层面上谈论的权力的公共性问题。1912 年 10 月，孙中山在《大陆报》撰文讲述他的民生理想时就指出，铁路、电车、电灯、瓦斯、自来水、运河、森林这些行业，一律应该收归国家所有。同期，在为上海中国社会党所作的演说中，他又指出，土地应该公有，不应该为个人私有。在此之前，康有为在《大同书》中就提到，如果想要在当时的中国实现大同，那么，必须首先废除个人的私有财产，农工商这三个行业必须收归公有，普天之下的田地也都要公有。当然，在现代化浪潮席卷世界的 20 世纪，大同的一个含义便是现代化的社会，特别是物质生产方面现代化的社会。因此，在如何实现大同的问题上，孙中山又不仅仅将目光聚焦在分配的公平上，而是强调生产的丰沛，强调要发展现代工业，将其视为大同理想实现的途径，甚至是目标。这一点也是他和康有为的共通之处。1919 年，孙中山完成了他以工业化实现国家经济振兴的《实业计划》，其中就提到，必须要用机器来辅助国内数量庞大的劳动力，这样才能从根源上创造更丰厚的财富。康有为在《大同书》中也指出，太平之世最为崇尚的，只有工业；太平之世看重的也不是别的，而只是工业领域的创新器具。可以说，在救亡图存的危机面前，在当时的中国同世界的落差面前，"大同"蕴含了近代以来的有识之士对于富强的诸多期待。

当然，孙中山终其一生对于大同思想的谈论，又不只是跟着康有为讲，而更像是接着康有为讲。根据亲历者冯自由在《革命逸史》中的回忆，早在 1905 年同盟会成立前，孙中山就把自己的主张称作

"大同主义"，与之对应的英文单词是 Cosmopolitan，指"世界大同主义"。1912 年 9 月，孙中山在北京五族和平合进会与西北协进会的演说中明确指出，当今世界范围内的先觉之士，已经有不少人在极力主张大同主义了。如果能将自由、平等、博爱的精神扩展到世界各处，用它们来充实每个人的精神世界，那么，大同的美好图景就不难实现了。自由、平等、博爱，这个 18 世纪法国资产阶级革命的政治口号，被孙中山拿来作为实现大同的办法。在"大同"的名义之下，我们看到孙中山对于这套价值的推崇。直到去世前，大同主义仍是孙中山极力主张的。1924 年 8 月，在广州国立高等师范学校演说三民主义的民生主义一节时，他便说，"民生主义就是社会主义，又名共产主义，即是大同主义"①。值得注意的是，这里的"大同主义"显然在含义上和之前所说的有所不同，甚至连实现大同的办法都有所不同。后一种讲法无疑受到 20 世纪俄国社会主义革命的影响，因此，1924 年 6 月，孙中山在广州黄埔陆军军官学校开学典礼的训词中说，"三民主义，吾党所宗，以建民国，以进大同"②，这两处"三民主义"都是指联俄、联共、扶助农工的新三民主义。可以说，尽管都称"大同主义"，但随着孙中山前后期思想的转变，"大同"的含义也随之有所不同。在孙中山这里，存在两种不同的"大同"，一种是"世界大同"，一种是"大同世界"，并且他本人在谈论这两种"大同"时是有着充分的自觉的。

关于"世界大同"，孙中山早期的谈论多集中在此。比如 1912 年

---

① 孙中山：《孙中山全集》第九卷，中华书局 1986 年版，第 355 页。

② 广州市地方志编纂委员会编：《广州市志》（卷十三），广州出版社 1995 年版，第 372 页。

1月1日，他在《临时大总统宣言书》中说，希望同友邦更加亲近，增进彼此的情谊，秉持和平的原则，希望"中国见重于国际社会""世界渐趋于大同"。① 同年，会见四国银行团代表时，孙中山更提到希望"世界各国共进大同，永不至再有战事"的主张。② 面对资本主义的现代化发展引发的世界和地区的动荡，1913 年 2 月，孙中山在日本东京参加中国留学生欢迎会时又指出，最近这些年社会政治领域的学说虽然很昌明，但国家与国家之间的界限还是很森严，彼此之间不可避免地会有纷争。近代欧洲空想社会主义学家们致力于实现世界大同，希望战争永远不再发生。我们这辈人也要抱有这样的想法，去体会他们的学说。倘若如此，那么"将来世界上总有和平之望，总有大同之一日"③。由此我们不难发现，孙中山的世界大同构想，是同全人类和平发展的主题息息相关的，"大同"的含义便是和平。但遗憾的是，随着 1914 年 7 月"一战"的爆发，人类社会在 20 世纪初期终究还是同"世界大同"的理想渐行渐远，资本－帝国主义的制度缺陷愈加明晰。那么，在这种情况下，中国又该如何自处呢？1923 年 1 月，孙中山在为《申报》创刊五十周年撰写的《中国革命史》中指出，他所倡导的新三民主义中的民族主义，在对待世界其他民族方面，一定要保持我们民族的独立地位，发扬我们固有的文化传统，同时吸收世界其他文化，使之发扬光大，"以期与诸民族并驱于世界，以驯致于大同"④。面对帝国主义的强权，面对他们强加的政治和经济压迫，孙

---

① 《孙中山全集》第二卷，第 2 页。
② 《孙中山全集》第二卷，第 452 页。
③ 《孙中山全集》第三卷，第 25 页。
④ 《孙中山全集》第七卷，第 60 页。

中山之所以将"世界大同"和民族主义关联起来，在他看来，是因为这是我们民族的精神，是四万万中国人的责任，更是因为，"要把那些帝国主义来消灭……先要恢复民族主义和民族地位"，进而才能"用固有的道德和平做基础，去统一世界，成一个大同之治"。①

关于"大同世界"。不同于"世界大同"的是，"大同世界"的思想来源于《礼记·礼运》篇。不同于"世界大同"的关乎国际问题和世界秩序，"大同世界"谈论的只是中国内部的秩序问题。1921年12月，孙中山在桂林面向滇赣粤军演说《军人精神教育》时说，孔子在数千年前说，"大道之行也，天下为公"。在此原则之下，人人"不独亲其亲，不独子其子"，孔子把这样的社会称作大同世界，大同世界的含义就是天下为公，要使老人得到赡养，壮年可以谋生，少年受到教育。孙中山本人也有同样的理想，为此，他指出，切实可行的办法是由政府提供必要的保障，所谓"均当由政府负担"。倘若如此，便能实现他所倡导的新三民主义中的民生主义，也能实现孔子的大同世界理想，是"由民生运动造成一民生大同之中国"②。"民生主义"折射出孙中山对于大同思想的理解，也是他历史地赋予"大同"的新意。

那么，究竟什么是民生大同？它首先聚焦于社会经济层面，比如在《三民主义·民生主义》的演说稿中，孙中山便说，"民生就是人民的生活——社会的生存、国民的生计、群众的生命便是"③，而民生

---

① 《孙中山全集》第九卷，第253页。

② ［日］江田宪治：《关于孙中山的一篇佚文——在上海机器工会的演说》，《辛亥革命研究动态》1994年第1期。

③ 《孙中山全集》第九卷，第355页。

主义则是指贫富均等，指不能用富者来压制贫者（《欲改造新国家当实行三民主义》）。为此，他十分推崇英、美、法等国的公共服务和社会保障体系，尤其推崇苏俄的"劳农政府"，认为苏俄的"劳农政府"能使人人享受经济上的平等带来的幸福，不再有贫富不均的忧虑，认为这种做法本身正和孔子的大同思想相近，所谓"语其大成，则与孔子所谓大同相类"①。就连写给好友日本邮电大臣兼文部大臣犬养毅的信中，孙中山都提到，苏维埃主义正是孔子所主张的大同，并且他还全文抄录了《礼记·礼运》篇的"大同"一节。

除此之外，孙中山又不只是在社会经济层面谈论"民生主义"和大同理想，他还提到一种"真正的民生主义"，那便是将社会政治层面也融入其中，将他所倡导的新三民主义中的民权主义融入其中。在1924年8月的那场"民生主义"演说中，孙中山作出了比较完整的解释，他说："我们三民主义的意思，就是民有、民治、民享……就是国家是人民所共有，政治是人民所共管，利益是人民所共享。照这样的说法，人民对于国家不只是共产，一切事权都是要共的。这才是真正的民生主义，就是孔子所希望之大同世界。"② 另外，他还提到"孔子说：'大道之行也，天下为公。'便是主张民权的大同世界"③，更提到俄国革命之所以取得成功，我们的革命之所以不成功，归根结底是因为对三民主义理解得不真切，在他看来，"俄国革命之初不过行民权、民生二主义而已"④。透过孙中山，大同思想在近代不仅找到一种

---

① 《孙中山全集》第八卷，第349页。
② 《孙中山全集》第九卷，第394页。
③ 《孙中山全集》第九卷，第262页。
④ 《孙中山全集》第八卷，第458页。

新的话语表达方式，还途经空想社会主义，朦胧地找到科学社会主义
这个思想上的新的契合者。

（四）毛泽东的"太平世界"和"共产主义"

近代以来，真正将大同思想同科学社会主义关联起来的还要属毛
泽东。在成为马克思主义者之前，毛泽东就曾留心大同思想。彼时，
他对大同思想的留心，不可避免地受到康有为和孙中山的影响。1917
年8月，正在湖南省立第一师范学校读书的毛泽东，在写给老师黎锦
熙的信中，表达了他对大同"圣域"的向往，说大同之时"天下皆为
圣贤，而无凡愚，可尽毁一切世法，呼太和之气而吸清海之波。孔子
知此义，故立太平世为鹄，而不废据乱、升平二世。大同者，吾人之
鹄也"①。鹄是目标的意思，"可尽毁一切世法"指无须任何社会规范
的外在约束。这里用"太平世"指称大同"圣域"，并且提到"可尽
毁一切世法"，显然出自康有为大同三世说的发明。

不过，与康有为将大同视为一种社会形态不同，毛泽东更多地在
一种理想的伦理道德境界的意义上谈论"大同"。1917年至1918年，
杨昌济教授伦理学课程时选用了德国近代伦理学家泡尔生的《伦理学
原理》，该书由蔡元培翻译，毛泽东读后写下一万多字的批语，其中
有两段提到，纵观人类社会的历史，不平等、不自由和大的战争一直
都存在，不曾断绝也不会断绝，因此世间哪里有纯粹的平等、自由和
博爱，如果有，那一定是仙境。为此，他说："然则唱大同之说者，
岂非谬误之理想乎？"又说，"人现处于不大同时代，而想望大同……
然大同亦岂人生之所堪乎？吾知一入大同之境，亦必生出许多竞争抵

---

① 中共中央文献研究室等编：《毛泽东早期文稿》，湖南出版社1990年版，第89
页。

抗之波澜来，而不能安处于大同之境矣"，由此可以证明"人类理想之实在性少，而谬误性多也"。① 两次谈论"大同"，两次都提到"谬误"，难道毛泽东一反信中对于大同"圣域"的向往，思想上发生动摇，开始质疑和否定大同的理想了吗？从毛泽东此后不久受到无政府主义的影响，尝试通过工读互助和新村建设实现大同来看，大同仍是他的理想，不过，他更看重的是大同如何实践的问题，更看重的是作为至善理想的大同所包含的现实可能性，用他自己的话说，便是要能用科学的方法来论证。因此，带着这种方法论上的自觉，毛泽东在此更像是对康有为的检讨，反省他覆盖在大同思想之上的空想色彩和乌托邦倾向。正如 1949 年 6 月，经过长期的摸索和实践，中国民主革命即将取得胜利之际，毛泽东在《论人民民主专政》一文中所说，"康有为写了《大同书》，他没有也不可能找到一条到达大同的路"②。通过马克思主义，特别是中国化的马克思主义，毛泽东找到了这条通向大同的路。

至于孙中山对毛泽东的影响，则表现在"世界大同"的观念上。1920 年 11 月，在写给远在新加坡的第一师范同窗张国基的信中，毛泽东说，"世界大同，必以各地民族自决为基，南洋民族而能自决，即是促进大同的一个条件"③，表达了他这一时期追求世界范围内的民族独立、和平发展的志愿。1925 年孙中山逝世后，面对国民党右派的分离，面对他们的反动和对革命派的攻击，毛泽东在分析国民革命前途时指出，国共合作的国民大革命的目的是建设一个革命民众合作统

---

① 中共中央文献研究室等编：《毛泽东早期文稿》，第 184~185 页。
② 《毛泽东选集》第四卷，人民出版社 1991 年版，第 1471 页。
③ 中共中央文献研究室等编：《毛泽东早期文稿》，第 560 页。

治的国家，它的终极目标是消灭全世界的帝国主义，建设一个真正平等自由的世界联盟。在"真正平等自由的世界联盟"几个字后，毛泽东特别注明也就是孙中山"所主张的人类平等、世界大同"，以此呼吁"全国革命派团结起来"，同时他也坚信"革命派将因此成功一个更大的团结"。① 此后的历史是，以中国共产党人为代表的革命派接过了世界大同的理想，同时也接过了这项使命。和孙中山谈论大同的语境有所不同，此时的中国革命，在通向大同的路上又增添了依附于帝国主义势力的国民党反动派这重阻碍。革命，作为实现大同的一种必要方式的意味更加明晰。

1935 年 10 月，面对国民党反动派的持续"围剿"，中央红军红一方面军经过一年的艰苦跋涉，终于抵达陕北革命根据地。这段长达两万五千里的战略转移的最后一道难关，是昆仑山脉中段的岷山，莽莽昆仑，皑皑白雪，高耸入云，寒气逼人。成功翻越后，毛泽东有感而发，创作了《念奴娇·昆仑》，其中下阕写道："而今我谓昆仑：不要这高，不要这多雪。安得倚天抽宝剑，把汝裁为三截？一截遗欧，一截赠美，一截还东国。太平世界，环球同此凉热。"毛泽东曾自己解释说，这首词的主题思想是反对帝国主义，别的解释都不符合实际。这里的"太平世界"正是对"世界大同"的另一种表达。同近代以来美、欧、日本通过瓜分世界、侵略他国实现自身发展相反，大同理想追求的是一个一体的、长久和平的、平等的世界，中国的发展不仅希望造福中国百姓，还希望造福世界人民。"太平世界，环球同此凉热"表达的就是这样一番世界大同的愿景。与此同时，毛泽东还形象地说

---

① 中共中央文献研究室、中央档案馆编：《建党以来重要文献选编（一九二一——一九四九）》（第二册），中央文献出版社 2011 年版，第 664 页。

要将孕育、滋养华夏民族的昆仑裁为三截，同世界共享，展现了一种磅礴的胸襟和气度。"改造中国与世界"是毛泽东从学生时代起就确立的志向，透过"太平世界"抑或"世界大同"，毛泽东向中国同时也向世界传递了消灭帝国主义、消灭剥削、消灭两极分化的理想。这份理想的另外一个名字，叫作共产主义。

显然，在毛泽东这里，"大同"又更进一步地指共产主义理想。在《论人民民主专政》中，毛泽东明确指出，"资产阶级的民主主义让位给工人阶级领导的人民民主主义，资产阶级共和国让位给人民共和国。这样就造成了一种可能性：经过人民共和国到达社会主义和共产主义，到达阶级的消灭和世界的大同"，"唯一的路是经过工人阶级领导的人民共和国……由新民主主义社会进到社会主义社会和共产主义社会，消灭阶级和实现大同"。① 《礼记·礼运》篇中"天下为公"的政治主张、大同的社会追求，被创造性转化、创新性发展成人民民主专政和共产主义理想这一当代政治表达。对此，冯友兰编写《中国哲学史》时作出了很好的总结，在《礼记·礼运》所称引的"大同"思想这一部分，他提到，近代以来，从太平天国到康有为再到孙中山，"他们都把'大同'理想看成是人类社会所追求的最终的目标。但是'大同'这种理想，实际上是只有在社会主义和共产主义社会中，才可能实现"②。我们说，之所以如此，正是因为新中国的国体同大同理想彼此存在高度的契合性。

那么，社会主义中国又该如何切实地实现大同即共产主义理想？《论人民民主专政》中也包含有毛泽东给出的可行性办法，大体分作

---

① 《毛泽东选集》第四卷，第 1471、1476 页。
② 冯友兰：《三松堂全集》（第七卷），河南人民出版社 2000 年版，第 641 页。

两步。先是在政治层面"强化人民的国家机器"，用人民的军队、人民的警察和人民的法庭来巩固国防、保护人民利益，因为在当时，帝国主义还存在，国内反动派还存在、国内阶级还存在。唯其如此，才能确保工人阶级和共产党的领导。有了这个基础之后，则是在经济上"稳步地由农业国进到工业国，由新民主主义社会进到社会主义社会和共产主义社会"，其中的关键在于实现农业社会化和国家工业化。新中国成立后，从 1949 年到 1956 年，经过人民解放战争、抗美援朝对外作战，我们先是完成了第一步，随后，通过对农业、手工业和资本主义工商业的社会主义改造，以及对社会主义工业化有步骤的建设，社会主义政治制度和经济制度的相继建立，我国正式进入社会主义社会的发展阶段，完成了朝向当代大同理想的实质性跨越。

当然，在此之后，在追求大同的路上我们也走了一段弯路，"一大二公"的人民公社化运动就是典型代表。为此，1960 年 11 月，毛泽东对各省、自治区、直辖市党委发出指示，表示要在短时间内进行彻底纠正。大同理想究竟应该如何实现，成为摆在全党上下面前的一个重要的时代课题。

二、中国式现代化对古代大同理想的创造性转化和创新性发展

经过全党上下的不懈努力，如今，我们已经找到一条在社会主义社会的基础上，更好地通向当代大同的路，开始了全面建设社会主义现代化国家的新征程，党和国家的事业已取得了历史性成就，发生了历史性变革。特别是中国特色社会主义进入新时代的这十年，我们不仅迎来了中国共产党成立 100 周年的历史性时刻，而且完成了脱贫攻

坚，全面建成了小康社会。在党的二十大上，习近平总书记总结过往经验，将这条由中国共产党领导的通向当代大同的路称作"中国式现代化"，它也同时构成新时代新征程中国共产党的使命任务。正如习近平总书记已经指出的，中国式现代化因其深深根植于中华优秀传统文化，故而既有近代以来各国现代化的共同特征，又更具中国特色。其中，对古代大同理想的创造性转化和创新性发展，突出表现在全面建成小康社会的历史性跨越，以及全体人民共同富裕的现代化和走和平发展道路的现代化这三个方面。

（一）全面建成小康社会对古代大同理想的继承和发展

2021 年 7 月 1 日，在庆祝中国共产党成立 100 周年大会上，习近平总书记发表重要讲话，他庄严地宣告："经过全党全国各族人民持续奋斗，我们实现了第一个百年奋斗目标，在中华大地上全面建成了小康社会，历史性地解决了绝对贫困问题。"我们使"现行标准下 9899 万农村贫困人口全部脱贫，832 个贫困县全部摘帽，12.8 万个贫困村全部出列，区域性整体贫困得到解决"。[1] 脱贫攻坚目标任务的完成，不但实现了长久以来的"小康"梦，而且加速了世界减贫事业的进程，提前 10 年率先完成《联合国 2030 年可持续发展目标》。

"小康"一词同样出现在《礼记·礼运》中，"今大道既隐，天下为家，各亲其亲，各子其子……禹、汤、文、武、成王、周公，由此其选也。此六君子者，未有不谨于礼者也……是谓小康"。不过历史上，"是谓小康"一句的真实性常常饱受争议。为此，要了解"小康"的含义，我们需要首先回到"小康"一词最早的出处，回到《诗

---

① 习近平：《在全国脱贫攻坚总结表彰大会上的讲话》，《人民日报》2021 年 2 月 26 日，第 2 版。

经·大雅·民劳》那里。《诗经·大雅·民劳》有"民亦劳止，汔可小康。惠此中国，以绥四方"一句，诗人质问周厉王，在他的统治之下，赋税太重、徭役太多，都城的人民疲劳、困苦不已，如此情形，他怎么可以独享安宁？"小康"在此指一种安宁的生活状态。接着诗中又指出，只有首先关爱、施恩于都城的人民，才可以有效地安抚四方万民。"绥"和"康"一样，都有"安"的意思。

1979 年 12 月 6 日，在会见时任日本首相的大平正芳时，邓小平跨越千年创新性地提到了"小康"。他说："我们要实现的四个现代化，是中国式的四个现代化。我们的四个现代化的概念，不是像你们那样的现代化的概念，而是'小康之家'。"[1] "小康"由此成为我国现代化发展的目标，从指代帝王的生活状态创造性地变成描述每一户具体家庭生活状况的语词。这是一种什么样的生活状况呢？1984 年 3 月 25 日，在会见时任日本首相的中曾根康弘时，邓小平进一步说，"翻两番，国民生产总值人均达到八百美元"[2]。不久之后又说，"所谓小康，从国民生产总值来说，就是年人均达到八百美元"。"小康"由此又成为一个可量化的经济上的指标。在 1984 年 3 月 25 日的那次谈话中，邓小平还正式提出了"小康社会"这个概念，计划"到本世纪末在中国建立一个小康社会"，说"这个小康社会，叫做中国式的现代化"，后来又说，"所谓小康社会，就是虽不富裕，但日子好过"。

重要的是，从"小康之家"到"小康社会"，邓小平谈话的重心都在于回答如何建设社会主义、建设什么样的社会主义的问题。为

---

① 邓小平：《中国本世纪的目标是实现小康》，载《邓小平文选》（第二卷），第237页。

② 邓小平：《发展中日关系要看得远些》，载《邓小平文选》（第三卷），第54页。

此，1984 年 6 月 30 日，在接见第二次中日民间人士会议日方委员会代表团时，他明确指出，"马克思主义最注重发展生产力……所以社会主义阶段的最根本任务就是发展生产力"，"社会主义要消灭贫穷。贫穷不是社会主义，更不是共产主义"，"如果按资本主义的分配方法，绝大多数人还摆脱不了贫穷落后的状态，按社会主义的分配原则，就可以使全国人民普遍过上小康生活"。① 这里涉及的不只是消灭贫穷的问题，还有在什么样的范围和程度上消灭贫穷的问题。

《礼记·礼运》的"是谓小康"一段，谈论的更多的是在大道隐没、敦朴远去、世风狭啬的局面下，"禹、汤、文、武、成王、周公"这六位君王通过礼义进行有效的统治的情形，所谓"能用礼义以成治"（《礼记正义》），侧重的是伦常秩序的层面，比如其中提到的"礼义以为纪，以正君臣，以笃父子，以睦兄弟，以和夫妇"。而小康社会的发展目标则更关心生活水平的问题，希望在一个较高的社会生产水平的基础之上实现如《礼记·礼运》篇"大同"一节所说的"老有所终，壮有所用，幼有所长，矜寡孤独废疾者，皆有所养""男有分，女有归"的社会景象，这便是消灭贫穷的含义。与此同时，小康社会的发展目标还更关心分配的问题和公平的问题，它所希望的不是个别人的小康，而是全社会的小康。甚至，不是人均小康，而是每个人的小康。这无疑是当代中国共产党人对于"天下为公"的全新解读。

为此，在人民生活总体上实现了由温饱到小康的历史性跨越、总体上达到小康水平的情况下，2002 年，党的十六大进一步提出全面建设小

---

① 邓小平：《建设有中国特色的社会主义》，载《邓小平文选》（第三卷），第 63～64 页。

康社会的发展目标；2012 年，党的十八大更进一步地提出全面建成小康社会的发展目标。2016 年 1 月 4 日，在党的十八届五中全会第二次全体会议上，习近平总书记特别强调："全面建成小康社会，强调的不仅是'小康'，而且更重要的也是更难做到的是'全面'，'小康'讲的是发展水平，'全面'讲的是发展的平衡性、协调性、可持续性。"① 至关重要的正是这里在总体小康的基础上对于全面小康的解读，即发展要平等、均衡、持续地惠及社会全体，特别是弱势群体。追求全面，既是受"天下为公"的文化传统影响，也是由中国特色社会主义的制度属性决定的，是后者对前者的继承和发展。

为了做到全面，早在 2013 年，习近平总书记就作出"精准扶贫"的重要指示。2015 年，又将其细化为"扶贫对象精准、项目安排精准、资金使用精准、措施到户精准、因村派人精准、脱贫成效精准"这六项要求②，更有诸如"在扶贫的路上，不能落下一个贫困家庭，丢下一个贫困群众""小康路上一个都不能掉队""只要还有一家一户乃至一个人没有解决基本生活问题，我们就不能安之若素""让贫困人口和贫困地区同全国一道进入全面小康社会是我们党的庄严承诺"等重要论述。③ 与此同时，还提出"巩固脱贫攻坚成果""坚决守住不发生规模性返贫的底线"这个要求。④ 从全面建成小康社会这一点上

---

① 《习近平关于全面建成小康社会论述摘编》，中央文献出版社 2016 年版，第 12 页。

② 《习近平扶贫论述摘编》，第 58 页。

③ 习近平：《决胜全面建成小康社会　夺取新时代中国特色社会主义伟大胜利——在中国共产党第十九次全国代表大会上的报告》，《人民日报》2017 年 10 月 28 日，第 1 版。

④ 习近平：《在全国脱贫攻坚总结表彰大会上的讲话》，《人民日报》2021 年 2 月 26 日，第 2 版。

看，中国共产党人对于大同理想的继承和发展，要通过各种切实可行的办法使"老有所终，壮有所用，幼有所长，矜寡孤独废疾者，皆有所养""男有分，女有归"的古代大同理想成真，而使其成真的第一步便是"脱真贫、真脱贫"。进而持续发力，如党的二十大报告中所说，在幼有所育、学有所教、劳有所得、病有所医、老有所养、住有所居、弱有所扶等方面，使人民生活得到全方位改善。纵然，全面建成小康社会不仅仅涉及经济层面，还包括政治、文化、生态等多个方面，但使经济持续健康发展、人民生活水平全面提高，是其中的关键环节。

（二）全体人民共同富裕对古代大同理想的继承和发展

全面建成小康社会为全体人民共同富裕提供了契机，随着全面建成小康社会的历史任务的完成，我们正在朝着全体人民共同富裕的目标迈进。早在中国共产党成立初期，面对社会上对于社会主义的怀疑，李大钊就曾明确指出，"社会主义是要富的，不是要穷的"，是"使我们人人都能安逸享福，过那一种很好的精神和物质的生活"的。[①] 新中国成立以来，中国共产党人孜孜以求地追寻这份理想，将其凝练为"共同富裕"的主张。1955年，毛泽东率先指出："实行合作化，在农村中消灭富农经济制度和个体经济制度，使全体农村人民共同富裕起来。"[②] 1992年，面对改革开放过程中人们的疑虑，邓小平更是明确指出："社会主义的本质，是解放生产力，发展生产力，消灭剥削，消除两极分化，最终达到共同富裕。"[③] 党的十八大以来，

---

① 《李大钊文集》下册，人民出版社1984年版，第670~671页。

② 毛泽东：《关于农业合作的问题》，载中共中央文献研究室编：《建国以来重要文献选编》（第七册），中央文献出版社1993年版，第79页。

③ 邓小平：《在武昌、深圳、珠海、上海等地的讲话要点》，载《邓小平文选》（第三卷），第373页。

"全体人民共同富裕"成为新时代对于共同富裕的完整表达；党的十九大以来，它又成为全面建成社会主义现代化强国的重要标志；党的二十大以来，实现全体人民共同富裕被确立为中国式现代化的本质要求。

提到共同富裕，我们几乎都不会否认，它一方面继承了马克思、恩格斯的"共产主义"理想，一方面又蕴藏着中华优秀传统文化的基因，是对"天下为公"的大同理想进行了创造性转化，是一种现代表达。但问题是，我们应该如何理解这里的"公"和"同"以及"共同"呢？东汉经学大家郑玄率先给出解释，他说"公"就相当于"共"，而"同"是"和也，平也"的意思（《礼记正义》）。或许正是由于这种解释上的先例，人们一度认为"共同富裕"的主张近似孔子所说的"不患贫而患不均，不患寡而患不安"（《论语·季氏》），认为其中的关键在于"均"和"安"，所谓"均无贫，和无寡，安无倾"，在孔子看来，贫是由于不均，寡是由于不安。《礼记·乐记》更直接地将儒家的这一理想说成是"修身及家，平均天下"。然而事实是，这种"平均天下"的理解，非但不是改革开放以来我们提倡的"共同富裕"，还是同改革开放以来我们提倡的"共同富裕"含义相反。1986年3月28日，在会见时任新西兰总理的朗伊时，邓小平就曾对此进行了检讨，他说："我们坚持走社会主义道路，根本目标是实现共同富裕，然而平均发展是不可能的。过去搞平均主义，吃'大锅饭'，实际上是共同落后，共同贫穷，我们就是吃了这个亏。"[1] 为此，基于当时我们存在的人民日益增长的物质文化需要同落后的社会

---

[1] 邓小平：《拿事实来说话》，载《邓小平文选》（第三卷），第155页。

生产之间的主要矛盾，党中央作出这样的构想：一部分地区有条件先发展起来，一部分地区发展慢点，先发展起来的地区带动后发展的地区，最终达到共同富裕。与此同时，党中央也注意到，如果富的愈来愈富，穷的愈来愈穷，两极分化就会产生，而社会主义制度就应该而且能够避免两极分化。

共同富裕也绝不意味着同时、同步、同等富裕。2021 年 8 月 17 日，在中央财政委员会第十次会议上，习近平总书记明确地说，共同富裕既"不是整齐划一的平均主义"，全体人民共同富裕也不是指"所有人都同时富裕""所有地区同时达到一个富裕水准"，"不同人群不仅实现富裕的程度有高有低，时间上也会有先有后，不同地区富裕程度还会存在一定差异"①，因此，是需要久久为功地逐步实现的。

重要的是，中国共产党人通过一系列切实可行的办法使理想照进现实，特别是在当前我国社会的主要矛盾发生转变的情况下。面对人民日益增长的美好生活需要和不平衡不充分的发展之间的主要矛盾，全党上下在幼有所育、学有所教、劳有所得、病有所医、老有所养、住有所居、弱有所扶上持续发力，"把实现人民对美好生活的向往作为现代化建设的出发点和落脚点"②。新时代十年，我们已经使人均预期寿命增长到七十八点二岁，居民人均可支配收入从一万六千五百元增加到三万五千一百元，城镇新增就业年均一千三百万人以上，建成世界上规模最大的教育体系、社会保障体系、医疗卫

---

① 习近平：《扎实推动共同富裕》，《求是》2021 年第 20 期。
② 习近平：《高举中国特色社会主义伟大旗帜　为全面建设社会主义现代化国家而团结奋斗——在中国共产党第二十次全国代表大会上的报告》，《人民日报》2022 年 10 月 26 日，第 1 版。

生体系，教育普及水平实现历史性跨越，基本养老保险覆盖十亿四千万人，基本医疗保险参保率稳定在百分之九十五，及时调整生育政策，改造棚户区住房四千二百多万套，改造农村危房二千四百多万户，城乡居民住房条件明显改善，互联网上网人数达十亿三千万人。党的二十大以来，我们还在"完善分配制度""实施就业优先战略""健全社会保障体系""推进健康中国建设"这四个方面持续发力，扎实推进共同富裕。可以说，中国共产党人不遗余力去做的，便是使《礼记·礼运》篇中"谋闭而不兴，盗窃乱贼而不作""外户而不闭"的古代大同理想不仅仅建立在一种纯粹的道德良善的层面上，还同时建立在社会公平的基础上，建立在共同富裕的基础上。如果说，这里同样存在某种"不必藏于己""不必为己"的利他主义的话，那么，这个"己"绝非是指某个单一的个体，更是指中国共产党这个群体，指全体人民共同富裕的目标背后中国共产党人以人民为中心、利民为本的价值选择。

此外，值得注意的是，全体人民共同富裕又不只涉及物质的层面，还包括精神的层面。前面列举的共同富裕成效中的教育体系和教育普及问题，就属于这个层面。对此，习近平总书记明确指出，"我们说的共同富裕是全体人民共同富裕，是人民群众物质生活和精神生活都富裕"，并且提出从"强化社会主义核心价值观引领，加强爱国主义、集体主义、社会主义教育，发展公共文化事业，完善公共文化服务体系"等方面"促进人民精神生活共同富裕"的具体办法。[①] 物

---

① 习近平：《扎实推动共同富裕》，《求是》2021 年第 20 期。

质富足、精神富有，构成富裕的两个方面，更是社会主义的本质要求。2014 年 3 月 27 日，在联合国教科文组织总部的演讲中，习近平主席就提道："中华民族的先人们早就向往人们的物质生活充实无忧、道德境界充分升华的大同世界。"① 因此，中国式现代化除了是全体人民共同富裕的现代化，还是物质文明和精神文明相协调的现代化，它们共同指向"人的全面发展"这个共产主义者的终极理想。

（三）走和平发展道路对古代大同理想的继承和发展

如同在孙中山那里，大同理想不仅关乎中国内部的秩序问题，被表达为"大同世界"，而且关乎国际问题和世界秩序，被表达为"世界大同"，中国式现代化对于古代大同理想的创造性转化和创新性发展，也同时涉及内政和外交这两个层面。在党的二十大报告中，习近平总书记明确指出："我国不走一些国家通过战争、殖民、掠夺等方式实现现代化的老路，那种损人利己、充满血腥罪恶的老路给广大发展中国家人民带来深重苦难。我们坚定站在历史正确的一边、站在人类文明进步的一边，高举和平、发展、合作、共赢旗帜，在坚定维护世界和平与发展中谋求自身发展，又以自身发展更好维护世界和平与发展。"这里涉及的是如何实现现代化的问题，特别是在国家与国家的关系间如何实现现代化的问题。中国的现代化，肇端于那些"通过战争、殖民、掠夺等方式实现现代化"的国家。它们在让中国感受到一个现代化的世界的同时，也更痛彻地感受到它们通过战争、殖民、掠夺加之于己的深重苦难。但重要的是，旧中国的遭际并没有成为新中国的选择。新中国成立伊始，毛泽东便代表中华人民共和国中央人

---

① 习近平：《习近平谈治国理政》第一卷，第 155~156 页。

民政府向世界宣告，"凡愿遵守平等、互利及互相尊重领土主权等项原则的任何外国政府，本政府均愿与之建立外交关系"①，向世界传达新中国的和平姿态，并在此基础上形成我国处理同各国关系的和平共处五项原则。

1953 年 12 月 31 日，周恩来会见印度政府代表团时，将新中国成立后处理中印两国关系的原则概括为"互相尊重领土主权、互不侵犯、互不干涉内政、平等互惠和和平共处"这五项原则。它们随后被写入《中华人民共和国和印度共和国关于中国西藏地方和印度之间的通商和交通协定》及换文中②，和平共处五项原则由此被完整地提出。紧接着，1954 年 6 月 25 日到 6 月 29 日，周恩来先后到访印度和缅甸，不仅确认这五项原则"也应该是指导中国和缅甸之间关系的原则"③，而且声明这五项原则"不仅适用于各国之间，而且适用于一般国家关系之中"。的确，日后这五项原则又被写入中苏联合宣言、中美联合公报、中日联合声明和中日和平友好条约等文件中，在社会制度相同和社会制度不同的国家间普遍适用。这期间，经过《中印两国总理联合声明》和《中缅两国总理联合声明》将"平等互惠"一条调整为"平等互利"，以及 1954 年 10 月 12 日的《中华人民共和国政府和苏维埃社会主义共和国联盟政府联合宣言》将"互相尊重领土主权"一条调整为"互相尊重主权和领土完整"，和平共处五项原则在措辞上最终定型。

---

① 全国人大常委会办公厅、中共中央文献研究室编：《人民代表大会制度重要文献选编（一）》，中国民主法制出版社、中央文献出版社 2015 年版，第 89 页。

② 中共中央文献研究室编：《建国以来重要文献选编》（第四册），中央文献出版社 2011 年版，第 595 页。

③ 中华人民共和国外交部编：《中华人民共和国条约集》第七集，法律出版社 1958 年版，第 13 页。

重要的是，走和平发展道路何以成为中国的选择？2014 年 6 月 28 日，和平共处五项原则发表 60 周年纪念大会在北京召开，习近平总书记作出了回答。他在主旨演讲中指出，"走和平发展道路是中国根据时代发展潮流和自身根本利益作出的战略抉择。中国人民崇尚'己所不欲，勿施于人'。中国不认同'国强必霸论'，中国人的血脉中没有称王称霸、穷兵黩武的基因"，透露出文化传统对于这一战略抉择的关键作用。同时，他又提到，"和平共处五项原则之所以在亚洲诞生，是因为它传承了亚洲人民崇尚和平的思想传统"。这其中，"中华民族历来崇尚'和为贵''和而不同''协和万邦''兼爱非攻'等理念"，进一步举证文化传统的深远影响。① 并且，习近平总书记还引用社会学家费孝通的"各美其美，美人之美，美美与共，天下大同"一句，倡导新形势下各国之间通过合作共赢弘扬和平共处五项原则。

总的说来，无论是走和平发展道路，还是践行和平共处五项原则，其背后都包含着中国式现代化对于己与人的关系，乃至同和异的问题，或者说一致性和多样性的问题的思考。

先说己与人的关系。和平共处五项原则中的四项都包含"互"字，这既体现出一种平等的精神，又体现出仁爱的精神。《论语》记载，弟子仲弓求问"仁"的含义，孔子答以"己所不欲，勿施于人。在邦无怨，在家无怨"（《论语·颜渊》）。弟子子贡求问可以一言以蔽之，并且毕生奉行的孔门心法，孔子也以"己所不欲，勿施于人"（《论语·卫灵公》）作答，同样将其指向"仁"。由此，我们不难发现，"仁"的核心在于自己和他人之间的平等，以及由平等而生发的

---

① 习近平：《弘扬和平共处五项原则　建设合作共赢美好世界——在和平共处五项原则发表 60 周年纪念大会上的讲话》，《人民日报》2014 年 6 月 29 日。

推己及人，一种"人同此心，心同此理"的同理心，要考虑到自己不能接受的，同样也是他人不愿接受的。甚至自己汲汲以求的，也要相应地惠及他人，《论语·雍也》所谓的"夫仁者，己欲立而立人，己欲达而达人"。中国以这种姿态平等地对待其他国家，强调国家与国家之间往来的相互性。这在相当程度上也是对《礼记·礼运》"大道之行也，天下为公""人不独亲其亲，不独子其子""不必藏于己""不必为己"的大同精神的创新性发展。"大道之行也，天下为公"同样出现在习近平总书记在和平共处五项原则发表 60 周年纪念大会上的主旨演讲中。承认他人的存在，承认他人同等的价值，这无疑为和平共处奠定了基础。

当然，承认他人同等的价值又不是以他人和自己的趋同作为前提的。古代的大同理想，是在容纳不同的前提下倡导和睦的。因此，"大同"在相当程度上可以被理解为是"和而不同"，这便是同和异的问题，也可以说是一致性和多样性的问题。"君子和而不同，小人同而不和"（《论语·子路》）。君子和小人的分野正在于，君子追求一个多样的世界，追求和与之有着诸多不同的他者和谐相处，承认人或事物所具有的独特价值，正如费孝通所说的"各美其美，美人之美，美美与共，天下大同"，而小人则只追求一个单一的世界，片面追求和自己的趋同，不能包容不同。引申到国家与国家之间交往的层面，中国的一贯姿态是，"尊重文明多样性，推动不同文明交流对话、和平共处、和谐共生"，不"唯我独尊、贬低其他文明和民族"。这无疑是古代大同理想在现代国际关系中的创造性转化与运用。2014 年 9 月 25 日，在纪念孔子诞辰 2565 周年国际学术研讨会暨国际儒学联合会第五届会员大会开幕会上，习近平总书记也曾指出："丰富多彩的人类文明都有自己存在的价值。要理性处理本国文明与其他文明的差异，认识到每一个国家和民族的文明都是独特的，坚持求同存异、取长补短，不攻击、不贬损其他文明。"① "求同存异"更明确地在方法的层面上传递着"和而不同"的理念。作为中国外交的基本方法，"求同存异"于1955年4月的万隆会议上，率先由周恩来进行阐发。它不仅适用于处理不同国家，特别是意识形态不同的国家之间交往的问题，而且适用于处理一个国家内部，抑或一个群体内部存在的差异问题。正如"求同存异"最初被周恩来用来处理抗战时期不同党派之间的关系问题，并由此坚实了统一战线的队伍一样，对古代大同理想进行创造性转化和创新性发展，秉持求同存异原则走和平发展道路，不仅涉及外交的领域，还在推动两岸关系和平发展的内政领域发挥着它的效用，推进着祖国和平统一的进程。

三、推动构建人类命运共同体是中国式现代化的本质要求

2011年9月6日，国务院新闻办公室发布《中国的和平发展》白皮书。在"和平发展是顺应世界潮流的选择"一节之下，首次出现"命运共同体"的概念。其中，既用"你中有我，我中有你"的命运共同体描述当前的世界潮流，又希望国际社会能够超越"零和博弈"、热战和冷战思维，超越对抗和战乱的老路，用命运共同体的新视角处理彼此之间的关系。此后，党的十八大报告中正式出现"人类命运共同体"的概念，明确指出要倡导人类命运共同体意识，并将其载入党的重要文件。2015年9月28日，习近平主席在纽约联

---

① 习近平：《在纪念孔子诞辰2565周年国际学术研讨会暨国际儒学联合会第五届会员大会开幕会上的讲话》，《人民日报》2014年9月25日。

合国总部参加第七十届联合国大会一般性辩论时，进一步就如何构建人类命运共同体提出中国的主张。2017 年 1 月 18 日，又在联合国日内瓦总部以《共同构建人类命运共同体》为题作主旨演讲。有鉴于人类命运共同体理念在解决国际问题方面的贡献及其同《联合国宪章》宗旨和原则的高度契合，自 2017 年 2 月 10 日起，"构建人类命运共同体"连续六年被写入联合国的多项决议之中，包括联合国社会发展委员会决议、联合国安理会决议、联合国人权理事会决议等，最近的一次是 2022 年 11 月 1 日和 3 日，被先后写入联合国大会裁军与国际安全委员会（联大一委）的三项决议之中。就中国自身而言，新时代十年，也是人类命运共同体提出的十年，在和平共处五项原则的基础上，中国共产党人创造性地提出同各国构建以合作共赢为核心的新型国际关系这一人类命运共同体主张，以人类命运共同体续写走和平发展道路的现代化的新篇章，并将其视为中国式现代化的本质要求。

（一）人类命运共同体理念对大同理想的继承发展

俄罗斯科学院远东研究所学者亚·弗·罗曼诺夫曾在他的研究中观察到这样一个现象，"与'共同富裕'一词相同，在'人类命运共同体'概念中也有'同'字，这个汉字在'大同'中也有出现"，为此他指出，"在未来，'共同富裕'和'人类命运共同体'完全可以作为'大同'思想的当代阐释，并成为对中国及世界各国互动合作组织机构所追求的社会经济发展状态的注解"。① 亚·弗·罗曼诺夫把共同富裕和人类命运共同体一并看作是对古代大同理想的当代阐释。当

---

① ［俄］亚·弗·罗曼诺夫：《中国传统大同理想与当代世界》，《世界社会主义研究》2017 年第 8 期。

然，全体人民共同富裕和大同理想的关联绝不只是用字一致，还有更内在、更本质的方面，人类命运共同体理念和大同理想的关联，也是如此。

2015年9月28日，习近平主席在纽约联合国总部发表的以《携手构建合作共赢新伙伴　同心打造人类命运共同体》为题的演讲中，就引用了《礼记·礼运》篇中的"大道之行也，天下为公"一句，用它来引出和平、发展、公平、正义、民主、自由是全人类的共同价值，也是联合国的崇高目标，以此呼吁构建人类命运共同体。同时，他还从五个方面说明了构建一个什么样的人类命运共同体和怎么构建人类命运共同体的问题，实际上，是对人类命运共同体的内涵和外延作出了解释。它们包括：建立平等相待、互商互谅的伙伴关系，营造公道正义、共建共享的安全格局，谋求开放创新、包容互惠的发展前景，促进和而不同、兼收并蓄的文明交流，构筑尊崇自然、绿色发展的生态体系这五个方面①，除了国家与国家、地区与地区之间的交往原则之外，这里还囊括了人在自然之中的生存原则。这之后，2017年1月18日，习近平主席在联合国日内瓦总部的那次演讲，又更系统地勾画了一幅以人类命运共同体理念为核心的当代大同社会的构建蓝图。其中，关于什么是人类命运共同体，习近平主席用瑞士联邦大厦穹顶上镌刻的"人人为我，我为人人"的拉丁文铭文来说明，指出它既是对当今世界各国相互联系、相互依存，全球命运与共、休戚与共的现状的描述，又是对目前人类面对层出不穷的挑战和日益增多的风险时应该如何做的指引。因此他说，就像"人人为我，我为人人"这

---

① 习近平：《携手构建合作共赢新伙伴　同心打造人类命运共同体——在第七十届联合国大会一般性辩论时的讲话》，《人民日报》2015年9月29日，第2版。

句拉丁文铭文所显示的，"我们要为当代人着想，还要为子孙后代负责"，人类命运共同体就是中国给出的"让和平的薪火代代相传，让发展的动力源源不断，让文明的光芒熠熠生辉"的方案，他甚至还形象地把人类命运共同体的方案比喻为一把致力于解决人类问题的瑞士军刀，它包含多种功能，包含多个工具。关于人类命运共同体所包含的多个方面，在先前演讲的基础之上，习近平主席进一步将其归结为"五种坚持"和"五个世界"。它们分别是：坚持对话协商，建设一个持久和平的世界；坚持共建共享，建设一个普遍安全的世界；坚持合作共赢，建设一个共同繁荣的世界；坚持交流互鉴，建设一个开放包容的世界；坚持绿色低碳，建设一个清洁美丽的世界。① 这五种坚持和五个世界如今又被载入党的二十大报告，成为人类命运共同体理念的核心内容。

除了《礼记·礼运》篇中的"大道之行也，天下为公"，习近平主席在其他场合讲述人类命运共同体时，还曾提到该篇中的"讲信修睦"，说中国"愿同各方一道努力，秉持真正的多边主义，讲信修睦，合作共赢，向着推动构建人类命运共同体的目标稳步迈进"②。"讲信修睦"成为新时代各国之间合作共赢的基石。当然，人类命运共同体理念对大同理想的继承发展，又不只是表现在对《礼记·礼运》篇的引用这一点上，更表现在其所彰显的大同意识这一点上。一方面表现为将万物一体的理念运用于国际交往，另一方面表现为对差异化的个

---

① 习近平：《共同构建人类命运共同体——在联合国日内瓦总部的演讲》，《人民日报》2017 年 1 月 20 日，第 2 版。

② 习近平：《共克时艰，同谋发展携手谱写远东合作新篇章——在第六届东方经济论坛全会开幕式上的致辞》，《人民日报》2021 年 9 月 4 日，第 2 版。

体予以妥善的安顿。

先说将万物一体的理念运用于国际交往。古代大同理想中包含的万物一体的理念,运用到政治生活中便是如《尚书·尧典》所说的"协和万邦"、《尚书·大禹谟》所说的"万邦咸宁"的交往景象。《尚书·尧典》表彰帝尧的功德时,说他缔造了一幅时世太平的社会图景,不仅能把自己的宗族治理好,使其亲近和睦,还能把百官治理好,使其职守分明。更重要的是能"协和万邦",让天下各诸侯相处得融洽和谐。这样一来,普天之下的民众也都变得和善了。《尚书·大禹谟》的"万邦咸宁"也是类似的天下安宁的含义。这里的万邦,我们把它解释成天下,实际上是指古代中国位于天子直接管辖的中心区域之外的那些地方。它以某种同心圆的结构向外辐射出去,形成一个至大无外的天下格局,因此,有学者指出,"尽管当时的中国只是世界的一部分,却被想象为世界,并且以世界性的格局而存在"①。所谓"以世界性的格局而存在",是指它把域内和域外想象为一个共同体,彼此之间互有关联,中国既不自外于世界,和域外其他地区也并非对立和对抗的关系,而是基于一体的视角处理同各方的关系。《礼记·礼运》篇中的"不独亲其亲,不独子其子"在政治语境下,强调的也正是这一点。正因为如此,历史上中国一直秉持"穷则独善其身,达则兼善天下"(《孟子·尽心上》)的姿态同他者相处,以"万国和"作为至高的政治理想,《史记·五帝本纪》追记华夏民族始祖黄帝的政治功绩时,其中重要的一条便是"万国和"。这种万物一体的理念延续到新时代,在中国同世界的交往中便成为人类命运

---

① 赵汀阳:《惠此中国:作为一个神性概念的中国》,中信出版社 2016 年版,第 11 页。

共同体的理念。它在人与人、国家与国家、地区与地区的交往层面，基于一体的理念而摒弃二元思维、冷战思维，主张对话协商、共建共享、合作共赢和交流互鉴；在人与自然的相处层面，基于一体的理念而收敛人对环境的无限索取和消耗，主张绿色低碳。

再说对差异化的个体予以妥善的安顿，这里指的是人类命运共同体理念中包含的对同中之异的尊重。在古代，它在《礼记·礼运》篇中表现为"老有所终，壮有所用，幼有所长，矜寡孤独废疾者，皆有所养""男有分，女有归"，表现为使每一个有着不同特质的群体都能从中受益的秩序理想。在古代中国的政治实践中，表现为前面提到的同心圆结构中多族群多文化和谐共生的政治智慧，"兼容并蓄，合中有分，万国一体而各有其俗"①，这在相当程度上也是"和而不同"的大同精神在政治领域的表现。我们说，华夏文明的广博与绵长正有赖于它对不同族群、不同文化自身价值的尊重，并以极大的包容力将其吸纳进来，统合为一个整体。在对传统进行创造性转化和创新性发展的基础上，新时代人类命运共同体理念对于同中之异的尊重，一方面表现在尊重文明差异这一点上，强调文明没有高下、优劣之分，只有特色、地域之别，文明多样性是世界的基本特征，也是人类进步的动力和源泉；另一方面则表现在坚决支持多边主义这一点上，支持开放、透明、包容、非歧视性的多边贸易体制，反对贸易保护主义，致力于推动开放、包容、普惠、平衡、共赢的经济全球化。除此之外，还有一个集中的表现，那便是习近平主席在全球气候治理问题上对于"共同但有区别的责任"原则的恪守。2021年4月22日，习近平主席

① 赵汀阳：《惠此中国：作为一个神性概念的中国》，第112页。

在北京以视频方式出席领导人气候峰会，发表了题为"共同构建人与自然生命共同体"的演讲，将人与自然生命共同体作为人类命运共同体的一个组成部分，并且指出，"共同但有区别的责任原则是全球气候治理的基石"[①]，发展中国家和发达国家各有其应当承担的责任，发展中国家的贡献需要得到承认，发达国家应该给予必要的支持并付诸更大的雄心和行动。作为负责任的大国，中国对于世界的承诺是力争2030年前实现碳达峰，2060年前实现碳中和。中国从碳达峰到碳中和所承诺的时间，要远远短于发达国家所用的时间。这里同时包含了中国对于除人类之外的整个生态系统的极大的尊重。

（二）构建人类命运共同体与中国式现代化的世界意义

2018年3月11日，第十三届全国人大第一次会议通过的宪法修正案，将宪法序言第十二自然段中的"发展同各国的外交关系和经济、文化的交流"一句，修改为"发展同各国的外交关系和经济、文化交流，推动构建人类命运共同体"，"构建人类命运共同体"被正式写入宪法。这无疑体现了中国共产党人致力于维护世界和平与发展，致力于推进全球治理体系完善的信心和决心，体现了中国共产党人的历史担当。重要的是，这份信心和决心以及这种担当，又随着共建"一带一路"倡议的提出切实地转化为行动。

2013年3月23日，习近平主席在莫斯科国际关系学院的演讲中首次提到"人类命运共同体"后不久，便正式提出作为共同体实践的共建"一带一路"倡议。同年9月7日，在哈萨克斯坦纳扎尔巴耶夫大学发表的题为"弘扬人民友谊　共创美好未来"的演讲中，习近平

---

① 习近平：《共同构建人与自然生命共同体——在"领导人气候峰会"上的讲话》，《人民日报》2021年4月23日，第2版。

主席率先提出"共同建设'丝绸之路经济带'"的倡议。10月3日，在印度尼西亚国会的演讲中又提出了"共同建设21世纪'海上丝绸之路'"的倡议。随后，《丝绸之路经济带和21世纪海上丝绸之路建设战略规划》《推动共建丝绸之路经济带和21世纪海上丝绸之路的愿景与行动》相继印发，对共建"一带一路"工作进行了全面部署。

共建"一带一路"倡议提出距今已有十年，取得了卓有成效的进展，令世界瞩目。它业已成为深受欢迎的全球公共产品和国际合作平台，得到愈来愈多国家和国际组织的积极响应。据统计，截至2023年1月，中国已经同151个国家和32个国际组织签署了200余份合作文件，涵盖互联互通、贸易、投资、金融、社会、海洋、电子商务、科技、民生、人文等众多领域。这是其一。其二，相关基础设施的互联互通架构基本形成，构建了一条通路。这里指的是"六廊六路多国多港"的主体框架基本形成，其中"六廊"指新亚欧大陆桥、中蒙俄、中国-中亚-西亚、中国-中南半岛、中巴、孟中印缅六大国际经济合作走廊，"六路"指铁路、公路、航运、航空、管道、空间综合信息网络，"多国"指一批先期合作国家，"多港"指若干保障海上运输大通道安全畅通的合作港口。它们的形成使老挝、尼泊尔等陆锁国变成了陆联国，使哈萨克斯坦等内陆国拥有了出海通道。除此之外，中欧班列开辟的亚欧陆路运输新通道，更为保障沿线国家供应链产业链稳定畅通提供了有力支撑，成为连接亚欧大陆的重要贸易线和"一带一路"建设的大动脉。据统计，截至2022年底，中欧班列累计开行突破6.5万列，运输货物超600万标箱，货值3000亿美元，已开通运行82条线路，联通欧洲24个国家200多个城市，基本形成对亚欧地区全覆盖的交通物流网络，有效地打通了跨国贸易的堵点，激活了地区经济发展的潜力，已经成为亚欧大陆桥建设中最重要的基础设施，对周围国家的经济形成了巨大的辐射效应。① 其三，在共建"一带一路"的推动下经贸投资合作不断拓展。据统计，截至 2022 年底，中国已经同 26 个国家和地区签署了 19 个自贸协定，自贸伙伴覆盖亚洲、大洋洲、拉丁美洲、欧洲和非洲。其四，共建"一带一路"拉动了沿线国家经济增长。世界银行报告显示，共建"一带一路"使参与方贸易增加 4.1%，吸引外资增加 5%，使低收入国家 GDP 增加 3.4%。据世界银行测算，到 2030 年，共建"一带一路"每年将为全球生产 1.6 万亿美元收益，占全球 GDP 的 1.3%。正如习近平总书记所说，"共建'一带一路'不仅是经济合作，而且是完善全球发展模式和全球治理、推进经济全球化健康发展的重要途径"②。与此同时，它也持续深化着人文领域的交流，据报道，中国已经同相关国家签署了高等教育学历学位互认协议，成立了丝绸之路国际剧院联盟、博物馆联盟、艺术节联盟、图书馆联盟等，形成了多元互动的人文交流格局。

不止于此，作为人类命运共同体理念的行动载体，共建"一带一路"更切实地为发展中国家带来了福祉，比如包括中老铁路、蒙内铁路、雅万高铁、卡洛特水电站、卡宾达供水项目在内的一批基础设施的修建，比如通过创造大量就业机会，帮助发展中国家减贫，再比如通过产能合作促进发展中国家工业化进程，同时拓展健康、绿色、数字等新兴领域的合作。正如习近平总书记在学习贯彻党的二十大精神研讨班开班式上所说，中国式现代化展现了不同于西方现代化模式的

① 丁一凡：《"一带一路"建设十年成就及展望》，《国家治理》2023 年第 16 期。

② 习近平：《在推进"一带一路"建设工作 5 周年座谈会上的讲话》，《人民日报》2018 年 8 月 28 日，第 2 版。

新图景，是一种全新的人类文明形态。中国式现代化打破了"现代化＝西方化"的迷思，展现了现代化的另一幅图景，拓展了发展中国家走向现代化的路径选择，为人类对更好社会制度的探索提供了中国方案。具体说来，中国提供的作为现代化新图景和人类文明新形态的方案，正是不走战争、殖民、掠夺的现代化老路，而走和平发展、合作共赢的现代化新路的方案，人类命运共同体理念和共建"一带一路"倡议正是其细则。这条新路深深根植于中华优秀传统文化，体现了科学社会主义的先进本质，同时借鉴吸收一切人类优秀文明成果，代表了人类文明进步的发展方向。

在中国同世界交往的历史长河中，和平发展、合作共赢的共同体理念，以及和平合作、开放包容、互学互鉴、互利共赢的丝路精神，一直流淌于其间。2017 年 5 月 14 日，在"一带一路"国际合作高峰论坛的开幕式上，习近平主席指出："公元前 140 多年的中国汉代，一支从长安出发的和平使团，开始打通东方通往西方的道路，完成了'凿空之旅'，这就是著名的张骞出使西域。中国唐宋元时期，陆上和海上丝绸之路同步发展，中国、意大利、摩洛哥的旅行家杜环、马可·波罗、伊本·白图泰都在陆上和海上丝绸之路留下了历史印记。15 世纪初的明代，中国著名航海家郑和七次远洋航海，留下千古佳话。这些开拓事业之所以名垂青史，是因为使用的不是战马和长矛，而是驼队和善意；依靠的不是坚船和利炮，而是宝船和友谊。一代又一代'丝路人'架起了东西方合作的纽带、和平的桥梁。"[1] 从丝绸之路到"一带一路"，从天下大同到人类命运共同体，变的是在这条通

---

[1]　习近平：《携手推进"一带一路"建设》，《人民日报》2017 年 5 月 15 日，第 3 版。

路上行进的人事物，不变的是中国对待世界的姿态。今天，中国同世界的关联较之于以往更加紧密，世界每个角落的关联较之于以往也更加紧密。在这样一个每个民族、每个国家的前途命运都紧紧地关联在一起的时代，中国式现代化给予这个世界的，虽不再是驼队和宝船，却仍是善意和友谊，是同各个民族、各个国家一道风雨同舟、荣辱与共，一起将我们生于斯、长于斯的这个星球营造成一个理想的家园，将世界人民对于美好生活的向往转变为现实。这是中国回望过去的坚守，也是中国放眼未来的担当，更是中国立足当下的行迹。

后 记

习近平总书记强调指出，要"研究阐释中华文明讲仁爱、重民本、守诚信、崇正义、尚和合、求大同的精神特质和发展形态，阐明中国道路的深厚文化底蕴"。"讲仁爱、重民本、守诚信、崇正义、尚和合、求大同"作为中华优秀传统文化的思想精华，集中体现了中国式现代化的深厚文化底蕴，可以为中国式现代化提供丰富的治理经验、深刻的思想支持、广泛的道义资源和坚强的文化保证。在实现中华民族伟大复兴新征程上，应进一步坚定历史自信和文化自信，汲取中华优秀传统文化思想智慧，推动中国式现代化不断开辟新境界。

《中国式现代化与中华优秀传统文化》一书是山东省委宣传部重点委托研究项目。本书作为集体合作的结果，曲阜师范大学马克思主义学院任松峰副教授、潍坊学院文史学院赵瑞军副教授、北方工业大学马克思主义学院苗玥博士、曲阜师范大学马克思主义学院裴志远博士共同参与了编写。

本书的出版，还得到了齐鲁书社社长王路先生、副总编辑张丽女士的大力支持。齐鲁书社一编室许允龙、裴继祥先生对本书进行了精心审校，使其得以顺利出版。在此，特向以上诸位表示衷心的感谢！

由于编写时间紧、任务重，加之编者个人写作风格不同、研究深度不一，尽管已倾注了大量时间与精力，仍难免会有纰漏之处，敬请广大读者朋友批评指正！

王杰

2023 年 10 月